Die Entsendung deutscher Mitarbeiter ins Ausland

Die Entsendung deutscher Mitarbeiter ins Ausland

Achim Heuser

w.bertelsmann.business

wbv

Bibliografische Information Der Deutschen Bibliothek
Die Deutsche Bibliothek verzeichnet diese Publikation in der Deutschen Nationalbibliografie; detaillierte bibliografische Daten sind im Internet über http://dnb.ddb.de abrufbar.

W. Bertelsmann Verlag GmbH & Co. KG, Bielefeld, 2004

Gesamtherstellung:
W. Bertelsmann Verlag, Bielefeld

Gestaltung:
lok. design division, Bielefeld
www.lokbase.de

Foto Umschlag oben:
Julia Wichmann

ISBN 3-7639-3174-0
Bestell-Nr. 60.01.486

Inhaltsverzeichnis

65 Teil II: Steuerrecht

Vorwort

Die Entsendung inländischer Mitarbeiter in das Ausland gehört für viele Unternehmen zum betrieblichen Alltag. Die Globalisierung der Wirtschaft – besser wohl: Globalität, denn die Wirtschaft arbeitet seit langer Zeit schon global – führt unausweichlich auch dazu, Mitarbeiter in das Ausland für mehr als nur eine Dienstreise zu entsenden. Damit stellen sich in großer Zahl arbeitsrechtliche, sozialversicherungsrechtliche und steuerrechtliche Fragen, aber auch Fragen nach Aufenthalts- und Arbeitserlaubnissen und nach dem Datenschutz im internationalen Verkehr, und zwar sowohl für den entsendenden Arbeitgeber als auch für den Expatriate, nämlich entsandten Arbeitnehmer und dessen Familie. Das Buch gibt Antworten aus der Sicht des auf Auslandsentsendung spezialisierten Praktikers.

Was ist eine Auslandsentsendung? Welches Recht ist anzuwenden? Wie wird sie arbeitsvertraglich erfasst und geregelt, ein einziger Auslandsarbeitsvertrag oder Zweiverträgemodelle? Gibt es Fürsorge- und Treuepflichten und wenn ja, welche? Wer trägt die Umzugskosten? Was geschieht oder muss geschehen, wenn der Auslandseinsatz unplanmäßig verläuft oder vorzeitig beendet werden muss? Wie wird die Rückkehr aus dem Ausland geregelt? Gibt es kündigungsrechtliche Besonderheiten? Inwieweit ist das Betriebsverfassungsrecht zu beachten? Und was ist zu beachten, falls vor Gericht gestritten werden muss? Auf diese und viele andere mit der Auslandsentsendung zusammenhängenden Fragen gibt das vorliegende Buch in seinem Teil I Antwort.

Auch auf die mit der Entsendung deutscher Arbeitnehmer ins Ausland zusammenhängenden steuerrechtlichen Fragen findet der Leser klare Antworten im Teil II des Buches. Inwieweit unterliegen Auslandseinkünfte deutschem Steuerrecht oder ausländischer Besteuerung? Inwieweit sind

Auslandstätigkeiten steuerlich begünstigt? Was besagen Doppelbesteuerungsabkommen? Inwieweit werden ausländische Steuern angerechnet?

Die diffizilen Probleme des Sozialversicherungsrechtes bei der Auslandsentsendung, vor allem die der Kranken-, Pflege- und Unfallversicherung und die Fragen nach der Altersvorsorge werden im Teil III ausführlich erörtert und praktischen Lösungen zugeführt.

Das Recht der Aufenthalts- und Arbeitserlaubnisse bei Auslandsentsendungen (Teil IV) wird ebenso erläutert wird die mit der Auslandsentsendung zusammenhängenden Fragen des Datenschutzes (Teil V).

Der Anhang gibt Musterverträge, Checklisten, Rechtsquellen und Rechtsvorschriften sowie nützliche praktische Hinweise wieder.

Das Buch wendet sich an alle, die mit Auslandsentsendung zu tun haben, vor allem an die Personalpraktiker in Unternehmen und in der freien Praxis, an Arbeitsrechtler und an steuerberatend Tätige wie auch an Sozialversicherungspraktiker, die mit Auslandsfragen befasst sind. Auskunft findet aber auch der Expatriate selbst. Allen mit Auslandsentsendung Befassten wird das Buch eine große Hilfe sein.

Der Verfasser dieses Buches, Herr Rechtsanwalt Achim Heuser, ist Experte für Fragen der Auslandsentsendung; er verfügt wie kaum ein anderer über praktische Erfahrungen über alle Branchen hinweg, wenn es um die Entsendung deutscher Arbeitnehmer in das Ausland, aber auch ausländischer Arbeitnehmer in das Inland geht.

Erfurt, im Mai 2004

Harald Schliemann
Vorsitzender Richter am Bundesarbeitsgericht

Teil I Arbeitsrecht

A. Rechtliche Grundsätze

1. Der Begriff der Auslandsentsendung

Der Begriff Entsendung ist kein Rechtsbegriff. Er hat sich im Verlaufe der Zeit entwickelt und hat je nach Verwendung in einem bestimmten Zusammenhang eine völlig andere Bedeutung. Eine Definition ist daher erforderlich. Der Gesetzgeber hat dazu bisher keinen Anlass gesehen, obwohl die Anzahl der Auslandsmitarbeiter steigt und damit verbunden die Notwendigkeit, Sachverhalte zu regeln.

1.1 Entsendung

Der Begriff Entsendung hat seinen Ursprung im deutschen Sozialversicherungsrecht. Verkürzt dargestellt bedeutet er die weisungsgemäße Aufnahme einer Tätigkeit in einem anderen Land als der Bundesrepublik Deutschland für einen in Deutschland ansässigen Unternehmer im Rahmen eines inländischen Beschäftigungsverhältnisses. Diese Tätigkeit ist in der Regel befristet. Im Fall einer unbefristeten Auslandstätigkeit spricht man von einer Versetzung oder einem Übertritt zur einer ausländischen Gesellschaft, weil die Anbindung an den Entsendungsstaat nicht mehr zweckmäßig und sachgerecht ist.

1.2 Weitere Begriffe

In dem Zwischenraum von Entsendung und Übertritt gibt es noch eine bunte Palette von Begriffen, die im Wesentlichen durch die Abgrenzung verschiedener Befristungszeiträume entstanden ist. Ob diese Differenzierung im Einzelfall zweckmäßig ist, kann in Frage gestellt werden. Der Vollständigkeit halber seien sie jedoch kurz skizziert.

1.2.1 Dienstreise

Die Dienstreise ist genau genommen keine Entsendung. Der ursprüngliche Anstellungsvertrag mit dem Mitarbeiter besteht unverändert fort. Er hat nach wie vor seinen Lebensmittelpunkt im Inland. Dieser Begriff ist rein steuerrechtlicher Natur. Eine Dienstreise liegt maximal bis zu einem Zeitraum von 3 Monaten vor.

1.2.2 Abordnung

Die Abordnung ist eine kurzfristige Auslandsentsendung von 3 bis zu 12 Monaten. Wegen der kurzfristigen Auslandstätigkeit werden hier im Wesentlichen zusätzliche Vergütungsbestandteile in einen Abordnungsvertrag aufgenommen. Der Lebensmittelpunkt bleibt weiterhin das Inland.

1.2.3 Delegation

Von einer Delegation spricht man dann, wenn der Mitarbeiter einen Zeitraum ab 12 Monaten bis zu 3 Jahren im Ausland verbringen wird. In diesem Fall verändert sich sein Lebensmittelpunkt in den Tätigkeitsstaat. Allerdings besteht in der Regel die Absicht, nach Beendigung der Tätigkeit wieder in das Inland zurückzukehren. Daraus resultieren weitere notwendige Regelungen, die in einem gesonderten Vertrag erfasst werden können.

1.2.4 Übertritt

Von einem Übertritt spricht man dann, wenn der Mitarbeiter das inländische Beschäftigungsverhältnis beendet und für einen lokalen Unternehmer im Ausland tätig wird. Der Übertritt ist am häufigsten bei weltweit operierenden Konzernen zu sehen. Für den Arbeitsvertrag gelten dann die örtlichen Rechtsvorschriften. In einem solchen Fall sind weitreichende Regelungen zu treffen.

2. Der Begriff des Expatriates

Es ist sinnvoll eine weitere Differenzierung von Begrifflichkeiten im Hinblick darauf festzulegen, in welcher Eigenschaft der Mitarbeiter von seinem Unternehmen ins Ausland entsandt wird. Es macht aus rechtlicher Sicht einen erheblichen Unterschied, ob es sich dabei um eine Führungskraft, einen Angestellten oder einen Arbeiter handelt. Die anzuwendenden Normen bezüglich des Inhalts des Beschäftigungsverhältnisses sind sehr unterschiedlich.

Der Begriff des Expatriates wird sehr uneinheitlich verwendet. In der Regel bezeichnet der Begriff Expatriate einen deutschen Mitarbeiter, der für ein inländisches Unternehmen im Ausland tätig ist. Der Begriff wird aber auch so verwendet, dass man unter einem Expatriate einen Ausländer ver-

▷ *Glossar Seite 174*
Abkürzungen Seite 176

steht, der im deutschen Inland für ein ausländisches Unternehmen tätig ist. Diese Kategorie von Expatriates wird hier nicht weiter behandelt. Bei der Bezeichnung Expatriate wird der Befristungszeitraum für die Auslandstätigkeit völlig außer Betracht gelassen.

In der weiteren Darstellung wird der Versuch unternommen, dem Begriff Expatriate eine Rechtsqualität zuzuordnen.

2.1 Die Führungskraft

Der Begriff der Führungskraft ist in der personalwirtschaftlichen Literatur definiert, ohne dass er eine Rechtsqualität hätte. Die Personalwirtschaft versteht unter einer Führungskraft einen Mitarbeiter, der untergebene Mitarbeiter führt, ein Unternehmen leitet oder in einer verantwortungsvollen Position tätig ist. In der Regel ist eine Führungskraft ein Angestellter im Rechtssinne.

Ob ein Expatriate eine Führungskraft ist, ist durch eine Bewertung seiner tatsächlichen Aufgabenstellung und seiner Kompetenz zu ermitteln und daher eine Einzelfallfrage. Im Konzern ist die Einordnung eines Mitarbeiters als Führungskraft nicht nur eine Statusfrage. Die Eigenschaft entscheidet über die Arbeitsplatzausstattung, die Dienstwagenkategorie und die Teilnahme an Bonussystemen.

2.2 Arbeiter oder Angestellter

Das Gesetz unterscheidet in § 5 Abs. 1 Satz 1 ArbGG den Arbeitnehmer als Arbeiter oder als Angestellter. Nach dieser Ansicht sind Arbeiter alle Arbeitnehmer, die nicht Angestellte sind. Für die Unterscheidung zwischen Arbeitern und Angestellten ist die einschlägige Bestimmung des § 133 Abs. 2 SGB VI heranzuziehen. Dort werden beispielhaft Personengruppen aufgeführt, die zu den Angestellten zählen. Neben diesen dort bezeichneten Personengruppen hat die Rechtsprechung für die Begriffsbestimmung eigene Kriterien entwickelt. Danach unterscheidet sich der Angestellte, der überwiegend Kopfarbeit verrichtet, von dem Arbeiter, weil er überwiegend Handarbeit verrichtet. Ist auch aufgrund dieser Kriterien keine eindeutige Zuordnung zu finden, so entscheidet die ▷Verkehrsanschauung. Ein wesentliches Indiz für die Verkehrsanschauung ist die Qualifizierung einer Tätigkeit als Angestellter oder Arbeiter in einem Tarifvertrag.[1]

2.3 Leitende Angestellte

Auch leitende Angestellte sind Arbeitnehmer. Lediglich im Bereich des Betriebsverfassungsrechts greift die gesetzliche Fiktion des § 5 Abs. 3 BetrVG, wonach leitende Angestellte nicht als Arbeitnehmer im Sinne des Gesetzes gelten.

2.4 Organmitglieder

▷Organmitglieder juristischer Personen zählen im Arbeitsrecht nach herrschender Meinung nicht zu den Arbeitnehmern. Für Vorstandsmitglieder einer Aktiengesellschaft ergibt sich das bereits aus gesellschaftsrechtlichen Gründen. Denn für ihre Dienststellung ist prägend, dass der Vorstand unter eigener Verantwortung die Gesellschaft zu leiten hat (§ 76 Abs. 1 AktG). Bei den Geschäftsführern einer GmbH kann die Arbeitnehmereigenschaft nicht generell verneint werden, da die von der gesellschaftsrechtlichen Weisungsgebundenheit geprägte ▷Organstellung des Geschäftsführers (§ 37 GmbHG) mit einer persönlichen Abhängigkeit verbunden sein kann. Diese Unterscheidung ist Einzelfallfrage.

2.5 Organstellung im Ausland

Wie sich die ▷Organstellung des Expatriates bei einer ausländischen Gesellschaft auf seinen Rechtsstatus als Arbeitnehmer auswirkt, kann nicht ohne weiteres beantwortet werden. Folgt man dem Anknüpfungspunkt der formalen Organstellung, fehlt dem Expatriate in einem solchen Fall die Arbeitnehmereigenschaft. Dagegen kann eine materielle Betrachtung zu einem anderen Ergebnis kommen, obwohl der Expatriate eine formale Organstellung hat. Maßgeblich ist bei diesem Ansatz, ob Leitungsmacht auch tatsächlich ausgeübt wird oder nicht.

3. Die Vertragsmodelle

Da das einseitige Weisungsrecht des Arbeitgebers keine ausreichende Rechtsgrundlage für die Entsendung ist, hat sich in der Praxis der so genannte Entsendungsvertrag eingebürgert. Ein einheitliches Bild des Entsendungsvertrages gibt es nicht. Vielmehr erscheinen in praxi unterschiedliche Bezeichnungen und Gestaltungsformen, die nachfolgend dargestellt werden (siehe auch Schaubilder 1 und 2 im Anhang Arbeitsrecht).

3.1 Einvertragsmodell

Wird ein Mitarbeiter eigens und ausschließlich zu dem Zweck in einem Unternehmen eingestellt, dass er seine Arbeitsleistung im Ausland erbringt, erhält er in der Regel auch nur einen einzigen Vertrag, den so genannten Entsendungsvertrag.

1 BAG, 04.08.1993, NZA 1994, S. 39.

▷*Glossar Seite 174*
Abkürzungen Seite 176

3.2 Zweiverträgemodelle

3.2.1 Zweiverträgemodell mit Ergänzungsvereinbarung

In der Regel arbeitet der Expatriate bereits in einem inländischen Unternehmen, das ihn für eine Auslandstätigkeit vorsieht. In diesem Fall besteht ein üblicher Dienstvertrag nach deutschem Recht. Für die Gestaltung der besonderen Regelungen des Entsendungsverhältnisses wird bei diesem Modell eine Ergänzungsvereinbarung getroffen. Die zusätzlichen Inhalte sind häufig identisch mit einem Entsendungsvertrag.

3.2.2 Zweiverträgemodell mit Ruhensvereinbarung

In diesem Fall wird der inländische Arbeitsvertrag mit dem inländischen Unternehmen ruhend gestellt. Die Ruhensvereinbarung bedeutet, dass die Hauptleistungspflichten aus dem deutschen Arbeitsvertrag für die Dauer des Auslandsaufenthaltes nicht gelten. Die Ruhensvereinbarung umfasst nach allgemeiner Ansicht nicht die Nebenleistungspflichten. In der Praxis findet man manchmal Ruhensvereinbarungen, die dann weitergehend auch den Inhalt eines Entsendungsvertrages aufweisen. Manchmal wird jedoch neben dem inländischen Anstellungsvertrag mit der Ruhensvereinbarung ein weiterer Entsendungsvertrag abgeschlossen.

3.3 Übertrittsmodell

In diesem Fall wird der inländische Arbeitsvertrag beendet. Die Beendigung erfolgt bisweilen durch eine Kündigung, in der Regel jedoch auf der Grundlage eines Aufhebungsvertrages, so dass im Inland keine weiteren vertraglichen Verpflichtungen zwischen dem Expatriate und seinem Unternehmen bestehen. An die Stelle des inländischen Arbeitsverhältnisses tritt ein ausländisches Arbeitsverhältnis, das nach den lokalen Regeln ausgestaltet wird.

3.4 Mehrvertragsmodell

Beim Mehrvertragsmodell tritt das lokale Arbeitsverhältnis nicht an die Stelle des inländischen Arbeitsverhältnisses, sondern daneben. Während das lokale Arbeitsverhältnis die Tätigkeit vor Ort regelt, gelten inländischer Arbeitsvertrag und Entsendungsvertrag mit Ruhens- oder Ergänzungsvereinbarung weiter für die Beziehungen zum deutschen Unternehmen.

3.5 Auswahl

Die Gründe für die Verwendung des einen oder des anderen Modells sind sehr unterschiedlich. Vom juristischen Standpunkt aus gesehen, gibt es kein besseres oder schlechteres Modell.

4. Die Fürsorgepflicht des Unternehmens bei einer Auslandsentsendung

4.1 Die allgemeine Fürsorgepflicht

Unter dem Begriff „Fürsorgepflicht“ versteht man alle sich für das Unternehmen aus dem Arbeitsverhältnis ergebenden Nebenpflichten. Wie die dem Expatriate obliegende Treuepflicht, mit der umgekehrt auf Arbeitnehmerseite die Nebenpflichten begrifflich erfasst werden, stellt sich die allgemeine Fürsorgepflicht des Unternehmens als Ausfluss des in § 242 BGB niedergelegten Gedankens von ▷Treu und Glauben dar. Die Fürsorgepflicht ergibt sich aus der vertraglichen Sonderbindung der Arbeitsvertragsparteien.

Allgemein lässt sich die Fürsorgepflicht definieren als Verpflichtung des Unternehmens, sein Recht aus dem Vertrag so auszuüben und die im Zusammenhang mit dem Arbeitsverhältnis stehenden Interessen des Expatriates so zu wahren, wie dies unter Berücksichtigung der Belange des Betriebs und der Interessen der gesamten Belegschaft nach ▷Treu und Glauben billigerweise möglich ist.

Inhaltlich kann man im Wesentlichen drei Gruppen der sich aus der Fürsorgepflicht ergebenden Nebenpflichten unterscheiden, nämlich

- Schutzpflichten, zu denen auch Obhuts- und Sorgfaltspflichten zählen,
- Informationspflichten, zu denen auch Erkundigungs-, Aufklärungs-, Mitteilungs- und Auskunftspflichten gehören, und
- Mitwirkungspflichten.

Die Fürsorgepflicht setzt grundsätzlich einen rechtswirksamen Arbeitsvertrag voraus. Nebenpflichten können aber auch bereits durch vorvertragliche Kontakte und bei der Begründung des Arbeitsverhältnisses entstehen.

4.2 Verletzung der Fürsorgepflicht

Verletzt das Unternehmen eine der aus der Fürsorgepflicht resultierende Nebenpflicht, so kann der Expatriate aus dem Gesichtspunkt der positiven Forderungsverletzung ▷Schadensersatzansprüche geltend machen. Auch kann gegebenenfalls ein deliktischer ▷Schadensersatzanspruch aus § 823 BGB bestehen, so dass bei einem schwerwiegenden Eingriff in das Persönlichkeitsrecht des Expatriates ein Anspruch auf Schmerzensgeld bestehen kann.

▷Glossar Seite 174
Abkürzungen Seite 176

4.3 Die Fürsorgepflicht des Unternehmens bei einer Auslandsentsendung

In der Literatur wird überwiegend die Auffassung vertreten, dass dem Unternehmen bei der Entsendung des Expatriates ins Ausland weitgehende Fürsorgepflichten bezüglich der umfassenden Vorbereitung auf den Einsatz im Ausland treffen.[2]

In der Rechtsprechung wird die Fürsorgepflicht des Unternehmens teilweise eher restriktiv gehandhabt.

Das Landesarbeitsgericht Hessen hat bezüglich der Krankenversicherung im Ausland entschieden, dass es Sache des Arbeitnehmers, der vorübergehend im Ausland tätig wird, sei, sich über den Umfang des Krankenversicherungsschutzes im Ausland bei seiner Krankenkasse zu informieren. Den Arbeitgeber treffe keine diesbezügliche Informations- und Beratungspflicht gegenüber dem Arbeitnehmer. Das Unternehmen sei nicht gehalten, umfassend die wirtschaftlichen Interessen des Arbeitnehmers zu übernehmen. Denn dadurch würde der Arbeitgeber überfordert, insbesondere im Bereich des Sozialversicherungsrechts.[3]

Das Landesarbeitsgericht Köln hat bezüglich der freiwilligen Versicherung in der Krankenversicherung entschieden, dass es nicht der Fürsorgepflicht des Arbeitgebers obliege, den Arbeitnehmer entsprechend zu informieren. Die Tatsache der Versicherungsbefreiung sei ausschließlich der Sphäre des Arbeitnehmers und seinem Kenntnisbereich zuzurechnen.[4]

Beide Entscheidungen vermögen jedoch nicht für jeden denkbaren Fall zu überzeugen. Das Landesarbeitsgericht Hessen geht selbst davon aus, dass den Arbeitgeber als nebenvertragliche Verpflichtungen aus dem Arbeitsverhältnis auch Aufklärungs- und Beratungspflichten treffen können. Dies gilt insbesondere auch dann, wenn der Arbeitgeber aufgrund seiner „überlegenen Sachkunde“ ohne weiteres zu entsprechenden Auskünften und der Arbeitnehmer zur sachgerechten Entscheidung nur nach entsprechender Aufklärung bereit ist.

Bei einem Unternehmen, das über hinreichende Erfahrung bei der Entsendung von Expatriates ins Ausland verfügt, dürfte jedoch ohne weiteres eine überlegene Sachkunde des Unternehmens zu bejahen sein, wenn zum Beispiel seit mehreren Jahren Expatriates nach Brasilien geschickt werden.

Im Übrigen kann von dem Expatriate nicht erwartet werden, dass er von sich aus die Auswirkungen des Auslandsaufenthaltes zum Beispiel in steuerlicher und sozialversicherungsrechtlicher Hinsicht vollständig überschaut.

Schließlich ist auch zu berücksichtigen, dass die Initiative zur Entsendung der Expatriates ins Ausland im Regelfall vom Unternehmen ausgeht und er auch deshalb zu entsprechender Aufklärung verpflichtet sein dürfte.

4.4 Der Umfang der Fürsorgepflicht bei der Auslandsentsendung

Der Umfang der Fürsorgepflicht lässt sich abgesehen von den vertraglichen oder tarifvertraglichen Konkretisierungen nicht generell festlegen, sondern ist immer einzelfallbezogen zu beurteilen. Der Umfang der Fürsorgepflichten hängt ab sowohl von Art, Umfang und Ziel des Auslandseinsatzes als auch von Dauer und Lokalisation.

Als Faustregel wird anzunehmen sein, dass die Fürsorgepflichten des Unternehmens umso weiter reichen, je umfangreicher seine Einwirkungsmöglichkeiten kraft seines Direktionsrechtes sind.

4.4.1 Fürsorgepflichten vor dem Auslandseinsatz

Zu den Aufklärungspflichten des Unternehmens vor dem Auslandseinsatz gehört insbesondere die nötige Aufklärung und Unterrichtung über steuerrechtliche und sozialversicherungsrechtliche Fragen.

Allgemein hat das Unternehmen den Expatriate über die mit dem Auslandseinsatz verbundenen Möglichkeiten, Entwicklungen und Gefahren zu unterrichten.[5]

Zu den Fürsorgepflichten des Unternehmens kann auch eine Eignungsprüfung des in Aussicht genommenen Expatriates zählen. Dies kann unter Umständen bei einer körperlichen Eignungsprüfung beginnen. In diesem Zusammenhang ist als Beispiel zu Recht die Frage nach der „Tropentauglichkeit“ des Expatriates gestellt worden.[6]

Zu den Fürsorgepflichten des Unternehmens dürfte es auch zählen, dem Expatriate Hilfestellung für seinen Auslandseinsatz zu geben, zum Beispiel bei Fragen des Umzugs, der Umzugskosten, der Unterbringung von Möbeln oder der Einbindung der Familie.

4.4.2 Fürsorgepflichten während des Auslandseinsatzes

Während des Auslandseinsatzes gehört zu der Fürsorgepflicht des Unternehmens vor allem der Abschluss entsprechender Versicherungen für den Expatriate, soweit dieser kraft eigener Sachkunde nicht in der Lage ist, selbst dafür zu sorgen.

4.4.3 Fürsorgepflichten nach dem Auslandseinsatz

Auch bei und nach Beendigung des Auslandseinsatzes können für das Unternehmen Fürsorgepflichten bestehen. Hierzu zählen die Rückkehrhilfen aus dem Ausland und die berufliche Wiedereingliederung des Expatriates in den inländischen Betrieb.

2 Küttner, Personalbuch/Kreitner 82 Rdnr. 6; Busemann in Beck'sches Personalhandbuch Bd. I, Auslandsarbeit; Schliemann, BB 2001, S. 1302.
3 LAG Hessen, 04.09.1995, NZA 1996, S. 482.
4 LAG Köln, 19.01.1996, NZA-RR 1996, S. 447.
5 Schliemann, BB 2001, S. 1302, 1305.
6 Schliemann, BB 2001, S. 1302, 1305.

▷ *Glossar Seite 174*
Abkürzungen Seite 176

5. Das Direktionsrecht des Unternehmens bei der Auslandsentsendung

5.1 Das allgemeine Direktionsrecht

Auf Grund seines Weisungsrechtes (Direktionsrecht) kann das Unternehmen einseitig die im Arbeitsvertrag nur rahmenmäßig umschriebene Leistungspflicht des Expatriates nach Zeit, Ort und Art der Leistung näher bestimmen.[7]

Der Ort der Arbeitsleistung ergibt sich aus dem nach ▷ Treu und Glauben auszulegenden Arbeitsvertrag, seinen Umständen oder seiner Natur (§ 269 Abs. 1 BGB). In der Regel ist der Leistungsort der Betrieb des Unternehmens. Im Übrigen bestimmt das Unternehmen kraft seines Weisungsrechtes den Ort (§ 315 BGB). Der Umfang des Direktionsrechtes ist besonders weitgehend, wenn der Expatriate keinen feststehenden Arbeitsplatz hat.[8]

5.2 Das Rückrufrecht als Ausprägung des Direktionsrechtes

Auslandsarbeit liegt vor, wenn deutsche Expatriates von inländischen Unternehmen für kürzere oder längere Zeit zur Arbeitsleistung in das Ausland entsandt werden.[9] Die Entsendung eines Expatriates ins Ausland bedeutet regelmäßig einen Eingriff in den Kernbereich der arbeitsvertraglichen Beziehungen mit der Folge, dass es hierzu einer einvernehmlichen Änderung des Arbeitsvertrages bedarf.[10] Gestützt auf das Weisungsrecht kann das Unternehmen einseitig eine solche Entsendung grundsätzlich nicht vornehmen.[11]

Ein Einsatz im Ausland kommt in der Regel daher nur in Betracht, wenn dieser vertraglich vorbehalten ist.[12] Das Unternehmen kann sich vertraglich im Rahmen einer so genannten Umsetzungs- oder Versetzungsklausel das Recht vorbehalten, den Expatriate anderweitig an einem anderen Ort einzusetzen.[13]

Wenn der Inhalt der einzelvertraglichen bzw. kollektivvertraglichen Regelung dies zulässt, kann das Unternehmen eine Entsendung des Expatriates in das Ausland nach ▷billigem Ermessen (§ 315 BGB) vornehmen, unabhängig hiervon besteht eine Entsendungsbefugnis auch dann, wenn der Expatriate mit dem Auslandseinsatz einverstanden ist.[14] Unter dem Begriff Versetzung wird sowohl die Änderung des Arbeitsortes als auch der Arbeitsart verstanden.[15]

Das unternehmensseitige Weisungsrecht besteht auch im Ausland unverändert fort.[16] Daher ist es dem Unternehmen möglich, einen ins Ausland versetzten Expatriate über das Direktionsrecht wieder zurück ins Inland zu holen, sofern der Arbeitsvertrag über eine Versetzungsklausel verfügt.

7 BAG, 16.09.1998, NZA 1999, S. 384, 386.
8 Schaub,Arbeitsrechts-Handbuch, § 45 III, Rdnr. 14.
9 BAG Hamm, 22.03.1974, DB 1974, S. 877.
10 Küttner, Personalbuch/Kreitner; 82 Rdnr. 5.
11 Küttner, Personalbuch/Kreitner; 82 Rdnr. 5; LAG Hamm, DB 1974, S. 877.
12 Schaub, § 45 III Rdn. 14; Küttner, Personalbuch/Kreitner; 82 Rdnr. 5; LAG Hamm, DB 1974, S. 877.
13 Kasseler Handbuch zum Arbeitsrecht/Künzl, 2.1 Rdnr. 26; Küttner, Personalbuch/Kreitner 82, Rdnr. 5.
14 LAG Hamm, 22.03.1974, DB 1974, S. 877.
15 Schaub § 45 III Rdnr. 15.
16 Küttner, Personalbuch/Kreitner 82 Rdnr. 13. § 611 Rdnr. 291.17 Kasseler Handbuch zum Arbeitsrecht/Künz; 2.1 Rdnr. 28; ähnlich Erfurter Kommentar zumArbeitsrecht/Preis 230 BGB § 611 Rdnr. 295.
17 Kasseler Handbuch zum Arbeitsrecht/Künz; 2.1 Rdnr. 28; ähnlich Erfurter Kommentar zum Arbeitsrecht/Preis 230 BGB § 611 Rdnr. 295.

Auch bei einer individualrechtlich zulässigen Versetzung ist regelmäßig die Zustimmung des Betriebsrates nach § 99 Abs. 1 BetrVG einzuholen oder durch das Arbeitsgericht ersetzen zu lassen.[17]

5.3 Grenzen des Rückrufrechtes

Seine Grenzen findet das Weisungsrecht grundsätzlich in den Vorschriften der Gesetze, des Kollektiv- und Einzelarbeitsvertragsrechts;[18] es darf nur nach ▹billigem Ermessen im Sinne des § 315 Abs. 1 und 3 BGB ausgeübt werden.[19] Eine generelle Vereinbarung freien Beliebens oder auch nur freien Ermessens verstieße gegen § 138 BGB (in Verbindung mit Art. 1, 2 GG), weil sie die Handlungsfreiheit des Expatriates im Übermaß beschränkte.[20]

Da das unternehmensseitige Weisungsrecht auch im Ausland unverändert fortbesteht, ist es dort gleichermaßen nach ▹billigen Ermessen im Sinne des § 315 BGB auszuüben.

Im Einzelnen sind folgende Grenzen zu beachten:

5.3.1 Arbeitsvertrag

Die erste Grenze bildet der Arbeitsvertrag,[21] der gegebenenfalls auszulegen ist. Der Expatriate kann somit nur zu den vertraglich vorgesehenen Tätigkeiten angehalten werden („versprochene Dienste").[22] In inhaltlicher Hinsicht ist der Spielraum für die Ausübung des Direktionsrechtes umso kleiner, je konkreter die Arbeitsaufgabe im Arbeitsvertrag umschrieben ist.[23]

5.3.2 Verfassung und Gesetz

Das Weisungsrecht ist ferner grundsätzlich durch Verfassung und Gesetz beschränkt (§§ 134, 138 BGB). So sind zum Beispiel alle gesetzwidrigen Weisungen unwirksam, die Straf- oder Arbeitnehmerschutzbestimmungen, Mitbestimmungsrechte des Betriebsrates oder Bestimmungen zum Schutz Dritter verletzen.[24] Auch die Unfallverhütungsvorschriften der Berufsgenossenschaften stellen als materielle Gesetze Schranken dar.[25]

5.3.3 Kollektivrechtliche Vereinbarungen

Die einzelne Weisung darf auch nicht den die Arbeitspflicht betreffenden kollektivrechtlichen Vereinbarungen widersprechen.[26] Dies bedeutet, die erteilten Weisungen müssen sich im Rahmen der zwischen Expatriate und Unternehmen geltenden Tarifverträge und Betriebsvereinbarungen halten.[27]

5.3.4 Das billige Ermessen (§ 315 BGB)

Eine allgemeine Grenze bildet das ▹billige Ermessen (§ 315 Abs. 1 BGB). Zwar wäre gemäß § 315 BGB grundsätzlich auch die Vereinbarung eines freien Ermessens möglich, doch ist dies, Bagatellfälle ausgenommen, mit den Grundprinzipien des Arbeitsrechts unvereinbar, da damit eine übermäßige Beschränkung der Handlungsfreiheit des Expatriates verbunden ist.[28]

18 EzA § 611 BGB Direktionsrecht Nr. 2; Erfurter Kommentar zum Arbeitsrecht/Preis 230 BGB § 611 Rdnr. 291.
19 EzA § 611 BGB Direktionsrecht Nr. 2; BAG, 16.09.1998, NZA 1999, S. 384, 386; BAG, 12.09.1996, NZA 1997, S. 381, 382; Erfurter Kommentar zum Arbeitsrecht/Preis 230 BGB, § 611 Rdnr. 293.
20 Hromadka, Das Leistungsbestimmungsrecht des Unternehmens, DB 1995, S. 1612.
21 Münchner Handbuch zum Arbeitsrecht/Blomeyer § 48 Rdnr. 37; Küttner, Personalbuch/Griese 463, Rdnr. 7.
22 Münchner Handbuch zum Arbeitsrecht/Blomeyer § 48 Rdnr. 37.
23 Küttner Personalbuch/Griese 463 Rdnr. 7; Erfurter Kommentar zum Arbeitsrecht/Preis 230 BGB § 611 Rdnr. 292.
24 Münchner Handbuch zum Arbeitsrecht/Blomeyer § 48 Rdnr. 38; Erfurter Kommentar zum Arbeitsrecht/Preis 230 BGB § 611 Rdnr. 291.
25 Münchner Handbuch zum Arbeitsrecht/Blomeyer § 48 Rdnr. 38; Küttner, Personalbuch/Griese 463, Rdnr. 16.
26 Münchner Handbuch zum Arbeitsrecht/Blomeyer § 48 Rdnr. 39.
27 Küttner, Personalbuch/Griese 463 Rdnr. 15.
28 Münchner Handbuch zum Arbeitsrecht/Blomeyer § 48 Rdnr. 40.

▹Glossar Seite 174
Abkürzungen Seite 176

Das ▷billige Ermessen ist nach § 315 Abs. 1 BGB nur gewahrt, wenn das Unternehmen die wesentlichen Umstände des Falles abgewogen und die beiderseitigen Interessen angemessen berücksichtigt hat.[29] Unbillig ist, wenn das Unternehmen allein seine Interessen durchzusetzen versucht.[30] Ausgehend von Gegenstand und Inhalt der Weisung sind entsprechend dem Verhältnismäßigkeitsgrundsatz einerseits die – gegebenenfalls durch Grundrechte – geschützten Interessen des Expatriates und andererseits Betriebszweck und geordneter Arbeitsablauf im Betrieb zu berücksichtigen:

Die Weisung muss daher einem vertraglich und gesetzlich zulässigen Zweck verfolgen, zur Zweckereichung geeignet und dazu auch erforderlich sein. Sie darf schließlich die rechtlich geschützten Interessen des Expatriates nicht unverhältnismäßig beeinträchtigen, so dass es im Einzelfall auf die Bedeutung der Weisung für den Betrieb und den Umfang der Beeinträchtigung der rechtlich geschützten Expatriateinteressen ankommt.[31]

Allerdings können bei der Beurteilung der Billigkeit die allgemeinen Arbeitsbedingungen des Einsatzlandes Bedeutungen erlangen.[32] So kann beispielsweise die Festsetzung einer regelmäßigen wöchentlichen Arbeitszeit von 54 Stunden in Saudi-Arabien wirksam sein, wenn Arbeits- oder Tarifvertragsbestimmungen dem Unternehmen einräumen, die regelmäßige wöchentliche Arbeitszeit unter Überschreitung der 40-Stunden-Woche einseitig festzusetzen, und die Gegebenheiten des Auslandsprojektes oder Regelungen im Einsatzland eine höhere Stundenzahl erfordern.[33]

6. Kündigung

6.1 Der Umfang der Kündigungserklärungen

Oftmals ist es in praxi nicht eindeutig, dass mit der Kündigungserklärung die Beendigung eines Vertragsverhältnisses gemeint ist. Bisweilen bezieht sich die Kündigungserklärung lediglich auf einen bestimmten Vertrag. Das ist bei einem Zweiverträgemodell unter Umständen folgenschwer, wenn das gesamte Beschäftigungsverhältnis beendet werden soll. Dann ist durch Auslegung der Kündigungserklärung zu ermitteln, welchen Umfang sie hat. Die Auslegung erfolgt unter Berücksichtigung des Wortlautes und der ▷Verkehrssitte. Allerdings kann die Auslegung auch zu Unsicherheiten führen, die Anlass zu einer Prozessführung geben kann. Um diese Entwicklung zu vermeiden, wird die nachfolgende Betrachtung angestellt. Sie basiert auf der Unterscheidung zwischen dem Einvertrags- und dem Zweiverträgemodell (siehe dazu auch Schaubild 4 im Anhang Arbeitsrecht).

6.1.1 Kündigung bei einem Einvertragsmodell

Besteht zwischen dem Expatriate und seinem Unternehmen nur ein Entsendungsvertrag, bedarf es auch nur einer Kündigungserklärung, um diesen Vertrag zu beenden.

6.1.2 Kündigung bei Zwei- und Mehrvertragsmodellen

Bestehen zwischen dem Expatriate und seinem Unternehmen allerdings mehrere Verträge, dann ist sorgfältig zu differenzieren, ob das gesamte Vertragsverhältnis gemeint ist oder nur ein einziger der Verträge.

Erfolgt bei einem Zweiverträgemodell mit Ergänzungsvereinbarung die Kündigung des Entsendungsvertrages, lebt der ursprüngliche Anstellungsvertrag wieder auf.

Die Kündigung lediglich einer Ergänzungsvereinbarung kann dazu führen, dass der ursprüngliche Anstellungsvertrag wieder seine volle Wirkung entfaltet.

6.1.3 Kumulative Kündigungserklärung

Die mit der Auslegung einer Kündigungserklärung verbundenen Unsicherheiten können durch eine präzise Formulierung vermieden werden. Es bietet sich an, dass der zu beendende Vertrag durch Benennung eindeutig in Bezug genommen wird. Ein anderer Weg ist klarzustellen, dass entweder nur ein Vertrag oder aber das gesamte Vertragsverhältnis gemeint ist.

6.2 Zugang der Kündigungserklärung

Eine Kündigungserklärung entfaltet ihre Rechtswirkung nur dann, wenn sie dem Adressaten auch tatsächlich zugeht. Der so genannte Zugang einer Willenserklärung ist in den §§ 130 ff. BGB geregelt. Zugang bedeutet, dass der Adressat die Gelegenheit haben muss, die Erklärung wahrzunehmen. Der Adressat muss sie nicht annehmen. Die Kündigung ist also auch ohne die Annahme der Erklärung durch den Gekündigten wirksam. Unabhängig von der Problematik des tatsächlichen Zugangs ist die Frage der Beweisbarkeit des Zugangs zu sehen. Der Beweis des Zugangs kann gerade bei Auslandsentsendungen sehr bedeutsam sein.

6.2.1 Zugang unter Anwesenden

Eine Kündigungserklärung geht unter Anwesenden dann zu, wenn der Erklärungsempfänger sie wahrnimmt und verstehen kann. Die fernmündlich abgegebene Kündigungserklärung steht nach § 147 Abs. 1 Satz 2 BGB der Erklärung unter Anwesenden gleich. Das bedeutet, dass die Kündigung mit ihrer Erklärung am Telefon dem Adressaten auch zugeht.

29 BAG, 16.09.1998, NZA 1999, S. 384, 386.
30 Erfurter Kommentar zum Arbeitsrecht/Preis 230 BGB § 611 Rdnr. 293.
31 Münchner Handbuch zum Arbeitsrecht/Blomeyer § 48 Rdnr. 41.
32 Küttner, Personalbuch/Kreitner 82 Rdnr. 13.
33 BAG, 12.12.1990, DB 1991, S. 865

▷ *Glossar Seite 174*
Abkürzungen Seite 176

Wird dem Anwesenden eine schriftlich verfasste Kündigungserklärung übergeben, dann geht sie bereits im Zeitpunkt der Übergabe über und nicht erst etwa im Zeitpunkt des Lesens.

Häufig ist gerade die Beweisbarkeit des Zugangs ein Problem. Nützlich ist es, einen Zeugen zu bemühen, der die Kündigungserklärung mit anhört.

6.2.2 Zugang bei Abwesenden

Für den Zugang unter Abwesenden ist maßgeblich, dass die Erklärung derart in den Machtbereich des Adressaten gelangt ist, dass unter der Voraussetzung von gewöhnlichen Verhältnissen davon auszugehen ist, dass der Empfänger von ihr Kenntnis erlangt. Maßgeblich ist allein der Zeitpunkt, in dem der Empfänger von der Erklärung Kenntnis nehmen konnte. Unerheblich ist insofern, ob er auch tatsächlich davon Kenntnis erlangt hat.

Die Kündigung geht bei Einwurf in den Briefkasten zu, wenn und sobald mit der Leerung des Briefkastens zu rechnen ist. Bei einer Postfachanschrift geht die Kündigung zu, sobald die Post sie zum Abholen bereithält oder wenn sie in das Postfach eingelegt wird, sobald mit der Abholung der Post typischerweise gerechnet werden. Bei Auslandsentsendungen ist es nicht selten, dass der Wohnort ins Ausland verlagert wird. In diesen Fällen kommt es entscheidend darauf an, an welcher Stelle der Expatriate die Post üblicherweise entgegennimmt. Es ist denkbar, dass die Heimatanschrift überhaupt in den Tätigkeitsstaat verlegt worden ist. Die Vertragsparteien sollten deshalb zur Vermeidung von Missverständnissen eine Postadresse vereinbaren, die von dem Expatriate auch regelmäßig verwendet wird. Es ist aus Zugangsgründen nicht zweckmäßig, die ursprüngliche Heimatadresse beizubehalten und einen weiteren Wohnsitz im Ausland anzumelden.

6.3 Fristen

Mit dem Zugang der Kündigung beginnt die Kündigungsfrist. In der Praxis enthalten die Entsendungsverträge eine von der gesetzlichen Kündigungsfrist abweichende Frist, die den Schutz des Expatriates vergrößert. In Anbetracht einer Auslandstätigkeit ist diese Vorgehensweise auch sachgerecht. Eine Frist ist selbstverständlich nur im Falle einer fristgerechten oder ordentlichen Kündigung zu beachten. Im Falle einer außerordentlichen Kündigung spielt die Frist keine Rolle.

6.4 Kündigungsgründe

Eine Kündigung muss entgegen einer weitverbreiteten Ansicht nicht in allen Fällen begründet werden.[34] Die Begründungspflicht für unternehmensseitige Kündigungen kann jedoch durch Vertrag, Tarifvertrag oder Betriebsvereinbarung konstituiert werden. Maßgeblich ist allein, ob ein

Kündigungsgrund vorliegt, nicht ob er dem Empfänger auch mitgeteilt worden ist. In diesen Fällen kann dem Expatriate jedoch ein Schadensersatzanspruch aus dem Gesichtspunkt der Fürsorgepflichtverletzung gegenüber dem Unternehmen zustehen, wenn das Unternehmen den Kündigungsgrund nicht mitteilt und deshalb ein Kündigungsschutzprozess geführt werden muss.

Etwas anderes gilt im Falle einer außerordentlichen Kündigung im Sinne des § 626 Abs. 2 Satz 2 BGB. Auf Verlangen einer Partei muss der Kündigungsgrund unverzüglich schriftlich mitgeteilt werden.

6.4.1 Die häufigsten Kündigungsgründe

In der Systematik unterscheidet man bei den Kündigungsgründen zwischen personen-, verhaltens- und betriebsbedingten Gründen. Ein wichtiges Merkmal ist bei personen- und verhaltensbedingten Kündigungsgründen, dass sie in der Regel verschuldensunabhängig sind und eine Abmahnung nur unter bestimmten Voraussetzungen notwendig ist.

6.4.2 Gründe für eine Kündigung in der Person des Expatriates

Personenbedingte Kündigungsgründe liegen vor, wenn der Expatriate objektiv nicht (mehr) in der Lage ist, die geschuldete Arbeitsleistung zu erbringen, wenn er also die Fähigkeit oder Eignung zur Erbringung der Arbeitsleistung verloren hat. Ein Verschulden des Expatriates ist insoweit nicht erforderlich.

Personenbedingte Kündigungsgründe können sein:

- fehlende fachliche oder persönliche Eignung (Nichtbestehen von Prüfungen oder mangelhafte Kenntnisse),
- fehlende Arbeitserlaubnis,
- Arbeitsverhinderung wegen Haft,
- Verluste erforderlicher Berufsausübungserlaubnis (Führerschein oder Flugschein),
- Krankheit (bei negativer Zukunftsprognose und unzumutbarer Beeinträchtigung des Betriebsablaufs),
- häufige Kurzerkrankungen,
- Trunk- und Drogensucht.

Einige dieser vorgenannten Kündigungsgründe können insbesondere bei Expatriates zutreffen.

6.4.2.1 Mangelnde persönliche Eignung

Bei Auslandsentsendungen tritt dieser Kündigungsgrund häufig in der Erscheinungsform eines autoritären Führungsstils oder der mangelnden Fähigkeit zur Menschenführung auf. In Einzelfällen kann dies sogar zu einer außerordentlichen Druckkündigung führen, wenn die Mitarbeiter sonst

34 BAG, 17.08.1972, DB 1973, S. 481.

▷ *Glossar Seite 174*
Abkürzungen Seite 176

nicht mehr befriedet werden können. Im Ausland treffen zwei unterschiedliche Arbeitskulturen aufeinander, die sich nicht immer harmonisieren lassen. Die Unternehmen versuchen hier Abhilfe zu schaffen, indem sie die Expatriates auch kulturell auf den Tätigkeitsstaat vorbereiten.

6.4.2.2 Fehlende Arbeitserlaubnis

Auch eine fehlende Arbeitserlaubnis kann ein Kündigungsgrund sein. Dies kann insbesondere auf die ins Ausland entsandten Mitarbeiter zutreffen, wenn ihnen selbst die Verantwortung für diese Obliegenheit übertragen worden ist. Oft wird es schlicht vergessen, die notwendigen Formalitäten bei den Behörden zu überwachen. Für eine Beschäftigung im Ausland ist es unerlässlich, dass der entsandte Mitarbeiter die erforderliche Arbeitserlaubnis besitzt.

Die Arbeitserlaubnis kann aber auch aus anderen Gründen durch die Behörden beispielsweise entzogen werden. So zum Beispiel, weil der Expatriate mit lokalen Gesetzen in Konflikt geraten ist. Anlässe dafür gibt es viele.

Es ist manchmal nicht ohne weiteres einzusehen, warum der Wegfall einer Arbeitserlaubnis im Ausland zu einer Beendigungskündigung führen kann. In Deutschland ist dieser Kündigungsgrund allerdings anerkannt.

So hat zum Beispiel das Landesarbeitsgericht Hamm in einem Fall entschieden, dass der Ausspruch einer Kündigung gerechtfertigt ist, wenn die Arbeitserlaubnis eines ausländischen Arbeitnehmers in Deutschland erlischt. Dies gelte auch dann, wenn der Arbeitnehmer die Wiedererteilung der Arbeitserlaubnis beantragt hat, hierüber aber noch nicht rechtskräftig entschieden worden ist. Der Arbeitgeber ist insofern nicht verpflichtet, den Arbeitsplatz freizuhalten. Das Landesarbeitsgericht Hamm weist in diesem Zusammenhang ausdrücklich darauf hin, dass das Arbeitsverhältnis in einem solchen Fall nicht automatisch erlischt. Das Unternehmen muss daher eine förmliche Kündigung aussprechen, weil es den ausländischen Expatriate nicht weiterbeschäftigen darf.[35]

6.4.2.3 Arbeitsverhinderung wegen Haft

Unter Umständen kann es vorkommen, dass ins Ausland entsandte Mitarbeiter mit den dortigen Strafgesetzen in Konflikt geraten und zu einer Haftstrafe verurteilt werden.

Die Verbüßung einer längeren Haftstrafe kann ein Grund zur Kündigung sein. Das Bundesarbeitsgericht führt dazu aus: Grundsätzlich sei die Verbüßung einer längeren Haftstrafe Grund zu einer fristlosen Kündigung, wenn dies nachhaltige Auswirkungen auf das Arbeitsverhältnis habe. Der Arbeitgeber müsse jedoch alles Zumutbare tun, um die Inhaftierungszeit zu überbrücken. Hierzu gehöre auch die Mitwirkung, dass der straffällig gewordene Mitarbeiter seiner Tätigkeit als so genannter Freigänger weiter nachkommen kann. Anders liegt es bezüglich der Mitwirkungspflicht, wenn das Unternehmen von seinem Expatriate über die Umstände der Straftat, der Verurteilung und der Haft getäuscht oder im Unklaren gelassen worden ist.[36]

Aber auch die Länge einer Freiheitsstrafe kann von entscheidender Bedeutung für eine Kündigung sein, wenn sie nachhaltige Auswirkungen auf das Arbeitsverhältnis habe. Das Bundesarbeitsgericht hat so die Kündigung eines Kranfahrers für gerechtfertigt erachtet, der zu einer Haftstrafe von fünf Jahren wegen Heroinhandels verurteilt worden ist.[37]

Weiterhin hat das Bundesarbeitsgericht die Kündigung eines Prokuristen für berechtigt gefunden, welcher wegen Vergewaltigung zu 2 1/2 Jahren Haft verurteilt wurde.[38]

6.4.2.4 Die krankheitsbedingte Kündigung

Expatriates sind häufig einem veränderten Klima ausgesetzt. Dies kann unter Umständen zu einer längerfristigen oder einer verschleppten, immer wieder auftretenden Erkrankung führen. Zudem sind Expatriates neben dem veränderten Klima häufig auch neuen örtlichen Krankheitserregern ausgesetzt.

Nach ständiger Rechtsprechung des Bundesarbeitsgerichts ist die Überprüfung einer krankheitsbedingten Kündigung wegen häufiger Kurzerkrankung in drei Stufen vorzunehmen.

Zunächst ist eine negative Prognose hinsichtlich der voraussichtlichen Gesundheitsentwicklung erforderlich. Die bisherigen und nach der Prognose zu erwartenden Auswirkungen des Gesundheitszustandes des Beschäftigten müssen weiter zu einer erheblichen Beeinträchtigung der betrieblichen Interessen führen. Dies können etwa Störungen im Betriebsablauf oder wirtschaftliche Belastungen sein. Zuletzt ist dann zu prüfen, ob die erheblichen Beeinträchtigungen zu einer billigerweise nicht mehr hinzunehmenden Belastung des Arbeitgebers führen.[39]

Gleiches gilt auch für eine krankheitsbedingte Kündigung wegen lang anhaltender Krankheit. Das Bundesarbeitsgericht hat in diesem Zusammenhang entschieden, dass zumindest in kleinen und mittleren Unternehmen von einer erheblichen Beeinträchtigung der betrieblichen Interessen auszugehen ist, wenn ein Arbeitnehmer zwei Jahre krankheitsbedingt nicht gearbeitet hat.[40]

6.4.2.5 Trunk- und Drogensucht

Häufig bringen grundlegende Veränderungen der Lebenssituation wie zum Beispiel die Entsendung ins Ausland zusätzliche Stressfaktoren für

35 LAG Hamm, 09.02.1999, DB 1999, S. 639.
36 BAG, 09.03.1995, NZA 1995, S. 3005
37 BAG, 22.09.1994, NZA 1995, S. 119.
38 BAG, 09.03.1995, NZA 1995, S. 777.
39 BAG, 20.01.2000, RdW 2000, S. 367; BAG, 29.04.1999, BB 2000, S. 49.
40 BAG, 29.04.1999, 2 AZR 431/98, NJW Heft 36/1999, S. XLVI.

▷ *Glossar Seite 174*
Abkürzungen Seite 176

den Expatriate mit. Mancher Expatriate vermag sich ob der ihn fordernden Lage zur Entspannung in Alkohol oder Drogen flüchten. Davon ist ihm entschieden abzuraten.

Trunk- und Drogensucht rechtfertigt eine außerordentliche Kündigung, wenn das Arbeitsverhältnis berührt ist. Berechtigt ist die fristlose Kündigung bei Alkoholgenuss im Betrieb, wenn er von den übrigen Beschäftigten bemerkt und beanstandet wird. Dies gilt insbesondere dann, wenn die Leistung gemindert und die Unfallgefahr erhöht wird.

Eine Kündigung wegen Drogensucht ist, wie die Kündigung wegen Alkoholsucht, nach den für die Kündigung wegen lang anhaltender Erkrankung geltenden Grundsätzen zu beurteilen.[41]

6.4.3 Gründe für eine Kündigung im Verhalten des Expatriates

Als verhaltensbedingte Gründe kommen vor allem Vertragsverletzungen des Expatriates in Betracht. Durch das schuldhafte Verhalten des Beschäftigten müssen konkrete Störungen im Leistungs- beziehungsweise Vertrauensbereich auftreten. Zu beachten ist, dass einer verhaltensbedingten Kündigung aber regelmäßig eine Abmahnung vorauszugehen hat.

Eine solche Abmahnung muss enthalten, welches Fehlverhalten dem Expatriate vorgeworfen wird. Weiterhin muss aus ihr hervorgehen, dass dieses Fehlverhalten eine Verletzung des Arbeitsvertrages ist und dass für den Wiederholungsfall mit bestimmten Konsequenzen (zum Beispiel Kündigung) zu rechnen ist. Dem Expatriate muss also die Möglichkeit gegeben werden, sein Verhalten zu ändern.

Unter die verhaltensbedingte Kündigung fallen insbesondere folgende Verhaltensweisen:

- Mobbing von Kollegen,
- ungenehmigte Telefongespräche,
- Versenden von privaten E-Mails,
- privates Surfen im Internet am Arbeitsplatz,
- Nichtbringung einer ärztlichen Arbeitsunfähigkeitsbescheinigung trotz längerer Erkrankung,
- Ankündigen einer Krankheit,
- wiederholtes verspätetes oder wiederholtes unentschuldigtes Fehlen,
- Nebentätigkeit trotz Vorlage einer ärztlichen Arbeitsunfähigkeitsbescheinigung,
- eigenmächtiger Urlaubsantritt,
- Begehung von Straftaten,
- sexuelle Belästigung,
- Beleidigungen und Tätlichkeiten gegenüber Arbeitskollegen,
- Verstöße gegen die betriebliche Ordnung (Alkoholmissbrauch während der Arbeitszeit, Rauchen in gefährdeten Arbeitsbereichen),

- Verstöße gegen die Verschwiegenheitspflicht,
- rechtswidrige Arbeitsverweigerung,
- vielfache Lohnpfändungen, wenn durch den Arbeitsaufwand die Lohnbuchhaltung gestört wird.

Im Einzelnen:

Oft bilden Telefon, Telefax und Internet die einzige Möglichkeit eines entsandten Mitarbeiters, mit der Heimat, der Familie oder den Freunden in Verbindung zu bleiben. Doch die private Nutzung dieser Medien, sofern sie am Arbeitsplatz vorhanden sind, können für das Unternehmen einen Grund zur verhaltensbedingten Kündigung des betreffenden Expatriates darstellen. Daher gilt es, sich zu informieren, welche Regelungen das Unternehmen für den privaten Gebrauch dieser Medien aufgestellt hat.

6.4.3.1 Privates Surfen im Internet am Arbeitsplatz und nicht genehmigte Telefongespräche

Inwieweit eine private Nutzung des betrieblichen Internetanschlusses eine arbeitsvertragliche Pflichtverletzung darstellt, die eine Kündigung des Arbeitsverhältnisses rechtfertigen kann, ist bislang durch die Rechtsprechung noch nicht geklärt.

Beim Surfen im Internet zu Privatzwecken kann, wie beim vergleichbaren privaten Telefonieren am Arbeitsplatz, eine Kündigung gerechtfertigt sein, wenn ein ausdrückliches Verbot des Unternehmens besteht und auch nach einschlägiger Abmahnung diesem nicht nachgekommen wird.

Fehlt es an einem ausdrücklichem Verbot oder ist privates Surfen oder Telefonieren sogar ausdrücklich erlaubt beziehungsweise über lange Zeit widerspruchslos geduldet worden, so darf ein Mitarbeiter nicht in beliebigem Umfang von der Möglichkeit privater Internetbesuche Gebrauch machen. Tut er dies gleichwohl in einem Ausmaß, von dem er nicht mehr annehmen kann, dass das Unternehmen dies bei Kenntnis noch geduldet hätte, so kann auch ein solches Verhalten nach einer einschlägigen Abmahnung die Kündigung rechtfertigen. Einer Abmahnung bedarf es dann nicht, wenn ein solches Ausmaß erreicht ist, dass von einer groben Pflichtverletzung auszugehen ist.[42]

Das Arbeitsgericht Hannover hat in einem Urteil festgestellt, dass die fristlose Kündigung eines Mitarbeiters ohne vorherige Abmahnung rechtmäßig war, der während der Arbeitszeit sowohl Dateien mit pornografischen Inhalten aus dem Internet auf den betrieblichen PC heruntergeladen als auch eine einschlägige Homepage vom betrieblichen PC aus in das World Wide Web gestellt hatte. In diesem Falle war den Mitarbeitern das private Surfen vom Arbeitgeber in einer Betriebsvereinbarung untersagt worden.[43]

41 BAG, 09.04.1987, DB 87, S. 2156; BAG, 16.09.1999, NZA 2000, S. 141.
42 Arbeitsgericht Wesel, 21.03.2001, NJW 2001, S. 2490.
43 Arbeitsgericht Hannover, 01.12.2000, 1 Ca 504/ 00B.

▹ *Glossar Seite 174*
Abkürzungen Seite 176

Zum selben Ergebnis kommt das Arbeitsgericht Düsseldorf. Hintergrund war das Betrachten pornografischer Seiten am Arbeitsplatz trotz Verbots privaten Internetsurfens im Arbeitsvertrag.[44]

Das Landesarbeitsgericht Niedersachsen hatte einen Fall zu entscheiden, in dem der Sekretärin des Vertriebsleiters ohne vorherige Abmahnung gekündigt wurde. Es hieß, sie habe bis zu 14-mal täglich mit einem Bekannten telefoniert. Im Betrieb bestand kein generelles Verbot privater Mitarbeitergespräche. Diese wurden grundsätzlich geduldet. Zwar stimmten die Richter dem Unternehmen zu, dass im vorliegenden Fall in erheblichem Umfang gegen arbeitsvertragliche Pflichten verstoßen wurde, jedoch hielten sie eine vorherige Abmahnung für erforderlich.[45]

Das Erfordernis einer Abmahnung ist bei jeder Kündigung beachtlich, die wegen eines steuerbaren Verhaltens des Arbeitnehmers ausgesprochen wird, wenn eine Wiederherstellung des Vertrauens erwartet werden kann.[46] Eine Abmahnung ist nur dann entbehrlich, wenn es um schwere Pflichtverletzungen geht, deren Rechtswidrigkeit dem Arbeitnehmer ohne weiteres erkennbar ist und bei denen eine Hinnahme des Verhaltens durch den Arbeitgeber offensichtlich ausgeschlossen ist.[47]

6.4.3.2 Versenden von privaten E-Mails

Das Arbeitsgericht Frankfurt/Main entschied, dass einem Mitarbeiter, der vom Arbeitsplatz aus private E-Mails versendet, nicht ohne vorherige Abmahnung fristlos gekündigt werden darf, selbst wenn ein generelles Verbot bestand und eine fristlose Kündigung bei Nichteinhaltung angedroht worden war.[48]

6.4.3.3 Die Begehung von Straftaten durch den Expatriate

Die Strafgesetze in der Welt stellen nicht immer das gleiche Verhalten unter Strafe. Zwischen den unterschiedlichen Kulturkreisen kann es so zu erheblichen Unterschieden kommen, was ein strafbares Verhalten angeht.

Ohne eine genügende Aufklärung über die Gesetze des Auslandsstaates kann es dem Expatriate passieren, dass er dort eine Straftat begeht, ohne dass er sich seines strafbaren Verhaltens bewusst ist.

Dass ein strafbares Verhalten im Arbeitsverhältnis eine Pflichtverletzung darstellt, ist als solches eine Selbstverständlichkeit.[49] Straftaten, die ein geschütztes Rechtsgut des Unternehmers oder eines Arbeitskollegen betreffen, berechtigen in der Regel zur Kündigung, in schweren Fällen zur außerordentlichen Kündigung.[50]

Wird ein Expatriate allerdings straffällig, so rechtfertigt dies nicht schlechthin eine Kündigung. Es ist zu unterscheiden zwischen Straftaten, die der Expatriate

- gegen den Betrieb (das Unternehmen) verübt,
- im Betrieb begeht,
- außerhalb des Betriebes, aber mit betrieblicher Relevanz verübt, und
- Straftaten, die keinen betrieblichen Bezug haben.

Kündigungsrelevant sind grundsätzlich nur strafbare Handlungen, die sich in irgendeiner Form störend auf den Betrieb auswirken. Allein die Tatsache, dass ein Expatriate straffällig geworden ist, ist kein betriebsbezogener Aspekt.[51]

Dies bedeutet, außerhalb des Arbeitsverhältnisses begangene Straftaten rechtfertigen eine Kündigung nur dann, wenn sie sich auf das Arbeitsverhältnis auswirken, zum Beispiel Vermögensdelikte eines Angestellten in Vertrauensstellung oder grobe Verkehrsdelikte eines Kraftfahrers.

Anders ist es dagegen bei Straftaten während des Arbeitsverhältnisses, es sei denn, dass sie ganz geringfügig sind. Straftaten gegen den Unternehmer rechtfertigen zumeist die außerordentliche Kündigung,[52] sofern sie nicht ganz geringfügig sind. Schwarzfahrten mit betriebseigenen Pkws rechtfertigen die außerordentliche Kündigung, wenn der Unternehmer diese ausdrücklich verboten hat und die Einhaltung des Verbotes streng überwacht. Bei Missbrauch von Kontrolleinrichtungen (Stempeluhren) gilt dasselbe. Eine vorherige Abmahnung ist nicht erforderlich.[53]

Es wird jedoch noch zwischen den Straftaten differenziert. So wird zum Beispiel die Vergewaltigung einer Arbeitskollegin am Arbeitsplatz als Unterfall der sexuellen Belästigung am Arbeitsplatz gesehen.

6.4.3.3.1 *Die außerordentliche Kündigung wegen sexueller Belästigung*

Sittliche Verfehlungen und sexuelle Belästigung begründen im Allgemeinen eine fristlose Kündigung, wenn dadurch das Arbeitsverhältnis oder die betriebliche Verbundenheit beeinträchtigt wird.[54] Das heißt, eine schwerwiegende sexuelle Belästigung am Arbeitsplatz kann auch ohne vorangegangene Abmahnung eine fristlose Kündigung rechtfertigen.[55]

Die sexuelle Belästigung im betrieblichen Bereich stellt grundsätzlich einen verhaltensbedingten Kündigungsgrund nach § 1 KSchG dar, bei besonderer Intensität auch einen wichtigen Grund zur außerordentlichen Kündigung. Gleichwohl hat sich der Gesetzgeber veranlasst gesehen, diesen Bereich durch das zum 01.04.1994 in Kraft getretene so genannte Beschäftigtenschutzgesetz (BSchG) konkret zu regeln. Nach § 1 Abs. 1 BSchG ist es das Ziel des Gesetzes, die Würde von Frauen und Männern durch den Schutz vor sexueller Belästigung am Arbeitsplatz zu wahren. Deshalb haben die Arbeitgeber und Dienstvorgesetzten die Beschäftigten vor sexueller Belästigung am Arbeitsplatz zu schützen. Dieser Schutz umfasst auch vorbeugende Maßnahmen.[56]

44 Arbeitsgericht Düsseldorf, 01.08.2001, 4 Ca 3437/01.
45 LAG Niedersachsen, NZA-RR 1999, S. 813.
46 BAG, 04.06.1997, NZA 1997, S. 1281.
47 BAG, 10.02.1999, NZA 1999, S. 708.
48 Arbeitsgericht Frankfurt/Main, 20.03.2001, 5 Ca 4459/00.
49 Erfurter Kommentar zum Arbeitsrecht/ Schlachter 190 BeschäftigtenschutzG Rdnr. 5.
50 Münchner Handbuch zum Arbeitsrecht/ Berkowsky § 137 Rdnr. 280; Münchner Handbuch zum Arbeitsrecht/Wank § 120 Rdnr. 76.
51 Münchner Handbuch zum Arbeitsrecht/ Berkowsky § 137 Rdnr. 279.
52 Schaub § 125 VII Rdnr. 117.
53 LAG Rheinland-Pfalz, 03.07.2000, 7 Sa 216/00.
54 Schaub § 125 VII Rdnr. 113.
55 Erfurter Kommentar zum Arbeitsrecht/ Müller-Glöge 230 BGB § 626 Rdnr. 94.
56 Münchner Handbuch zum Arbeitsrecht/ Berkowsky § 137 Rdnr. 257.

▷ *Glossar Seite 174*
Abkürzungen Seite 176

Unter sexueller Belästigung versteht das Gesetz jedes vorsätzliche, sexuell bestimmte Verhalten, das die Würde von Beschäftigten am Arbeitsplatz verletzt.[57]

Nach § 2 Abs. 2 S. 2 Nr. 1 BSchG gelten sexuelle Handlungen und Verhaltensweisen, die nach strafrechtlichen Vorschriften unter Strafe gestellt sind, generell als sexuelle Belästigung.[58] Betroffen ist davon auch die Vergewaltigung gemäß § 177 StGB.[59] Vorausgesetzt wird weder die Bestrafung des Täters noch die konkrete Strafbarkeit nach dem StGB, so dass die weiteren Strafbarkeitsvoraussetzungen fehlen können.[60]

6.4.3.3.2 Verdachtskündigung wegen sexueller Belästigung

Häufig kommt es jedoch vor, dass der genaue Sachverhalt im Dunkeln bleibt. Bei einer solch unsicheren Beweislage, welche in der Praxis häufig der Fall sein wird, kann der Unternehmer nicht einfach eine außerordentliche Kündigung aussprechen. Vielmehr kommt in diesem Fall eine Verdachtskündigung des betreffenden Expatriates in Betracht.

Der Verdacht einer strafbaren Handlung und einer sonstigen schweren arbeitsvertraglichen Verfehlung kann einen wichtigen Grund im Sinne des § 626 BGB darstellen, wenn der Verdacht das zur Fortsetzung des Arbeitsverhältnisses notwendige Vertrauen des Unternehmens in die Redlichkeit des Expatriates zerstört oder zu einer unerträglichen Belastung des Arbeitverhältnisses geführt hat.[61] An die Zulässigkeit einer Verdachtskündigung sind jedoch strenge Maßstäbe anzulegen, da die Gefahr, einen Unschuldigen zu treffen, besonders groß ist.[62]

6.4.3.3.2.1 Voraussetzungen der Verdachtskündigung

Der Verdacht muss objektiv durch bestimmte Tatsachen begründet und vor allem dringend sein. Der Arbeitgeber muss alle zumutbaren Anstrengungen zur Aufklärung des Sachverhalts unternommen haben. Insbesondere ist für die Wirksamkeit der Verdachtskündigung eine Anhörung des Expatriates erforderlich. Verdachtsverstärkende Umstände können einschlägige Vorstrafen sein. Im Falle der Verdachtskündigung beginnt die Ausschlussfrist des § 626 Abs. 2 BGB erst zu laufen, sobald sich das Unternehmen ein genaues Urteil über den Verdacht bilden kann, gegebenenfalls erst nach der Verurteilung des Arbeitnehmers.[63]

6.4.3.3.2.2 Falscher Verdacht und Alternative zur außerordentlichen Kündigung

Wird der gekündigte Expatriate im Kündigungsprozess vom Verdacht befreit, so kann ihm ein Wiedereinstellungsanspruch zustehen. Dagegen führt die Einstellung des Ermittlungsverfahrens nach § 170 Abs. 2 S. 1 StPO weder zur Unwirksamkeit der Kündigung noch zu einem Wiedereinstellungsanspruch. Anstelle einer außerordentlichen Kündigung ist auch eine ordentliche Kündigung, verbunden mit einer Suspendierung, möglich.[64]

6.4.3.4 Keine verhaltensbedingten Kündigungsgründe

Nicht als verhaltensbedingte Kündigungsgründe werden angesehen:

- der Abkehrwille, das heißt, ein Expatriate hat das Recht, sich nach einem anderen Arbeitsplatz umzuschauen,
- außerbetriebliches Verhalten, es sei denn, das Arbeitsverhältnis wird dadurch konkret gestört.

6.4.4 Dringende betriebliche Erfordernisse als Grund für eine Kündigung

Betriebsbedingte Kündigungsgründe sind gegeben, wenn der Weiterbeschäftigung des Expatriates betriebsbezogene inner- oder außerbetriebliche Umstände entgegenstehen. Die Kündigung muss wegen der wirtschaftlichen Lage des Betriebes unvermeidbar sein („dringende betriebliche Erfordernisse"). Grundlage der Kündigung muss daher eine unternehmerische Entscheidung sein.

Gründe können hier sein:

- Rationalisierung,
- Produktionseinschränkungen,
- Auftragsmangel,
- Umsatzrückgang oder
- Betriebs(teil)stilllegung.

Kein Grund zur Kündigung besteht, wenn der Beschäftigte durch Arbeitsverteilung weiterbeschäftigt werden kann.

6.4.4.1 Betriebsstilllegung

Global operierende Unternehmen arbeiten stets mit dem Blick auf die internationalen Märkte und ihre darin bestimmte finanzielle und wirtschaftliche Situation. Daher sind sie schnell bereit, Betriebsstandorte bei zu hohen Kosten oder fehlendem Gewinn entweder in andere Staaten zu verlagern oder gar ganz einzusparen, indem diese stillgelegt werden. Von einer solchen Maßnahme kann durchaus auch der ins Ausland entsandte Mitarbeiter betroffen sein.

In einem Urteil des Landesarbeitsgerichts Rheinland-Pfalz wurde nicht nur die betriebsbedingte Kündigung wegen schon erfolgter Betriebsstilllegung als gerechtfertigt angesehen, sondern auch schon die beabsichtigte Betriebsstilllegung. Hiernach dürfen Arbeitgeber ihren Mitarbeitern auch schon vor der tatsächlichen Stilllegung des Betriebs kündigen. Voraussetzung hierfür ist lediglich, dass die Umsetzung des Plans zur Stilllegung schon im Angriff genommen wurde und der jeweilige Mitarbeiter für die Restabwicklung entbehrt werden kann .[65]

57 Münchner Handbuch zum Arbeitsrecht/Berkowsky § 137 Rdnr. 259.
58 Münchner Handbuch zum Arbeitsrecht/Blomeyer § 53 Rdnr. 22; Münchner Handbuch zum Arbeitsrecht/Berkowsky § 137 Rdnr. 259.
59 Münchner Handbuch zum Arbeitsrecht/Blomeyer § 53 Rdnr. 22; Erfurter Kommentar zum Arbeitsrecht/Schlachter 190 BeschäftigtenschutzG Rdnr. 5.
60 Münchner Handbuch zum Arbeitsrecht/Blomeyer § 53 Rdnr. 22.
61 Münchner Handbuch zum Arbeitsrecht/Wank § 120 Rdnr. 77; Schaub § 125 VII Rdnr. 129.
62 Münchner Handbuch zum Arbeitsrecht/Wank § 120 Rdnr. 77.
63 Münchner Handbuch zum Arbeitsrecht/Wank § 120 Rdnr. 78.
64 Münchner Handbuch zum Arbeitsrecht/Wank § 120 Rdnr. 79.
65 LAG Rheinland-Pfalz, 18.01.2002, 10 Sa 350/01.

▷ *Glossar Seite 174*
Abkürzungen Seite 176

6.5 Anwendung des Kündigungsschutzgesetzes

Für den Kündigungsschutz spielt es eine wichtige Rolle, ob und unter welchen Voraussetzungen das Kündigungsschutzgesetz im Falle einer Auslandsentsendung zur Anwendung kommt.

6.5.1 Vereinbarung der Geltung des Kündigungsschutzgesetzes

Grundsätzlich gilt das Kündigungsschutzgesetz nur für inländische Betriebe, die sich innerhalb der Grenzen der Bundesrepublik Deutschland befinden.[66]

Die Parteien können aber, anders als zum Beispiel beim Betriebsverfassungsgesetz, die Geltung des Kündigungsschutzgesetzes vereinbaren.

Möglich ist zum einen eine ausdrückliche Vereinbarung der Geltung des Kündigungsschutzgesetzes.

Zum anderen dürfte sich die Anwendbarkeit des Kündigungsschutzgesetzes in der Regel aus Art. 32 Abs. 1 Nr. 4 EGBGB ergeben. Danach ist das nach den Art. 27 – 30 und nach Art. 33 Abs. 1 und 2 EGBGB auf einen Vertrag anzuwendende Recht insbesondere maßgebend für die verschiedenen Arten des Erlöschens der Verpflichtungen. Nach ganz überwiegender Ansicht gehört hierzu auch das allgemeine Kündigungsschutzrecht der §§ 1 – 14 KSchG.[67]

In der bereits erwähnten Entscheidung vom 23.4.1998[68] hat das Bundesarbeitsgericht zum Beispiel die Klausel des Standardarbeitsvertrages der Angestellten der italienischen Kulturinstitute in Deutschland, „dass für alle anderen in diesem Vertrag nicht ausdrücklich erwähnten Fälle das in Deutschland geregelte Gesetz maßgebend sein soll“, als ausdrückliche Rechtswahl verstanden, die auch das deutsche Kündigungsschutzrecht umfasst.

6.5.2 Geltungsbereich des Kündigungsschutzgesetzes

Problematisch ist im Zusammenhang mit der Entsendung von Mitarbeitern häufig die Frage nach dem Geltungsbereich des § 23 KSchG. Nach § 23 Abs. 1 Satz 1 KSchG gelten die Vorschriften des Ersten und Zweiten Abschnitts für Betriebe und Verwaltungen des privaten und öffentlichen Rechts vorbehaltlich der Regelung des § 24 KSchG. Das KSchG findet nach § 23 Abs. 1 Satz 2 KSchG aber keine Anwendung auf Betriebe, in denen in der Regel 5 oder weniger Arbeitnehmer beschäftigt werden.

6.5.2.1 Voraussetzungen des § 23 KSchG im Inland

Durch Urteil vom 09.10.1997[69] hat der 2. Senat des Bundesarbeitsgerichtes klargestellt, dass die Voraussetzungen des § 23 Absatz 1 Satz 2 KSchG im Inland erfüllt sein müssen: Zwar können mehrere Unternehmen einen gemeinsamen Betrieb bilden mit der Folge, dass die in den beiden Unternehmen beschäftigten Arbeitnehmer bei der Ermittlung der maßgeblichen

Personenzahl zusammenzurechnen sind. Die Voraussetzungen des § 23 Abs. 1 Satz 2 KSchG müssen aber regelmäßig, vorbehaltlich von Sonderregelungen des Gemeinschaftsrechts, im Inland erfüllt werden. Der räumliche Geltungsbereich des Kündigungsschutzgesetzes sei auf das Gebiet der Bundesrepublik Deutschland beschränkt. Das Gemeinschaftsrecht enthalte bis auf wenige Ausnahmen keine Regelungen über den Kündigungsschutz von Arbeitnehmern. Im Übrigen geht auch der Europäische Gerichtshof davon aus, dass es sich bei § 23 Abs. 1 Satz 2 KSchG um eine Sonderregelung handelt, deren Geltungsbereich auf die Bundesrepublik Deutschland beschränkt ist.[70]

Durch Entscheidung vom 21.01.1999 hat das Bundesarbeitsgericht klargestellt, dass es bei der Entscheidung vom 09.10.1997 um die normative Geltung des § 23 Abs. 1 Satz 2 KSchG bei einem im Inland beschäftigen Arbeitnehmer ging und dass die Entscheidung nicht den Fall der ausdrücklichen vertraglichen Vereinbarung der Anwendbarkeit deutschen Rechts für einen im Ausland beschäftigten Arbeitnehmer betraf.[71]

In seiner Entscheidung vom 07.11.1996[72] hatte der 2. Senat es noch ausdrücklich offen gelassen, ob ein am Schutzzweck des Kündigungsschutzgesetzes ausgerichteter eigenständiger Betriebsbegriff zugrunde gelegt werden kann, der für die Bestimmung der Betriebsgröße auch im Ausland gelegene Betriebsteile berücksichtigt. Der 2. Senat hatte in dieser Entscheidung wegen des Erfordernisses einer Sozialauswahl zwischen Arbeitnehmern der inländischen und ausländischen Betriebsteile zwar Bedenken gegen den vorgenannten Betriebsbegriff, brauchte diese Frage aber nicht zu entscheiden.

In der Entscheidung vom 07.10.1997 geht der 2. Senat in keiner Weise mehr auf diesen Vorbehalt ein. Hieraus kann aber nur der Schluss gezogen werden, dass der 2. Senat die „Idee" eines eigenständigen Betriebsbegriffes entgültig hat fallen lassen.

6.5.2.2 Anwendung des Kündigungsschutzgesetzes bei Konzernholding

Durch Urteil vom 13.06.2002[73] hat das Bundesarbeitsgericht Stellung zu der Frage der Anwendbarkeit des Kündigungsschutzgesetzes auf eine Konzernholding mit nicht mehr als 5 Expatriates genommen.

Der Kläger war bei einer Holding beschäftigt. Die Holding war an mehreren Tochtergesellschaften in Deutschland und Frankreich beteiligt. Im Gesamtkonzern waren über 300 Mitarbeiter beschäftigt, bei der Holding aber nur 5 Mitarbeiter einschließlich des Klägers. Mit der Klage wendetet sich der Kläger gegen seine Kündigung.

66 BAG, 21.01.1999, NZA 1999, S. 539, 541.
67 BAG, SAE 1990, S. 317.
68 BAG, 23.04.1998, NZA 1998, S. 995.
69 BAG, 09.10.1997, NZA 1998, S. 141.
70 EuGH, 30.11.1993, AP Nr. 13 zu § 23 KSchG.
71 BAG, 21.01.1999, NZA 1999, S. 539, 542.
72 BAG, 07.11.1996, 2 AZR 648/95.
73 BAG, 13.06.2002, Pressemitteilung 43/02.

▷ *Glossar Seite 174*
Abkürzungen Seite 176

Hierzu hat das Bundesarbeitsgericht ausgeführt, dass der Arbeitnehmer einer Konzernholding, sofern kein Gemeinschaftsbetrieb zwischen der Konzernholding und den Tochtergesellschaften besteht, regelmäßig nur dann Kündigungsschutz genießt, wenn die Holding ihrerseits dem Kündigungsschutzgesetz unterliegt, insbesondere die nach § 23 KSchG erforderliche Anzahl von Mitarbeitern beschäftigt.

Da die Holding nicht mehr als 5 Arbeitnehmer beschäftigte, hat das Bundesarbeitsgericht die Kündigungsschutzklage abgewiesen.

6.5.2.3 Anwendung des Kündigungsschutzgesetzes bei Gemeinschaftsbetrieb

Auch bezüglich der Frage, wann ein Gemeinschaftsbetrieb vorliegt, ist diese Entscheidung interessant.

Allgemein anerkannt ist, dass mehrere Unternehmen einen gemeinsamen Betrieb bilden können. Die Annahme eines Gemeinschaftsbetriebes setzt aber einen einheitlichen, rechtlich gesicherten betriebsbezogenen Leitungsapparat voraus. Insbesondere müssen die Unternehmensfunktionen in den sozialen und personellen Angelegenheiten des Betriebsverfassungsgesetzes einheitlich für die beteiligten Unternehmen sein.[74]

Ein gemeinschaftlicher Betrieb zwischen einer Konzernholding und einer oder mehreren Tochtergesellschaften liegt nicht bereits dann vor, wenn die Holding aufgrund ihrer konzernrechtlichen Leitungsmacht gegenüber den zuständigen Organen der Tochtergesellschaften in bestimmten Bereichen Anordnungen treffen kann. Ein weiter gehender kündigungsschutzrechtlicher ▷ „Berechnungsdurchgriff“ im Konzern ist daher nicht geboten.

6.5.2.4 Anwendung des Kündigungsschutzgesetzes bei vertraglicher Stammhausanbindung im Konzern

Mehrere interessante Fragen im Zusammenhang mit der Anwendung des Kündigungsschutzgesetzes im Zusammenhang mit so genannten Stammhausbindungsverträgen hatte das Bundesarbeitsgericht in einer Entscheidung vom 21.01.1999[75] zu klären.

Ausgangspunkt der Entscheidung war die zwischen einem Unternehmen, einem deutschen Chemiekonzern, und einem Expatriate, einem argentinischen Staatsangehörigen, gewählte vertragliche Konstruktion, dass der Arbeitsvertrag mit dem Stammhaus beendet und mit einer im Ausland ansässigen Konzerngesellschaft ein eigener Arbeitsvertrag abgeschlossen wurde. Die Bindung zum Stammhaus blieb aber erhalten durch eine schriftliche Vereinbarung, wonach der Expatriate „seine Dienste gemäß dieser Vereinbarung in der Weise zu leisten hat“, dass er einen Dienstvertrag mit einer ausländischen Konzerngesellschaft abschließt, was später auch geschah. Weiter sah die Vereinbarung vor, dass der Expatriate verpflichtet ist, auf Wunsch des Stammhauses sein Dienstverhältnis mit der ausländischen Konzerngesellschaft zu beenden, um in eine andere Konzerngesellschaft in Lateinamerika überzutreten. Die Vereinbarung unterlag deutschem Recht. Der Mitarbeiter arbeitete dann bei der ausländischen Konzerngesellschaft, bevor er 1994 gekündigt wurde.

In diesem Zusammenhang stellen sich zunächst mehrere Fragen:

- Besteht zwischen dem im Ausland tätigen Mitarbeiter und dem Stammhaus überhaupt ein Arbeitsvertrag?
- Wenn ein solcher Arbeitsvertrag besteht, fällt er in den Geltungsbereich des Kündigungsschutzgesetzes?
- Wenn das Kündigungsschutzgesetz Anwendung findet, stellt sich schließlich die weitere Frage, welche Anforderungen an die betriebsbedingte Kündigung eines solchen mit dem Stammhaus noch bestehenden Vertrages zu stellen sind.

Bezüglich der ersten Frage hat das Bundesarbeitgericht das Bestehen eines Arbeitsverhältnisses angenommen, weil der deutsche Arbeitgeber sich auch ein eigenes Direktionsrecht gegenüber dem im Ausland tätigen Arbeitnehmer vorbehalten hatte. Hierzu führt das Bundesarbeitsgericht zunächst aus, dass die Arbeitsverpflichtung als Hauptleistungspflicht nicht zwingend voraussetzt, dass der Arbeitsverpflichtete seine Dienstleistung gerade dem Berechtigten schulde, also die versprochenen Dienste im Rahmen der Betriebe des Berechtigten zu leisten habe. Ein Rechtssatz des Inhalts, dass der Arbeitnehmer seine Arbeitskraft stets zumindest auch bei dem in Anspruch genommenen Vertragspartner einsetzen müsse, existiere nicht.

Hieraus hat das Bundesarbeitsgericht dann die Schlussfolgerung gezogen, dass der Vertragspartner selbst als Arbeitgeber anzusehen ist, wenn sich ein Arbeitnehmer in einem dem deutschen Recht unterliegenden Vertrag verpflichtet, seine Arbeitsleistung im Rahmen eines ergänzenden Dienstvertrages mit einem ausländischen, konzernzugehörigen Unternehmen zu erbringen, und der Vertragspartner sich weiter vorbehält, dem Arbeitnehmer selbst Weisungen und dienstliche Anordnungen zu erteilen und jederzeit ein neues zum Konzern gehörendes Unternehmen für den weiteren Auslandseinsatz zu bestimmen.

Eine Eingliederung des Arbeitnehmers in den Betrieb des Stammhauses hält das Bundesarbeitsgericht dagegen nicht für unbedingt erforderlich.

Bezüglich der zweiten Frage kommt das Bundesarbeitsgericht zur Anwendung des Kündigungsschutzgesetzes. Da die Parteien im schriftlichen ▷Stammhausbindungsvertrag deutsches Recht vereinbart haben, würde sich diese ▷Rechtswahl gemäß Art. 32 EGBGB auch auf das deutsche Kündigungsschutzrecht erstrecken.

74 BAG, 29.04.1999, NZA 1999, S. 932.
75 BAG, 21.01.1999, NZA 1999, S. 539.

▷*Glossar Seite 174*
Abkürzungen Seite 176

Hier macht das Bundesarbeitsgericht allerdings eine Einschränkung, dass die vorgenannte Entscheidung vom 09.10.1997 nicht den Fall der ausdrücklichen vertraglichen Vereinbarung der Anwendbarkeit deutschen Rechts für einen im Ausland beschäftigten Arbeitnehmer betraf, sondern die normative Geltung bei einem im Inland beschäftigten Arbeitnehmer. Ungeachtet des § 23 Abs. 1 KSchG und der fehlenden Eingliederung in den Betrieb des Stammhauses seien die Grundgedanken des § 1 KSchG auf das Arbeitsverhältnis entsprechend anwendbar, weil diese wirksam die Anwendbarkeit deutschen Rechts vereinbart haben und weil dem Arbeitnehmer ein Anspruch auf Beschäftigung innerhalb des Konzerns in Lateinamerika zustehen sollte. Die ausdrückliche Einräumung eines konzernweiten Beschäftigungsanspruches würde keinen Sinn machen, wenn er nicht durch einen entsprechenden allgemeinen Kündigungsschutz gesichert wäre, sondern auch ohne besonderen Kündigungsgrund durch Kündigung zum Wegfall gebracht werden könnte.[76]

▷Materiellrechtlich hat das Bundesarbeitsgericht in der Entscheidung offen gelassen, ob es vorliegend an der Rechtsfigur des einheitlichen Arbeitsverhältnisses, begründet durch die Entscheidung vom 27.03.1986,[77] festhält oder nicht. Nach dieser Entscheidung bilden die beiden Kündigungen des Auslandsvertrages und des Stammhausbindungsvertrages Teilakte einer einheitlichen Erklärung, die durch ein dringendes betriebliches Erfordernis gerechtfertigt sein muss. Die Kündigungsvoraussetzungen müssen daher grundsätzlich im Verhältnis zu jedem der Beteiligten gegeben sein.

Selbst wenn man ein einheitliches Arbeitsverhältnis ablehnen würde, wäre das deutsche Unternehmen seiner gesteigerten Darlegungslast hinsichtlich der betriebsbedingten Gründe nicht nachgekommen. Dies gelte auch dann, wenn von einem einheitlichen Arbeitsverhältnis auszugehen sei.[78] Dem Unternehmen obliegt nämlich eine gesteigerte Darlegungslast dafür, dass auch bei anderen Konzernunternehmen, bei denen der Arbeitnehmer vereinbarungsgemäß beschäftigt werden könnte, Einsatzmöglichkeiten für den Arbeitnehmer fehlen.

Bei der Frage der Betriebsbedingtheit der Kündigung erwies sich das sehr weite Direktionsrecht des Unternehmens als regelrechter „Bumerang". Der Arbeitgeber oder, anders gesagt, das Stammhaus muss im Einzelnen darlegen, dass eine Weiterbeschäftigungsmöglichkeit des Arbeitnehmers auch bei den ausländischen Konzernunternehmen nicht mehr besteht. Dieser Nachweis dürfte in der Regel nur außerordentlich schwer zu führen sein.

7. Rechtswahl

7.1 Bestimmung des Arbeitsvertragsstatuts

Für die rechtliche Beurteilung des Arbeitsverhältnisses eines in das Ausland entsandten Mitarbeiters ist vorab immer die Frage des anwendbaren Rechts zu klären. Die Parteien können hier eine ausdrückliche oder konkludente ▹Rechtswahl treffen. Treffen die Parteien hierzu keine Regelung, erfolgt eine Bestimmung nach den Vorschriften des deutschen internationalen Privatrechts, den Art. 27–37 EGBGB. Diese Vorschriften gelten seit der Reform des Internationalen Privatrechts von 1986.

7.1.1 Freie Rechtswahl des Arbeitsvertragsstatuts

Nach Art. 27 Abs. 1 Satz 1, Art. 30 Abs. 1 EGBGB steht es den Parteien des Arbeitsvertrages grundsätzlich frei, welches Sachrecht sie wählen. Es gilt der Grundsatz der Vertragsfreiheit. Dafür bietet sich zum einen das deutsche, zum anderen das Recht des jeweiligen ausländischen Tätigkeitsstaates an. Allerdings können die Parteien das Arbeitsvertragsstatut auch ohne Rücksicht darauf wählen, ob es eine Beziehung zum konkreten Arbeitsverhältnis aufweist oder nicht. Die Parteien des Arbeitsvertrages könnten daher auch das Recht eines Drittstaates vereinbaren, was regelmäßig aber nicht zweckmäßig sein dürfte.

Eine Rechtswahl werden die Parteien in der Regel bereits bei Abschluss des Arbeitsvertrages vornehmen. Nach dem Wortlaut des Art. 27 Abs. 2 EGBGB („können jederzeit vereinbaren") ist jedoch auch eine nachträgliche Rechtswahl möglich. Weiter ist es gemäß Art. 27 Abs. 1 Satz 3 EGBGB möglich, eine Rechtswahl für den ganzen Vertrag oder nur für einen bestimmten Teil zu treffen. Art. 27 Abs. 1 Satz 3 EGBGB findet auch auf Arbeitsverträge Anwendung.[79]

7.1.1.1 Ausdrückliche Rechtswahl

Gemäß Art. 27 Abs. 1 Satz 2 muss die Rechtswahl ausdrücklich sein oder sich mit hinreichender Sicherheit aus den Bestimmungen des Vertrags oder aus den Umständen des Falles ergeben. Eine ausdrückliche Rechtswahl kann durch eine entsprechende Klausel im Arbeitsvertrag erfolgen. Dabei kann pauschal auf das Sachrecht eines bestimmten Staates Bezug genommen werden. Es kann auch bezüglich einzelner Bereiche ausdrücklich auf ein bestimmtes Sachrecht verwiesen und für die nicht ausdrücklich genannten Bereiche eine pauschale ▹Teilrechtswahl vorgenommen werden.

In seiner Entscheidung vom 23.04.1998[80] hat das Bundesarbeitsgericht zum Beispiel die Klausel des Standardarbeitsvertrages der Angestellten der italienischen Kulturinstitute in Deutschland, „dass für alle anderen in diesem Vertrag nicht ausdrücklich erwähnten Fälle das in Deutschland geregelte Gesetz maßgebend sein soll", als ausdrückliche Rechtswahl verstanden, die auch das deutsche Kündigungsschutzrecht umfasst.

76 BAG, 21.01.1999, NZA 1999, S. 539, 542.
77 BAG, 27.03.1981, AP Nr. 1 zu § 611 BGB Unternehmensgruppe.
78 BAG, 21.01.1999, NZA 1999, S. 539, 542.
79 Oppertshäuser, NZA-RR 2000, S. 393, 394 mit weiteren Nachweisen.
80 BAG, 23.04.1998, NZA 1998, S. 995.

▹Glossar Seite 174
Abkürzungen Seite 176

7.1.1.2 Konkludente Rechtswahl

Problematisch wird es, wenn ein Vertrag keine ausdrückliche, sondern möglicherweise eine konkludente Rechtswahl enthält. Eine solche ist zwar möglich, darf gemäß Art. 27 Abs. 1 Satz 2 EGBGB nur dann angenommen werden, wenn sich ein entsprechender realer Parteiwille mit hinreichender Sicherheit aus den Bestimmungen des Vertrages oder aus den Umständen des Falls ergibt.

Indizien für das Vorliegen einer konkludenten Rechtswahl sind zum Beispiel die Vereinbarung eines bestimmten Gerichtsstandes, die Bezugnahme auf einzelne Vorschriften des jeweiligen Sachrechts, die Vereinbarung eines einheitlichen Erfüllungsortes oder der Vertragsschluss zwischen im Inland ansässigen Parteien in deutscher Sprache im Inland.[81] Es besteht allerdings keine bestimmte Rangfolge zwischen den zu berücksichtigenden Umständen. Starre Regeln lassen sich hier nicht aufstellen.

Welche Probleme das Fehlen einer ausdrücklichen Regelung bzgl. der Rechtswahl im Einzelfall aufwerfen können, zeigen einige Entscheidungen der letzten Jahre.

In seiner Entscheidung vom 26.07.1995[82] hat das Bundesarbeitsgericht im Ergebnis eine konkludente Rechtswahl bejaht. In einem Schreiben des Arbeitgebers, das Grundlage der Einstellung war, hatte dieser die gesetzlichen Kündigungsfristen, die bei ihm geltenden Tarifverträge und seine „betriebliche Ordnung“ für anwendbar erklärt. Dem hat das Bundesarbeitsgericht – im Ergebnis zutreffend – die konkludente Wahl deutschen Sachrechts entnommen.

Weniger nachvollziehbar in der Begründung ist die Entscheidung des Bundesarbeitsgerichts vom 20.11.1997,[83] in dem es um die Änderungskündigung eines bei der US-Botschaft in Bonn als Ortskraft (FSN = Foreign Service National Employee) beschäftigten Aufzugmonteurs ging. Wesentliche Bedingungen des Arbeitsverhältnisses wurden durch ein „Foreign Service National Handbook“ geregelt. In diesem Handbuch hieß es unter anderem, dass die FSN-Angestellten vorrangig amerikanischen Gesetzen und Vorschriften unterliegen, die amerikanische Regierung jedoch eine größtmögliche Annäherung an die örtlichen Gesetze, Traditionen und Praktiken anstrebt, soweit sie nicht im Widerspruch zu den amerikanischen Gesetzen steht. Weiter enthält das Handbuch für die Beendigung von Arbeitsverhältnissen u.a. folgende Regelung:

„Allgemeines: FSN und ... Arbeitsverhältnisse können jederzeit unter Berücksichtigung der deutschen Gesetze und sonstigen Rechtsvorschriften gekündigt werden. Kündigungen können ferner aus Sicherheits- oder Eignungsgründen ausgesprochen werden. FSN und ... Arbeitsverhältnisse können jederzeit fristlos gekündigt werden, wenn der amerikanischen Regierung die Fortsetzung der

Arbeitsverhältnisse nicht weiter zumutbar ist. Eine Kündigung darf unter keinen Umständen willkürlich oder mutwillig ausgesprochen werden."

Das Bundesarbeitsgericht hat in dieser Klausel eine konkludente ▷Teilrechtswahl gesehen, durch die die Geltung deutschen Kündigungsrechts vereinbart worden sei. Die Klausel sei dahin gehend zu verstehen, dass die Kündigung zu jeder Zeit nur unter Berücksichtigung der deutschen Gesetze und Rechtsvorschriften erfolgen könne.

Das Urteil vermag in der Begründung insgesamt aber nicht zu überzeugen. Es ist sehr fraglich, ob mit einer Klausel, nach der eine Kündigung „unter Berücksichtigung" der deutschen Gesetze und Rechtsvorschriften möglich ist, tatsächlich eine solche strikte Anwendung dieser Vorschriften gemeint ist. Der Wortlaut ist zumindest mehrdeutig und könnte im Ergebnis auch zu einer Anwendung des amerikanischen Rechts führen.

Schließlich hat das Landesarbeitsgericht Bremen[84] das Vorliegen einer konkludenten Rechtswahl in einem Rechtsstreit um die Kündigung eines in mehreren Staaten tätigen Handelsvertreters verneint. Hier hatte das Unternehmen den Expatriate eine Verpflichtung nach dem Bundesdatenschutzgesetz unterschreiben lassen und in einem die getroffenen mündlichen Abreden bestätigenden Schreiben hinsichtlich der Arbeitszeit und des Urlaubsanspruchs auf die in seinem Betrieb mit Sitz in Bremen geltenden Regelungen Bezug genommen. Bezüglich der Abführung von Sozialversicherungsbeiträgen hatten sich die Parteien eher am niederländischen Recht orientiert, letztlich über die Modalitäten aber keine Einigung erzielt. Angesichts der nicht eindeutigen Indizien ist das Landesarbeitsgericht zu dem Schluss gekommen, eine Rechtswahl sei nicht eindeutig erkennbar. Auch hier ist es aufgrund der Umstände des Falles sicherlich vertretbar, zu einer konkludenten Wahl deutschen Rechts zu gelangen.

Die vorliegenden Fälle zeigen deutlich, mit welchen Risiken eine fehlende oder nicht ausdrückliche Rechtswahl verbunden sein kann.

7.1.1.3 Fehlende Rechtswahl

Ist die Wahl des Vertragsstatuts dem Arbeitsvertrag weder ausdrücklich noch konkludent zu entnehmen, so bestimmt sich das maßgebliche Vertragsstatut nach den in Art. 30 Abs. 2 EGBGB aufgeführten Kriterien. Danach findet grundsätzlich das Recht des normalen Arbeitsortes beziehungsweise das der Niederlassung, die den Expatriate eingestellt hat, Anwendung.

Das so bestimmte Recht ist jedoch nach der Ausnahmeklausel des Art. 30 Abs. 2, 2. Halbsatz EGBGB nicht maßgebend, wenn sich aus der Gesamtheit der Umstände ergibt, dass der Arbeitsvertrag engere Verbindungen zu einem anderen Staat aufweist. Dann ist das Recht dieses anderen Staates

81 Nachweise auch zur Rechtsprechung bei Palandt/Heldrich Art. 27 EGBGB Rdnr. 6.
82 BAG, 26.07.1995, NZA 1996, S. 30.
83 BAG, 20.11.1997, NZA 1998, S. 813.
84 LAG Bremen, 17.04.1996, NZA-RR 1997, S. 107.

▷Glossar Seite 174
Abkürzungen Seite 176

anzuwenden. Als insoweit beachtliche Merkmale sind von der Rechtsprechung anerkannt worden die Staatsangehörigkeit der Parteien, der Sitz des Unternehmens, die Vertragssprache, die Währung, in der die Vergütung zu zahlen ist, der Ort des Vertragsschlusses, der Wohnsitz des Expatriates und auch der Arbeitsort.[85]

7.2 Grenzen der Gestaltungsfreiheit

Der Gestaltungsfreiheit der Vertragsparteien sind jedoch Grenzen gesetzt. Die Grenzen finden sich zum einen in den Regelungen des EGBGB und zum anderen im so genannten Ordre Public.

7.2.1 Ordre Public

Das ausländische Arbeitsvertragsstatut kann in der Regel nicht vollständig ausgeschlossen werden. Die Grenze der Wahlfreiheit wird durch den Ordre Public gebildet. Der Ordre Public betrifft in der Regel das weite Feld des Ordnungsrechts im Tätigkeitsstaat. Dazu gehört in jedem Fall das Sozialversicherungsrecht, das Steuerrecht, das Aufenthaltsrecht, das Recht der Arbeitserlaubnis und zum Beispiel das Feiertagsrecht. Eine weitere Grenze der Rechtswahlfreiheit besteht darin, dass das deutsche Arbeitsvertragsstatut nicht von allen Staaten anerkannt wird. Daher ist es im Einzelfall immer sinnvoll, sich bei einer Botschaft, einem Konsulat oder einem im Tätigkeitsstaat ansässigen Rechtsanwalt über die mit einer Rechtswahlklausel verbundenen Zweifelsfragen aufklären zu lassen.

Umgekehrt ist gemäß Art. 6 EGBGB eine ausländische Rechtsnorm im Inland nicht anzuwenden, wenn dies mit wesentlichen Grundlagen des deutschen Rechts, vor allem mit den Grundrechten, nicht vereinbar ist.

7.2.2 Günstigkeitsvergleich nach Art. 30 Abs. 1 EGBGB

Auch bei einer ausdrücklichen Rechtswahl ist die Regelung in Art. 30 Abs. 1 EGBGB zu beachten. Nach dieser Vorschrift darf bei Arbeitsverträgen die Rechtswahl der Parteien nicht dazu führen, dass dem Expatriate der Schutz entzogen wird, der ihm durch zwingende Bestimmungen des Rechts gewährt wird, das nach Abs. 2 mangels einer Rechtswahl anzuwenden wäre.

Wie dieser Günstigkeitsvergleich im Einzelnen durchzuführen ist, bestimmt Art. 30 Abs. 1 EGBGB aber nicht.

7.2.3 Anwendbarkeit international zwingenden Rechts nach Art. 34 EGBGB

Eine weitere Grenze findet die freie Wahl der anzuwendenden Rechtsordnung nach deutschem internationalen Privatrecht dort, wo zwingende Normen des Rechts der Bundesrepublik Deutschland verletzt würden (Art. 34 EGBGB). Diesen Vorschriften kann weder durch Auslandseinsatz noch durch Rechtswahl ausgewichen werden, solange das Arbeitsverhältnis nur überhaupt einen Bezug zum deutschen Recht aufweist.

Allerdings gehören die Vorschriften des Kündigungsschutzgesetzes und des § 613a BGB nicht zu den zwingenden Eingriffsnormen im Sinne des Art. 34 EGBGB.[86]

7.3 Klauselempfehlung

Es ist ratsam, eine ausdrückliche Rechtswahl zu treffen. Es empfiehlt sich die Wahl einer Rechtsordnung, deren Regeln den Parteien bekannt oder die zumindest leicht zu ermitteln und sprachlich verständlich sind. Im Regelfall ist es daher empfehlenswert, das einheimische deutsche Arbeitsrecht zur Anwendung zu bringen.

Eine ausländische Rechtsordnung hält oft unbekannte und unvermutete Regelungen bereit. Die Ermittlung der einschlägigen Normen kann sehr zeitintensiv und teuer werden. Die Berücksichtigung einschlägiger ▷Präjudizien wird bei der Vertragsgestaltung und Vertragsdurchführung mangels ausreichender Kenntnisse zum eigenen Nachteil versäumt.

85 BAG, 24.08.1989, DB 1990, S. 1666; BAG, 29.10.1992, DB 1993, S. 637; BAG, 03.05.1995, NZA 1995, S. 1191.
86 BAG, 24.08.1989, DB 1990, S. 1666.

▷Glossar Seite 174
Abkürzungen Seite 176

B. Mitbestimmungsrechte des Betriebsrats

1. Anwendbarkeit des Betriebsverfassungsgesetzes

Ähnliche Probleme wie beim Kündigungsschutzgesetz finden sich auch bei einem weiteren zentralen Gesetz der Bundesrepublik Deutschland, dem Betriebsverfassungsgesetz.

1.1 Territorialitätsprinzip

Nach ständiger Rechtsprechung des Bundesarbeitsgerichts[87] richtet sich der räumliche Anwendungsbereich des Betriebsverfassungsgesetzes – von den gesetzlichen Ausnahmefällen wie zum Beispiel §§ 114 Abs. 2, 115 Abs. 2 Nr. 9, 116 Abs. 2 Nr. 8, 116 Abs. 3 Nr. 6, 118, 130 BetrVG abgesehen – nach dem so genannten Territorialitätsprinzip. Anknüpfungspunkt ist hierbei der Sitz des Betriebes. Das Betriebsverfassungsgesetz findet auf alle in der Bundesrepublik Deutschland gelegenen Betriebe Anwendung. Für die Geltung des Betriebsverfassungsgesetzes ist hierbei ohne Bedeutung, nach welcher Rechtsordnung sich die Vertragsverhältnisse der dort tätigen Expatriates richten. Das Betriebsverfassungsgesetz selbst unterliegt nicht dem deutschen Arbeitsvertragsstatut.

Das Betriebsverfassungsgesetz erfasst somit grundsätzlich auch ausländische Expatriates, wenn sie in einem im Geltungsbereich des Betriebsverfassungsgesetz gelegenen Betrieb tätig sind. Umgekehrt gilt das Betriebsverfassungsgesetz für Auslandsbetriebe auch dann nicht, wenn Unternehmen und/oder Expatriate deutsche Staatsangehörige sind und auf die Vertragsverhältnisse deutsches Recht Anwendung findet.

Inwieweit das Betriebsverfassungsgesetz auf Mitarbeiter deutscher Betriebe Anwendung findet, die im Ausland tätig sind, lässt sich mit Hilfe des Territorialitätsprinzips jedoch nicht feststellen. Es handelt sich hierbei um eine Frage des persönlichen, nicht des räumlichen Geltungsbereichs des Betriebsverfassungsgesetzes. Es wird auch nicht der räumliche Geltungsbereich des Betriebsverfassungsgesetzes auf das Ausland erstreckt.

Dies bedeutet jedoch nicht, dass deutsches Betriebsverfassungsrecht auf Expatriates stets unanwendbar wäre. Einigkeit besteht darüber, dass deutsches Betriebsverfassungsrecht auf im Ausland tätige Mitarbeiter dann Anwendung findet, soweit sich deren Auslandstätigkeit als „Ausstrahlung" des Inlandsbetriebes darstellt.[88]

1.2 Ausstrahlung

Der Begriff der Ausstrahlung ist betriebsverfassungsrechtlich – anders als in § 4 Abs. 1 SGB IV – gesetzlich nicht definiert. Nach § 4 Abs. 1 SGB IV gelten die Vorschriften über die Versicherungspflicht und die Versicherungsberechtigung auch für Personen, die im Rahmen eines im Geltungsbereich dieses Gesetzbuches bestehenden Beschäftigungsverhältnisses in ein Gebiet außerhalb dieses Geltungsbereichs entsandt werden, wenn die Entsendung infolge der Eigenart der Beschäftigung oder vertraglich im Voraus zeitlich begrenzt ist.

Es wäre wegen des besonderen Schutzzweckes des Sozialgesetzbuches aber verfehlt, betriebsverfassungsrechtlich immer dann eine Ausstrahlung anzunehmen, wenn eine Ausstrahlung nach dem Sozialgesetzbuch vorliegt.

Expatriates werden nach der Rechtsprechung dann vom persönlichen Geltungsbereich des Betriebsverfassungsgesetz im Sinne einer Ausstrahlung des Inlandsbetriebes erfasst, wenn sie trotz ihrer Auslandstätigkeit einem inländischen und damit im räumlichen Geltungsbereich des Betriebsverfassungsgesetz liegenden Betrieb zugehören.[89] Demnach ist es maßgeblich, ob der betroffene Expatriate noch einem Betrieb im Inland zuzuordnen ist, auch wenn er im Ausland arbeitet.

Die Frage, ob ein Expatriate trotz seiner Auslandstätigkeit dem inländischen Betrieb noch zugehört, ist dabei grundsätzlich nach den allgemeinen Kriterien der Betriebszugehörigkeit zu entscheiden.[90] Nach ständiger Rechtsprechung des Bundesarbeitsgerichts sind betriebszugehörig im Sinne des Betriebsverfassungsgesetzes die Arbeitnehmer, die zum Betriebsinhaber in einem Arbeitsverhältnis stehen und innerhalb der betrieblichen Organisation abhängige Arbeitsleistungen erbringen.[91] Dabei stellt die Frage der Betriebszugehörigkeit keine eigenständige Problematik des internationalen Arbeitsrechts dar. Vielmehr finden die gleichen Kriterien Anwendung, die für im Inland entsandte Arbeitnehmer gelten.

87 BAG, 25.04.1978, DB 1978, S. 1840; BAG, 21.10.1980, DB 1981, S. 696; BAG 27.05.1982, DB 1982, S. 2519; BAG 10.09.1985, DB 1986, S. 331; BAG, 07.12.1989, DB 1990, S. 992; BAG 22.03.2000, NZA 2000, S. 1119.

88 BAG 21.10.1980, DB 1981, S. 696, 697; BAG, 30.04.1987, NZA 1988, S. 135; BAG, 07.12.1989, NZA 1990, S. 658, 659; BAG, 22.03.2000, NZA 2000, S. 1119, 1121.

89 BAG, 07.12.1989, NZA 1990, S. 658, 660; BAG, 22.03.2000, NZA 2000, S. 119, 1121.

90 BAG, 22.03.2000, NZA 2000, S. 1119, 1121.

91 BAG, 18.01.1989, DB 1989, S. 1420; BAG, 25.11.1992, DB 1993, S. 2084; BAG, 22.03.2000, NZA 2000, S. 1119, 1121.

▷ *Glossar Seite 174*
Abkürzungen Seite 176

Unter welchen Voraussetzungen die Zugehörigkeit zu einem inländischen Betrieb bei einer Tätigkeit im Ausland zu bejahen ist, lässt sich jedoch nicht einheitlich beantworten, wie die maßgebliche Rechtsprechung des Bundesarbeitsgerichts zeigt.

1.2.1 Die Entwicklung der Rechtsprechung des Bundesarbeitsgerichts

In seinem Beschluss vom 25.04.1978[92] hat der 6. Senat des Bundesarbeitsgerichts das passive Wahlrecht zum inländischen Betrieb für einen seit mehr als 15 Jahren ununterbrochen im Ausland beschäftigten Mitarbeiter verneint. Zur Begründung führt das Bundesarbeitsgericht aus, dass das Betriebsverfassungsgesetz weder für die so genannten Ortskräfte noch für die entsandten und ständig im Ausland beschäftigten Kräfte gelte. Unter ständig entsandten Kräften sind nach Auffassung des Bundesarbeitsgerichts solche zu verstehen, deren Entsendungen ins Ausland auf Dauer vorgesehen sind. Dies könne sich auch schon vor Ablauf von 12 Monaten herausstellen; bei einer auf Dauer angelegten Entsendung könne die Bindung der entsandten Kräfte an den inländischen Betrieb auch schon früher verloren gehen.[93]

Eine Ausstrahlung liegt dagegen nach der Auffassung des 6. Senates vor, wenn Arbeitnehmer eines inländischen Betriebes im Ausland außerhalb einer dort bestehenden festen betrieblichen Organisation beschäftigt werden, wie zum Beispiel bei Monteuren. Weiter sei eine Ausstrahlung auch dann noch gegeben, wenn der im Ausland tätige Arbeitnehmer dort in eine feste betriebliche Organisation eingegliedert werde, seine Tätigkeit aber nur zeitlich beschränkter Natur ist, wie zum Beispiel zur Vertretung oder bei Erledigung eines zeitlich befristeten Auftrages.[94]

Der 6. Senat hat 1980[95] weiter den Fall entschieden, bei dem ein Expatriate aufgrund eines „Auslands-Arbeitsvertrages für ein befristetes Arbeitsverhältnis" in Kolumbien tätig war, als das Unternehmen das Vertragsverhältnis vorzeitig kündigte. Die ohne Anhörung des Betriebsrates ausgesprochene Kündigung war nach Auffassung des Bundesarbeitsgerichts wirksam, weil § 102 BetrVG auf das Arbeitsverhältnis des Mitarbeiters keine Anwendung finde: Voraussetzung für das Fortbestehen betriebsverfassungsrechtlicher Wirkungen sei, dass zunächst eine persönliche, tätigkeitsbezogene und rechtliche Bindung an den entsendenden Betrieb vorliege. Wenn der Expatriate während der Dauer seines Arbeitsverhältnisses jedoch niemals im inländischen Betrieb tätig gewesen ist, so gibt es nach Auffassung des Bundesarbeitsgerichts keine Betriebszugehörigkeit, kann damit auch keine Bindung an den inländischen Betrieb entstehen und demzufolge auch keine Ausstrahlung des inländischen Betriebes existieren.[96]

Der 1. Senat hat in seinem Beschluss vom 10.09.1985 nochmals ausdrücklich klargestellt, dass es auf die Staatsangehörigkeit der im In- und Ausland beschäftigten Mitarbeiter und auf die Frage, welches nationale Arbeitsrecht im Einzelfall auf das Arbeitsverhältnis der Betriebsangehörigen anzuwenden ist, nicht ankommt.[97] In diesem Fall ging es um die Frage, ob der Einsatz von Bordpersonal amerikanischer Unternehmen auf der Flugstrecke einer deutschen Fluggesellschaft zwischen San Francisco und Los Angeles der Zustimmung der Personalvertretungen bedarf. Das Bundesarbeitsgericht stellte in diesem Verfahren darauf ab, ob das Unternehmen das amerikanische Bordpersonal als Leiharbeitnehmer übernommen hat oder ob die Beschäftigung dieses Personals letztlich nur auf den abgeschlossenen Dienst- oder Werkverträgen beruht. Da der Senat diese Frage nicht abschließend beurteilen konnte, hat er das Verfahren an das Landesarbeitsgericht zurückverwiesen.

Der 2. Senat verneint in seiner Entscheidung vom 30.04.1987[98] eine Ausstrahlung des inländischen Betriebes mit der Begründung, es liege ein reines Auslandsarbeitsverhältnis vor, das nach der vertraglichen Gestaltung und der Abwicklung auf den Einsatz des Arbeitnehmers bei ausländischen Baustellen beschränkt ist und keinerlei Bindungen zu dem inländischen Betrieb aufweist. In diesem Fall hatten die Vertragsparteien vereinbart, dass der Arbeitnehmer bei einem Auslandsbauvorhaben in Saudi-Arabien tätig sein sollte. Vertragsbeginn war „der Tag der Ausreise aus der Bundesrepublik Deutschland". Das Arbeitsverhältnis wurde ausdrücklich als „Auslandsarbeitsverhältnis" bezeichnet. Ein anderer Einsatz des Arbeitnehmers sollte ebenfalls nur in Saudi-Arabien möglich sein.

Der 2. Senat führt zur Begründung weiter aus, gerade die getroffene Vereinbarung zum Vertragsbeginn lasse erkennen, dass die Parteien jegliche Bindung des Arbeitnehmers an den inländischen Betrieb des Unternehmens vermeiden wollten. Auch sei das Arbeitsverhältnis ausdrücklich von den Parteien als „Auslandsarbeitsverhältnis" bezeichnet worden. Die im Vertrag enthaltenen technischen Abwicklungsregelungen, die Bezüge zum Gebiet der Bundesrepublik erkennen lassen wie zum Beispiel die Reisekostenabsprache oder die Überweisung des Grundgehalts auf ein Konto in der Bundesrepublik, würden eine Bindung an den inländischen Betrieb nicht rechtfertigen, da es sich insoweit nicht um das Arbeitsverhältnis im Kern berührende Vereinbarungen handelt.[99]

In der so genannten „Reiseleiterin-Entscheidung" vom 07.12.1989 hat das Bundesarbeitsgericht klargestellt, dass auf den konkreten Bestand einer materiellen Beziehung zum Inlandsbetrieb abzustellen ist, die sich aus einer Gesamtwürdigung aller Umstände des Einzelfalls ergebe.[100] Hierzu hat der 2. Senat in dieser wichtigen Entscheidung zahlreiche Indizien entwickelt wie zum Beispiel die Dauer des Auslandseinsatzes, die Eingliederung in einen Auslandsbetrieb, das Bestehen und die Voraussetzungen eines Rückrufrechtes zu einem Inlandseinsatz sowie den sonstigen Inhalt der Weisungsbefugnisse des Unternehmens.[101] Für die Abgrenzung der

92 BAG, 25.04.1978, DB 1978, S. 1840.
93 BAG, 25.04.1978, DB 1978, S. 1840, 1841.
94 BAG, 25.04.1978, DB 1978, S. 1840.
95 BAG, 21.10.1980, DB 1981, S. 696.
96 BAG, 21.10.1980, DB 1981, S. 696, 697.
97 BAG, 10.09.1985, DB 1986, S. 331.
98 BAG, 30.04.1987, NZA 1988, S. 135.
99 BAG, 30.04.1987, NZA 1988, S. 135, 136.
100 BAG, 07.12.1989, NZA 1990, S. 658, 660.
101 BAG, 07.12.1989, NZA 1990, S. 658, 659.

▷ *Glossar Seite 174*
Abkürzungen Seite 176

dauernden von der vorübergehenden Auslandstätigkeit gibt es nach Auffassung des Bundesarbeitsgerichts keine absolute zeitliche Grenze.

Im konkreten Fall hat das Bundesarbeitsgericht eine Ausstrahlung des inländischen Betriebs bejaht. Für die Zuordnung spreche zunächst die anfängliche Tätigkeit der Arbeitnehmerin, die nach dem zugrunde liegenden Sachverhalt in den ersten Monaten in der Zentrale in München arbeitete, bevor sie die Tätigkeit als Reiseleiterin aufnahm. Ebenfalls spreche – so das Bundesarbeitsgericht – die vertraglich vereinbarte Rückrufmöglichkeit für einen Inlandsbezug. Nach der vertraglichen Vereinbarung behielt sich das Unternehmen vor, die Arbeitnehmerin bei Notwendigkeit jederzeit in andere Zielgebiete zu versetzen oder mit Sonderaufgaben in der Bundesrepublik Deutschland zu beauftragen, ohne dass es einer Änderungskündigung bedarf.

Der 1. Senat hat durch Beschluss vom 30.01.1990,[102] in dem es um das Mitbestimmungsrecht des Betriebsrats bei Erstellung einer Zulagenordnung für vorübergehend im Ausland tätige Arbeitnehmer ging, nur allgemein ausgeführt, dass die nur vorübergehend ins Ausland entsandten anders als die dauernd im Ausland tätigen Arbeitnehmer oder die nur für das Ausland eingestellten Mitarbeiter dem deutschen Betrieb zuzurechnen seien.

Der 7. Senat hat sich in seinem Beschluss vom 22.03.2000[103] mit der Frage der grenzüberschreitenden Arbeitnehmerüberlassung befasst. In dieser Entscheidung hat das Bundesarbeitsgericht klargestellt, dass ein Arbeitnehmer, der von seinem Vertragsarbeitgeber einem anderen Betriebsinhaber zur Arbeitsleistung überlassen und in dessen Betrieb eingegliedert werde, gemäß § 14 Abs. 1 AÜG betriebsverfassungsrechtlich dem Betrieb des Vertragsarbeitgebers zugeordnet werde. Dies gelte auch für den gesetzlich nicht geregelten Fall der nicht gewerbsmäßigen Arbeitnehmerüberlassung. Darüber hinaus finde § 14 Abs. 1 AÜG auch dann Anwendung, wenn ein in Deutschland ansässiger Vertragsarbeitgeber Arbeitnehmer an den Inhaber eines im Ausland liegenden Betriebs verleiht.[104]

Zuletzt hat sich, soweit ersichtlich, der 1. Senat durch Beschluss vom 20.02.2001[105] mit der Problematik der Ausstrahlung befasst. Hier ging es um die Frage, ob technische Sachverständige, die im Inland ausgebildet werden und anschließend bei ausländischen Tochtergesellschaften eine nach deutschem Recht amtlich anerkannte Prüftätigkeit ausüben sollen und insoweit auch Weisungen des deutschen Unternehmens unterliegen, noch dem inländischen Betrieb des Unternehmens zugeordnet werden können.

Der 1. Senat bejaht diese Frage und führt zur Begründung aus, die Sachverständigen würden ihre Tätigkeit nach den öffentlich-rechtlichen Vorschriften der Bundesrepublik Deutschland ausüben und die Untersuchungsobjekte nach den Anforderungen der deutschen Gesetze prüfen. Selbst bei einer Eingliederung in den Betrieb der ausländischen Tochtergesellschaft müssten die Sachverständigen fortlaufend dem Weisungsrecht des deutschen Unternehmens unterliegen.[106]

1.2.2 Wertung der Rechtsprechung des Bundesarbeitsgerichts

Der Rechtsprechung des Bundesarbeitsgerichts ist insgesamt zuzugeben, dass die Entscheidungen überwiegend zu einem angemessenen Ergebnis kommen. Allerdings entscheidet das Bundesarbeitsgericht – wie so häufig – immer nach den maßgeblichen Umständen des Einzelfalls. Das Bundesarbeitsgericht verdient insoweit auch Zustimmung, als es nicht nur einzelne Kriterien zur Grundlage seiner Beurteilung macht, wie es zum Teil in der Literatur vorgenommen wird,[107] sondern eine umfassende Abwägung aller relevanten Umstände des Einzelfalls vornimmt.

Problematisch ist hierbei aber, dass die hierzu vom Bundesarbeitsgericht entwickelten Indizien insgesamt eine zuverlässige Gewichtung nicht erkennen lassen. Insoweit ist die Rechtsprechung des Bundesarbeitsgerichts uneinheitlich und verfolgt auch keine klare Linie, wie eine Überprüfung der einzelnen Indizien zeigt.

2. Mitbestimmung

Auf die im Ausland tätigen Arbeitnehmer eines Inlandsbetriebs finden grundsätzlich die Vorschriften des Betriebsverfassungsgesetzes Anwendung, soweit die Arbeitnehmer weiterhin dem inländischen Betrieb zugeordnet werden können.

Die Frage der Anwendbarkeit des Betriebsverfassungsgesetzes ist dabei in mehrfacher Hinsicht von Bedeutung.

2.1 Mitbestimmung in personellen Angelegenheiten

Bei der Mitbestimmung in personellen Angelegenheiten ist zwischen der Mitbestimmung bei Versetzung und der Mitbestimmung bei Kündigung zu unterscheiden.

2.1.1 Mitbestimmung bei Versetzung

Das Mitbestimmungsrecht bei Versetzungen ergibt sich aus § 99 i.V.m. § 95 Abs. 3 BetrVG. Nach der Legaldefinition in § 95 Abs. 3 BetrVG ist Versetzung im Sinne dieses Gesetzes die Zuweisung eines anderen Arbeitsbereiches, die voraussichtlich die Dauer von einem Monat überschreitet oder die mit einer erheblichen Änderung der Umstände verbunden ist, unter denen die Arbeit zu leisten ist. Dagegen gilt nach § 95 Abs. 3 Satz 2 BetrVG

102 BAG, 30.01.1990, DB 1990, S. 1090.
103 BAG, 22.03.2000, NZA 2000, S. 1119.
104 BAG, 22.03.2000, NZA 2000, S. 1119, 1121.
105 BAG, 20.02.2001, DB 2001, S. 2054.
106 BAG, 20.02.2001, DB 2001, S. 2054, 2055.
107 Vgl. hierzu Gaul, BB 1990, S. 697, 699 f.

▷ *Glossar Seite 174*
Abkürzungen Seite 176

die Bestimmung des jeweiligen Arbeitsplatzes dann nicht als Versetzung, wenn Arbeitnehmer nach der Eigenart ihres Arbeitsverhältnisses üblicherweise nicht ständig an einem bestimmten Arbeitsplatz beschäftigt werden.

Das Betriebsverfassungsgesetz selbst sagt aber nicht, was unter einem Arbeitsbereich zu verstehen ist. Nach ständiger Rechtsprechung liegt die Zuweisung eines anderen Arbeitsbereichs vor, wenn dem Arbeitnehmer ein neuer Tätigkeitsbereich zugewiesen wird, so dass der Gegenstand der geschuldeten Arbeitsleistung, der Inhalt der Arbeitsaufgabe, ein anderer wird und sich das Gesamtbild der Tätigkeit des Arbeitnehmers ändert.

Allerdings ist zu berücksichtigen, dass der betriebsverfassungsrechtliche Versetzungsbegriff nicht identisch ist mit dem Begriff der Versetzung im Rahmen von Entsendungen.

Durch Beschluss vom 18.02.1986[108] hat das Bundesarbeitsgericht entschieden, dass eine Versetzung im Sinne von § 95 Abs. 3 BetrVG auch dann vorliegt, wenn dem Arbeitnehmer ein anderer Arbeitsort zugewiesen wird, ohne dass sich seine Arbeitsaufgabe ändert oder er in eine andere organisatorische Einheit eingegliedert wird. Auch die bloße Zuweisung eines anderen Arbeitsortes ist die Zuweisung eines anderen Arbeitsbereiches im Sinne von § 95 Abs. 3 BetrVG und damit eine Versetzung im Sinne von § 99 BetrVG.

Bei der Frage, ob und inwieweit dem Betriebsrat bei der „Entsendung" von Arbeitnehmern ins Ausland ein Mitbestimmungsrecht zusteht, ist je nach Fallgestaltung zu differenzieren.

- Ob bei einer – höchstens einen Monat dauernden – Auslandsdienstreise eine mitbestimmungspflichtige Versetzung vorliegt, hängt nach der Entscheidung des Bundesarbeitsgerichts vom 21.09.1999 von den Umständen des Einzelfalls ab.[109] Aus der Notwendigkeit einer auswärtigen Übernachtung könne nicht generell auf eine erhebliche Änderung der Arbeitsumstände im Sinne des § 95 Abs. 3 Satz 1 BetrVG geschlossen werden.

- Ein Mitbestimmungsrecht steht dem Betriebsrat bei der Versetzung des Mitarbeiters von der Bundesrepublik ins Ausland zu.[110]

- Weiter steht dem Betriebsrat ein Mitbestimmungsrecht bei der Versetzung des Mitarbeiters innerhalb des Auslands zu.[111] Auch hier ist der Betriebsrat zu beteiligen.

- Ebenso dürfte ein Mitbestimmungsrecht des Betriebsrats bei Rückruf des im Ausland tätigen Mitarbeiters und bei der Wiedereingliederung in das Stammhaus zu bejahen sein.[112]

2.1.2 Mitbestimmung bei Kündigung

Grundsätzlich hat der Betriebsrat bei jeder Kündigung ein Mitbestimmungsrecht gemäß den §§ 102 und 103 BetrVG, sofern der Mitarbeiter noch dem inländischen Betrieb zugeordnet werden kann. Vor jeder Kündigung eines im Ausland beschäftigten Mitarbeiters eines inländischen Betriebs ist daher grundsätzlich nach § 102 Abs. 1 BetrVG der Betriebsrat zu beteiligen

2.2 Mitbestimmung in sozialen Angelegenheiten

Die Einbeziehung von Expatriates ist sowohl in eine Betriebsvereinbarung als auch in einen Sozialplan des inländischen Betriebes möglich.[113] Zur Begründung wird darauf verwiesen, dass der persönliche Geltungsbereich einer Betriebsvereinbarung oder eines Sozialplans grundsätzlich alle dem Betrieb angehörigen Mitarbeiter umfasst.

Demgegenüber hat das Landesarbeitsgericht Düsseldorf eine Betriebsvereinbarung, bezogen auf Arbeitnehmer im Ausland, unter Hinweis auf das Territorialitätsprinzip abgelehnt.[114]

Im Übrigen erstrecken sich die Mitbestimmungsrechte des Betriebsrats in sozialen Angelegenheiten grundsätzlich auch auf Expatriates. So umfasst das Mitbestimmungsrecht des Betriebsrats bei der betrieblichen Lohngestaltung nach Auffassung des Bundesarbeitsgerichts[115] auch die Regelung von Zulagen, die das Unternehmen den vorübergehend ins Ausland entsandten Mitarbeitern gewährt.

2.3 Bildung eines Betriebsrats im Ausland

Die Errichtung eines Betriebsrats im Ausland wird nur vereinzelt für zulässig erachtet. Das Bundesarbeitsgericht lehnt die Errichtung eines Betriebsrats im Ausland mit der überwiegenden Meinung richtigerweise ab.[116]

2.4 Tätigkeit des inländischen Betriebsrats im Ausland

Ebenso lehnt das Bundesarbeitsgericht[117] eine Tätigkeit des inländischen Betriebsrats im Ausland völlig ab. Zur Begründung führt das Bundesarbeitsgericht aus, das Betriebsverfassungsgesetz verwirkliche gesellschaftspolitische Ordnungsvorstellungen der Betriebs- und Wirtschaftsverfassung der Bundesrepublik Deutschland. Die Tätigkeit der Organe der Betriebsverfassung sei daher grundsätzlich auf das Inland beschränkt. Der Betriebsrat könne zwar Beteiligungsrechte für vorübergehend im Ausland beschäftigte Arbeitnehmer ausüben, nicht aber als Organ im Ausland tätig werden.[118]

Das Landesarbeitsgericht Hamm als Vorinstanz und Teile des Schrifttums halten dagegen auch eine Auslandstätigkeit des Betriebsrates für zulässig.[119].

108 BAG, 18.02.1986, NZA 1986, S. 616.
109 BAG, 21.09.1999, NZA 2000, S. 781.
110 Boemke, NZA 1992, S. 112, 116.
111 Boemke, NZA 1992, S. 112, 116.
112 Pohl, NZA 1998, S. 735, 738.
113 Steinmeyer, DB 1980, S. 1541, 1542; Gaul, BB 1990, S. 697, 701.
114 LAG Düsseldorf, 14.02.1979, DB 1979, S. 2233, 2234.
115 BAG, 30.01.1990, DB 1990, S. 1090.
116 BAG, 25.04.1978, BAGE 30, S. 266; Gaul, BB 1990, S. 697, 702.
117 BAG, 27.05.1982, NJW 1983, S. 413, 414.
118 BAG, 27.05.1982, NJW 1983, S. 413, 414.
119 LAG Hamm, 12.03.1980, DB 1980, S. 1030, 1031; Steinmeyer, DB 1980, S. 1541, 1542; Fitting/Kaiser/Heither/Engels, BetrVG § 1 Rdnr. 20.

▷ *Glossar Seite 174*
Abkürzungen Seite 176

Hier dürfte es richtig sein, darauf abzustellen, welche der gesetzlich umschriebenen Aufgaben der Betriebsrat durch die Reise ins Ausland wahrnehmen will.[120] Die Betriebsratssitzung stellt das gesetzlich beschriebene Wirken eines Organs der deutschen Betriebsverfassung im Ausland dar. Die Betriebsratssitzung im Ausland ist daher entsprechend der Errichtung eines Betriebsrats im Ausland abzulehnen.

Alle übrigen Auslandsreisen des Betriebsrats dürften dagegen zulässig sein, wobei jedoch eine Kostentragungspflicht des Arbeitgebers nach § 40 BetrVG nur dann besteht, wenn sie mit Blick auf die Aufgabenerfüllung des Betriebsrats erforderlich, geeignet und angemessen sind.

2.5 Wahlrecht zum inländischen Betriebsrat

Den ins Ausland entsandten und von der Ausstrahlung erfassten Mitarbeitern steht im Ergebnis das aktive und auch das passive Wahlrecht zum inländischen Betriebsrat zu.[121] Bezüglich des aktiven Wahlrechts ist dies unstreitig, während teilweise das passive Wahlrecht bei einer Tätigkeit im Ausland abgelehnt[122] oder verlangt wird, dass sich der Arbeitnehmer zumindest die Hälfte der Amtszeit als Betriebsrat im inländischen Betrieb aufhalte. Dies ist jedoch mit der gesetzlichen Regelung der Wählbarkeit in § 8 BetrVG nicht vereinbar und würde darauf hinauslaufen, § 8 BetrVG um das Merkmal der Nichtentsendung als Voraussetzung der Wählbarkeit zu ergänzen.[123]

2.6 Teilnahme an Betriebsversammlungen

Während die wohl überwiegende Meinung[124] die Einberufung von Betriebsversammlungen im Ausland für möglich hält, lehnt das Bundesarbeitsgericht[125] die Einberufung solcher Versammlungen zu Recht ab.

Dagegen sind die Auslandsmitarbeiter berechtigt, an den im inländischen Betrieb stattfindenden Betriebsversammlungen teilzunehmen. Die Kostenerstattungspflicht des Unternehmens unterliegt aber gemäß § 44 Abs. 1 BetrVG dem Grundsatz der Verhältnismäßigkeit, so dass unverhältnismäßig hohe Fahrtkosten nicht erstattet werden.

2.7 Gesamt- und Konzernbetriebsrat, Wirtschaftsausschuss

Sowohl die Errichtung eines Gesamtbetriebsrats im Sinne der §§ 47 ff. BetrVG als auch die Errichtung eines Konzernbetriebsrats gemäß den §§ 54 ff. BetrVG setzen die Bildung von Betriebsräten im Sinne der §§ 7 ff. BetrVG voraus. Ihre Errichtung ist aber, wie vorstehend dargestellt, nach der Rechtsprechung des Bundesarbeitsgerichts nur in einem inländischen Betrieb möglich. Soweit im Schrifttum dennoch die Errichtung eines Gesamt- oder Konzernbetriebsrats für möglich gehalten wird, ist dies mit dem Wortlaut des BetrVG nicht zu vereinbaren.[126]

3. Auslandsmitarbeiter als leitende Angestellte

Nach § 5 Abs. 3 Satz 1 BetrVG findet dieses Gesetz, soweit nicht ausdrücklich etwas anderes bestimmt ist, keine Anwendung auf leitende Angestellte. Wen das Gesetz als leitender Angestellter ansieht, bestimmt § 5 Abs. 3 Satz 2 und Abs. 4 BetrVG.

Auch das Kündigungsschutzgesetz findet gemäß § 14 KSchG keine Geltung bei Angestellten in leitender Stellung.

Insoweit stellt sich insbesondere bei der Entsendung von Führungskräften ins Ausland, insbesondere als Geschäftsführer von ausländischen Tochtergesellschaften, die Frage, ob der Mitarbeiter als leitender Angestellter im Sinne des Betriebsverfassungsgesetzes und des Kündigungsschutzgesetzes anzusehen ist.

Das Betriebsverfassungsgesetz findet im Regelfall auch auf die Fälle der Entsendung eines Mitarbeiters in eine leitende Funktion eines Auslandsunternehmens Anwendung.[127]

Dies gilt regelmäßig auch für das Kündigungsschutzgesetz. Anders als das Betriebsverfassungsgesetz ist das deutsche Kündigungsschutzgesetz einer ▷Rechtswahl zugänglich. Der Auslandsmitarbeiter wird daher regelmäßig die Geltung des Kündigungsschutzgesetzes vereinbart haben. Im Falle einer fehlenden vertraglichen Vereinbarung wird man häufig über Art. 30 Abs. 2 EGBGB zur Anwendbarkeit deutschen Rechts im Falle der Auslandsentsendung kommen.

Fraglich ist weiter, ob und unter welchen Voraussetzungen die im Ausland tätigen Mitarbeiter als leitende Angestellte des deutschen Unternehmens zu qualifizieren sind.

Hier wird man zunächst dahin gehend differenzieren müssen, dass ein Mitarbeiter durchaus in einem Konzern zugleich Geschäftsführer einer Konzerntochtergesellschaft als auch Arbeitnehmer eines anderen Konzernunternehmens sein kann.[128]

Sofern danach die Stellung als Geschäftsführer der ausländischen Tochtergesellschaft außer Betracht bleibt, stellt sich weiter die Frage, ob die tatbestandlichen Voraussetzungen des § 5 Abs. 3 BetrVG im Inland und/oder im Ausland erfüllt sein müssen. Hier spricht im Ergebnis mehr dafür, dass eine etwaige Personalkompetenz im ausländischen Tochterunternehmen allein nicht ausreicht, um die Tatbestandsvoraussetzungen des § 5 Abs. 3 Satz 2 Nr. 1 BetrVG als erfüllt anzusehen.[129]

120 Gaul, BB 1990, 697, 702.
121 Vgl. Boemke, NZA 1992, 112, 115; Gaul, BB 1990, 697, 701, jeweils mit weiteren Nachweisen.
122 Kreutz in GK-BetrVG § 7 Rdnr. 35; Hess/ Schlochauer/Glaubitz, BetrVG vor § 1 Rdnr. 7.
123 Gaul in BB 1990, S. 697, 701.
124 Däubler, AuR 1990, S. 1, 6; Fitting/Kaiser/ Heither/ Engels, BetrVG § 1 Rdnr. 24; Steinmeyer, DB 1980, S. 1541, 1542; Boemke, NZA 1992, S. 112, 116; LAG Hamm, 12.03.1980, DB 1980, S. 1030, 1031.
125 BAG, 27.05.1982, NJW 1983, S. 413, 414.
126 Vgl. Gaul, BB 1990, 697, 703.
127 Falder, NZA 2000, 868, 869.
128 LAG München, 13.4.2000, NZA-RR 2000, S. 425; Richardi/ Thüsing/Annuß, BetrVG § 5 Rdnr. 123; Falder, NZA 2000, S. 868, 870.
129 Falder, NZA 2000, S. 868, 870.

▷Glossar Seite 174
Abkürzungen Seite 176

Die in § 5 Abs. 3 Satz 2 Nr. 2 BetrVG erwähnten formellen Merkmale Generalvollmacht oder Prokura beziehen sich auf das deutsche Unternehmen. Insoweit stellt sich keine Besonderheit bei der Auslandsentsendung. Bezüglich der in § 5 Abs. 3 Satz 2 Nr. 3 BetrVG normierten Voraussetzungen dürften die beiden ersten Tatbestandsmerkmale bei einer Entsendung eines Mitarbeiters als Geschäftsführer einer ausländischen Tochtergesellschaft regelmäßig gegeben sein. Entscheidend dürfte daher das letzte Tatbestandsmerkmal, nämlich die Freiheit von Entscheidungen und Weisungen oder deren maßgebliche Beeinflussung, sein. Wesentlich ist hierbei, ob der ins Ausland entsandte Mitarbeiter in seinem sein Einsatzgebiet betreffenden Bereich Entscheidungen der Muttergesellschaft lediglich umsetzt oder sie maßgeblich beeinflusst.[130] Nicht entscheidend ist, ob er bestimmten Vorgaben folgen muss.

Letztlich dürfte hier aber nichts anderes gelten als für die im Inland beschäftigten Mitarbeiter und deren Einordnung in die Kategorien des § 5 BetrVG. Gerade in größeren Unternehmen wird es aber nur selten vorkommen, dass der Geschäftsführer der Auslandsgesellschaft Entscheidungen im Wesentlichen frei von Weisungen trifft.

Ob der im Ausland tätige Mitarbeiter als leitender Angestellter anzusehen ist, ist in jedem Einzelfall anhand der Tatbestandsmerkmale des § 5 BetrVG zu überprüfen. Im Regelfall dürfte dies zu verneinen sein.

Auf jeden Fall kann Unternehmen, die Mitarbeiter als leitende Angestellte oder Geschäftsführer in Auslandsgesellschaften entsenden, nur zu einer genauen rechtlichen Prüfung geraten werden. Vorsichtsmaßnahmen des Unternehmens wie zum Beispiel die Anhörung des Betriebsrats nach § 102 BetrVG bei der Kündigung scheinen durchaus angebracht.

Auch § 14 Abs. 1 KSchG dürfte regelmäßig bei einem ins Ausland entsandten Mitarbeiter nicht erfüllt sein.

Nach § 14 Abs. 1 KSchG gelten die Vorschriften des 1. Abschnitts nicht in Betrieben einer ▷juristischen Person für die Mitglieder des Organs, das zur gesetzlichen Vertretung der juristischen Person berufen ist. Als juristische Person gilt hier jedoch nicht die Auslandsgesellschaft, sondern ausschließlich das deutsche Unternehmen.[131]

Auch die bloße Befugnis zu Einstellungen und Entlassungen im Ausland dürfte nicht als hinreichend im Sinne von § 14 Abs. 2 KSchG anzusehen sein.

C. Prozessuale Besonderheiten

Unter der Voraussetzung, dass das deutsche Recht in einem streitigen Beschäftigungsverhältnis anwendbar war, kann unter gewissen Voraussetzungen natürlich in Deutschland der in Frage stehende Anspruch eingeklagt werden. Es kann im Einzelfall schwierig sein, einen deutschen Gerichtsstand zu begründen. Deshalb sollte man bei der Vertragsgestaltung eine entsprechende Vorsicht walten lassen.

Am Ende des Prozesses steht dann ein Urteil, das unter Umständen im Ausland, dem Tätigkeitsstaat, vollstreckt werden muss, weil der Expatriate freiwillig keine Folge leistet. Dieser Schritt ist mit einigen ungewohnten Fragestellungen verbunden, die nachfolgend dargestellt werden sollen.

1. Anerkennung und Vollstreckung deutscher Urteile im Ausland

Nicht selten erweist sich die Vollstreckung eines inländischen (deutschen) Urteils im Ausland als besonders sinnvoll.[132] Die Erforderlichkeit der Vollstreckung eines ausländischen Urteils erachten mehrere Rechtsordnungen für notwendig. Sie sehen deshalb die Möglichkeit der Anerkennung und der Vollstreckbarerklärung von ausländischen Urteilen vor.[133] Erst nachdem das Urteil für vollstreckbar erklärt wird, kann es auch im Ausland vollstreckt werden, allerdings nach den Vorschriften des Landes, in dem die Vollstreckung stattfindet.

Die besondere Wichtigkeit der Vollstreckbarkeit von Urteilen auch im Ausland zeigt sich im Abschluss zahlreicher Verträge im deutschen und ausländischen Rechtsverkehr.

130 Falder, NZA 2000, S. 868, 871.
131 Falder, NZA 2000, S. 868, 871.
132 Zum Beispiel weil der Vollstreckungsschuldner Vermögen im Ausland hat. Insbesondere die Entwicklung des europäischen Binnenmarktes und die Steigerung der Wirtschafts- und Handelsbeziehungen haben zur Folge, dass immer öfters der ursprüngliche Vertragspartner und spätere Vollstreckungsschuldner weder Wohnsitz oder Niederlassung noch Vermögen im Hoheitsgebiet des Landes, dessen Gerichte den Rechtsstreit entschieden haben, hat. In diesem Fall muss der Gläubiger die Vollstreckung im Ausland betreiben.
133 Die Anerkennung deutscher Urteile richtet sich den §§ 328, 721 ZPO.

▷ *Glossar Seite 174*
Abkürzungen Seite 176

Viele dieser Verträge haben an Bedeutung verloren, seitdem viele Länder das Brüsseler EWG-Übereinkommen über die gerichtliche Zuständigkeit und die Vollstreckung gerichtlicher Entscheidungen in Zivil- und Handelssachen (EuGVÜ) vom 27.09.1968 unterschrieben und ratifiziert haben. Seinerseits allerdings wurde das EuGVÜ nun zum 01.03.2002 durch die Verordnung (EG) Nr. 44/2001 vom 22.12.2000 über die gerichtliche Zuständigkeit und die Anerkennung und Vollstreckung von Entscheidungen in Zivil- und Handelssachen (EuGVVO) abgelöst.

Erst wenn der betroffene Rechtsstreit vom Anwendungsbereich der EuGVVO nicht umfasst wird, richtet sich die Vollstreckbarerklärung des deutschen Urteils nach den Vorschriften vorhandener zwischenstaatlicher Verträge, wie zum Beispiel nach dem EuGVÜ im Verhältnis zu Dänemark oder dem Luganer Übereinkommen über die gerichtliche Zuständigkeit und die Vollstreckung gerichtlicher Entscheidungen in Zivil- und Handelssachen vom 16.09.1988 (LugÜ).[134] Für alle anderen Fälle finden die Vorschriften der im Ausland bestehenden zivilrechtlichen Vollstreckungsordnung Anwendung.

2. Die Vollstreckbarerklärung von deutschen Urteilen im Ausland nach der EuGVVO

2.1 Anwendungsbereich

Die EuGVVO gilt grundsätzlich nur im Verhältnis zu den Mitgliedstaaten der EU.[135] Die Ausnahme bildet dabei das Königreich Dänemark. Im Verhältnis zu Dänemark ist das EuGVÜ in der Fassung des 4. Beitrittsübereinkommens anwendbar.[136]

Sachlich findet die EuGVVO ihrem Titel nach Anwendung in Zivil- und Handelssachen. Durch die negative Aufzählung in Art. 1 Abs. 2 EuGVVO wird dieser Anwendungsbereich deutlich beschränkt. Von den Ausnahmen besonders hervorzuheben sind die Gebiete der ▹ehelichen Güterstände und des Erbrechts. Ebenfalls nicht erfasst wird die Schiedsgerichtsbarkeit.

2.2 Verfahren

Nach Art. 38 EuGVVO werden die in einem Mitgliedsstaat ergangenen Entscheidungen, die in diesem Staat vollstreckbar sind, in einem anderen Mitgliedsstaat vollstreckt, wenn sie dort auf Antrag eines Berechtigten für vollstreckbar erklärt worden sind.

Gemäß Art. 40 EuGVVO richtet sich das Verfahren der Vollstreckbarerklärung nach nationalem Recht. Maßgeblich sind demnach die Vorschriften und Regelungen, die im Ausland einschlägig sind.

Sachlich zuständig in Deutschland ist gemäß Art. 39 Abs. 1 EuGVVO unabhängig vom Streitwert das Landgericht. Funktionell zuständig ist der Vorsitzende einer Zivilkammer.[137] Die örtliche Zuständigkeit richtet sich gemäß Art. 39 Abs. 2 EuGVVO nach dem Wohnsitz des Vollstreckungsschuldners (Art. 59 EuGVVO), dem Sitz der Gesellschaft, der juristischen Person oder des ▹Trusts (Art. 60 EuGVVO) im Vollstreckungsstaat zum Zeitpunkt der Antragstellung. Alternativ ist örtlich der Landgerichtsbezirk der beabsichtigten Zwangsvollstreckung maßgebend.[138] Das heißt, zuständig ist das Landgericht, in dessen Bezirk der Vollstreckungsschuldner vollstreckbares Vermögen hat. Insoweit ist es ratsam, möglichst viele Informationen über eventuelle Vermögensgegenstände des Vollstreckungsschuldners zu haben.

Da die EuGVVO viele Einzelheiten des Verfahrens der Vollstreckbarerklärung den nationalen Rechtsvorschriften überlässt, ist auch die Regelung des Anwaltszwangs von Land zu Land unterschiedlich. In Deutschland ergibt sich der Anwaltszwang vor Landgerichten aus § 78 Abs. 1 ZPO.

2.3 Formalien

Die EuGVVO bestimmt in den Art. 53 und 54 die Urkunden, die der Antragsteller dem zuständigen Gericht vorlegen muss.

Gemäß Art. 53 Abs. 1 EuGVVO ist dies zunächst eine Ausfertigung der Entscheidung, welche die für ihre Beweiskraft erforderlichen Voraussetzungen erfüllt. Das heißt, die Urkunde muss vollen Beweis für die Echtheit und den Inhalt der Entscheidung erbringen. Bloße Abschrift oder Fotokopie reicht nicht aus.[139] Die Begründung der Entscheidung ist nicht Voraussetzung.[140]

Gemäß Art 53 Abs. 2 EuGVVO ist ferner auch die Bescheinigung nach Art. 54 EuGVVO vorzulegen. Die Bescheinigung wird auf Antrag des Gläubigers unter Verwendung des Formblattes in Anhang V zum EuGVVO ausgestellt.[141]

In Deutschland wird die Bescheinigung von der in § 56 AVAG genannten Stelle erteilt,[142] das heißt von dem Gericht, dem die Erteilung einer vollstreckbaren Ausfertigung des Urteils obliegt.

Der Inhalt der Bescheinigung ist zwingend durch Anhang V vorgegeben. Änderungen und Abweichungen im Aufbau sind nicht zulässig, damit die Bescheinigung auch ohne Übersetzung im Ausland verwendet werden kann.[143]

134 Sonstige Staatsverträge und ihre Konkurrenzen zueinander am Ende des Kapitels unter 3.
135 Thomas/Putzo Vorbem. EuGVVO Rdnr. 3.
136 Thomas/Putzo Vorbem. EuGVVO Rdnr. 2.
137 Thomas/Putzo EuGVVO Art. 39 Rdnr. 1.
138 Thomas/Putzo EuGVVO Art. 39 Rdnr. 2.
139 Thomas/Putzo EuGVVO Art. 53 Rdnr. 1.
140 Thomas/Putzo EuGVVO Art. 53 Rdnr. 2.
141 Thomas/Putzo EuGVVO Art. 54 Rdnr. 1.
142 Thomas/Putzo EuGVVO Art. 54 Rdnr. 2.
143 Thomas/Putzo EuGVVO Art. 54 Rdnr. 3.

▹Glossar Seite 174
Abkürzungen Seite 176

Von besonderer Bedeutung ist Nr. 4.4 der Bescheinigung, die Feststellung der Zustellung des verfahrenseinleitenden Schriftstücks im Falle einer Versäumnisentscheidung. Hierunter fällt jede Entscheidung, die in einem einseitigen Verfahren ergangen ist und auf die sich der Antragsgegner nicht eingelassen hat. Die Bescheinigung nach Nr. 4.4 dient der Nachprüfung des Versagensgrundes gemäß Art. 34 Nr. 2 EuGVVO durch das Beschwerdegericht.[144]

Nur die Vollstreckbarkeit ist zu bescheinigen, da die EuGVVO einen Rechtskraftnachweis nicht verlangt, deshalb kann auch aus vorläufig vollstreckbaren Urteilen die Zwangsvollstreckung betrieben werden.[145]

Eine Übersetzung der Entscheidung und der Bescheinigung nach Art. 54 EuGVVO kann verlangt werden (Art. 55 Abs. 2 Satz 1 EuGVVO).[146]

In der Regel dürfte eine Übersetzung der Bescheinigung nach Art. 54 EuGVVO überflüssig sein, weil die Bescheinigung nach Anhang V zum EuGVVO in allen Mitgliedsstaaten gleich aufgebaut ist und denselben Inhalt hat, die Vorlage nach Anhang V also die Übersetzung darstellt. Die einzufügenden Passagen sind in der Regel aus sich heraus verständlich und bedürfen keiner Übersetzung.[147]

Um eine Verzögerung jedoch auf jeden Fall zu vermeiden, sollte man schon vor Einleitung des Verfahrens für die Übersetzung der Urkunden sorgen.

2.4 Gerichtliche Prüfung der zu vollstreckenden Entscheidung

Die EuGVVO erlaubt keine Nachprüfung des Urteils in der Sache selbst.[148] Das bedeutet, dass das ausländische Gericht nicht prüfen darf, ob das ausländische Gericht die von den Prozessparteien vorgetragenen Tatsachen richtig bewertet oder das Gesetz richtig angewendet hat (Verbot der révision au fond). Vielmehr ist die Vollstreckbarerklärung des deutschen Urteils nur unter den Voraussetzungen eines Anerkennungshindernisses gemäß der Artikel 34 und 35 EuGVVO zu versagen.

Grundsätzlich werden Entscheidungen eines Mitgliedsstaates ▹ipso iure anerkannt, ohne dass es eines besonderen Verfahrens bedarf (Art. 33 Abs. 1 EuGVVO). Die Gründe für eine Ablehnung der Anerkennung sind von Amts wegen zu prüfen.[149]

Eine Entscheidung wird nach Art. 34 Nr. 1 EuGVVO nicht anerkannt, wenn die Anerkennung der öffentlichen Ordnung (ordre public) des Mitgliedsstaates, in dem sie geltend gemacht wird, offensichtlich widersprechen würde.

Sie wird außerdem nicht anerkannt, wenn dem Beklagten, der sich auf das Verfahren nicht eingelassen hat, das verfahrenseinleitende Schriftstück nicht so rechtzeitig und in einer Weise zugestellt worden ist, dass er sich verteidigen konnte (Art. 34 Nr. 2 EuGVVO).

Eine Anerkennung wird ferner versagt, wenn sie mit einer Entscheidung unvereinbar ist, die zwischen denselben Parteien in dem Mitgliedsstaat, in dem die Anerkennung geltend gemacht wird, ergangen ist (Art. 34 Nr. 3 EuGVVO).

Schließlich ist zu prüfen, ob die Anerkennung mit einer früheren Entscheidung unvereinbar ist, die in einem anderen Mitgliedsstaat oder einem Drittstaat zwischen denselben Parteien in einem Rechtsstreit wegen desselben Anspruchs ergangen ist, sofern die frühere Entscheidung die notwendigen Voraussetzungen für ihre Anerkennung in dem Mitgliedsstaat erfüllt, in dem die Anerkennung geltend gemacht wird (Art. 34 Nr. 4 EuGVVO).

Die internationale Zuständigkeit des Erstgerichts darf grundsätzlich nicht nachgeprüft werden (Art. 35 Abs. 3 EuGVVO).[150]

Sobald die in Art. 53 EuGVVO vorgesehenen Förmlichkeiten erfüllt sind, wird die Entscheidung unverzüglich für vollstreckbar erklärt, ohne dass eine Prüfung von Anerkennungshindernissen nach Art. 34 und 35 EuGVVO erfolgt (Art. 41 Satz 1 EuGVVO). Der Schuldner erhält in diesem Abschnitt des Verfahrens keine Gelegenheit, eine Erklärung abzugeben (Art. 41 Satz 2 EuGVVO). Dadurch soll das Verfahren beschleunigt werden und dem Schuldner durch den Überraschungseffekt die Möglichkeit genommen werden, sein Vermögen der Vollstreckung zu entziehen. Die Prüfung von Anerkennungshindernissen ist vielmehr dem Rechtsbehelfsverfahren nach Art. 43 ff. EuGVVO vorbehalten, das in Deutschland vor dem Oberlandesgericht stattfindet (Art. 43 Abs. 2 i.V.m. Anhang III EuGVVO).

3. Sonstige Staatsverträge über die gerichtliche Zuständigkeit und die Vollstreckung gerichtlicher Entscheidungen in Zivil- und Handelssachen und ihre Konkurrenzen zueinander

Im Verhältnis zu den Vertragsstaaten des LugÜ, die nicht Mitglied der EU sind (Island, Norwegen, Polen und Schweiz), ist das LugÜ weiterhin anzuwenden.[151]

Der Vorrang der EuGVVO vor den einzelnen Staatsverträgen ergibt sich aus Art. 69 EuGVVO. Diese Staatsverträge gelten jedoch weiter, soweit der sachliche oder zeitliche Anwendungsbereich der EuGVVO nicht eröffnet ist.[152]

144 Thomas/Putzo EuGVVO Art. 54 Rdnr. 4. Zum Versagensgrund nach Art. 34 Nr. 2 EuGVVO siehe unten unter 2.4.
145 Thomas/Putzo EuGVVO Art. 54 Rdnr. 5.
146 Thomas/Putzo EuGVVO Art. 53 Rdnr. 1, 5.
147 Thomas/Putzo EuGVVO Art. 53 Rdnr. 5.
148 So ausdrücklich Art. 36 EuGVVO.
149 Thomas/Putzo EuGVVO Art. 33 Rdnr. 1.
150 Thomas/Putzo EuGVVO Art. 35 Rdnr. 1.
151 Thomas/Putzo Vorbem. EuGVVO Rdnr. 3.
152 Thomas/Putzo EuGVVO Art. 69 Rdnr. 1.

▷ *Glossar Seite 174*
Abkürzungen Seite 176

Das LugÜ seinerseits lässt dem EuGVÜ Vorrang (Art. 54b Abs. 1 LugÜ).[153] Zwischen dem EuGVÜ und dem LugÜ besteht nahezu sachliche und textliche Identität.[154] Soweit das EuGVÜ zur Anwendung kommt, sind die unten aufgeführten Staatsverträge durch Art. 55 EuGVÜ außer Kraft gesetzt.[155] Ebenso verhält es sich in Bezug auf das LugÜ. Hier sind die Staatsverträge durch Art. 54 LugÜ außer Kraft gesetzt. Nur in den Bereichen, wo die Staatsverträge über die Regelungen des EuGVÜ bzw. des LugÜ hinausgehen, finden die Staatsverträge Anwendung.

4. Staatsverträge und Abkommen, denen die EuGVVO vorgeht

- EuGVÜ
- Deutsch-belgisches Abkommen
- Deutsch-griechischer Vertrag
- Abkommen zwischen der BRD und dem Königreich von Großbritannien und Nordirland
- Deutsch-italienische Abkommen
- Vertrag zwischen der BRD und dem Königreich der Niederlande
- Vertrag zwischen der BRD und Spanien
- Deutsch-österreichischer Vertrag

5. Staatsverträge, denen das EuGVÜ vorgeht

- Deutsch-belgisches Abkommen
- Deutsch-griechischer Vertrag
- Abkommen zwischen der BRD und dem Königreich von Großbritannien und Nordirland
- Deutsch-italienische Abkommen
- Vertrag zwischen der BRD und dem Königreich der Niederlande
- Vertrag zwischen der BRD und Spanien
- Deutsch-österreichischer Vertrag

6. Staatsverträge, denen das LugÜ vorgeht

- Deutsch-österreichischer Vertrag
- Deutsch-norwegischer Vertrag
- Deutsch-schweizerisches Abkommen

153 Kegel/Schurig, IPR § 22 V S. 920.
154 Musielak vor EuGVÜ Rdnr. 1.
155 Thomas/Putzo § 328 Rdnr. 37.

▷ *Glossar Seite 174*
Abkürzungen Seite 176

Teil II Steuerrecht

1. Einführung

Die Entsendung eines Mitarbeiters wirft im Bereich der Besteuerung des Einkommens wichtige Fragen auf. Da das Unternehmen nach wie vor verpflichtet ist, die Einkommensteuer korrekt zu ermitteln und abzuführen, steht die Steuerpflicht des Expatriates im Vordergrund der Betrachtung.

Im Folgenden werden aus der praktischen Sicht des Unternehmens die Prüfkriterien für die Frage der Besteuerung nach deutschem oder ausländischem Recht systematisch dargestellt.

Hinweis:
Hierzu gibt es auch das Prüfungsschema „Besteuerung bei Auslandsentsendung von Expatriates" im Anhang.

Ziel ist es, bereits im Vorfeld des Auslandsaufenthalts die richtige Steuerstrategie für die Zeit der Entsendung zu entwickeln, um Unklarheiten und böse Überraschungen möglichst zu vermeiden.

2. Einkommensteuerpflicht der Bezüge nach deutschem Recht

Am Anfang der Betrachtung steht die Frage, ob die Bezüge der ins Ausland entsandten Expatriates überhaupt nach deutschem Recht einkommensteuerpflichtig sind. Ist dies nämlich nicht der Fall, steht von vornherein fest, dass eine Einkommensbesteuerung nur im Tätigkeitsstaat stattfindet. Sorgt man also bereits im Vorfeld für den Wegfall der deutschen Einkommensteuerpflicht, kann man sich unter Umständen Abgrenzungs- und Doppelbesteuerungsprobleme ersparen.

2.1 Unbeschränkte Einkommensteuerpflicht

Nach § 1 Abs. 1 Satz 1 EStG sind natürliche Personen, die im Inland einen Wohnsitz oder ihren gewöhnlichen Aufenthalt haben, unbeschränkt einkommensteuerpflichtig. Die Frage der deutschen Einkommensteuerpflicht stellt sich bei Auslandstätigkeit von Arbeitnehmern der Privatwirtschaft also nur, wenn ein Wohnsitz oder gewöhnlicher Aufenthalt im Inland beibehalten wird.[156]

Gibt der Expatriate Wohnsitz und gewöhnlichen Aufenthalt im Inland auf, muss er für die Zeit seiner Auslandstätigkeit auch keine deutsche Einkommensteuer zahlen.

2.1.1 Wohnsitz

Einen Wohnsitz hat jemand dort, wo er eine Wohnung unter Umständen innehat, die darauf schließen lassen, dass er die Wohnung beibehalten und benutzen wird.[157]

156 Anders bei Bediensteten der öffentlichen Hand, die nach § 1 Abs. 2 EStG auch ohne Wohnsitz oder gewöhnlichen Aufenthalt im Inland unbeschränkt steuerpflichtig nach deutschem Recht bleiben.

157 § 8 AO.

▷ *Glossar Seite 174*
Abkürzungen Seite 176

Die inländische Wohnung wird als aufgegeben angesehen, wenn

- die Mietwohnung gekündigt und aufgelöst worden ist bzw.
- die Wohnung im eigenen Haus oder Eigentumswohnung nicht nur kurzfristig vermietet worden ist.[158] Kurzfristig ist die Vermietung bis zu sechs Monaten.[159]

Wird die inländische Wohnung zur bloßen Vermögensverwaltung zurückgelassen, endet der Wohnsitz mit dem Wegzug; bloße Vermögensverwaltung liegt zum Beispiel vor, wenn ein im Ausland lebender Steuerpflichtiger seine Wohnung verkaufen oder langfristig vermieten will und dies in absehbarer Zeit auch tatsächlich verwirklicht. Eine zwischenzeitliche kurze Rückkehr (zur Beaufsichtigung und Verwaltung der zurückgelassenen Wohnung) führt nicht dazu, dass die zurückgelassene Wohnung dadurch zum inländischen Wohnsitz wird.[160]

Wer verheiratet ist und seine Familie in Deutschland zurücklässt, gibt seinen Wohnsitz nur auf, wenn er für die Zeit des Auslandsaufenthalts von seinen Familienangehörigen dauernd getrennt lebt,[161] was auch aus rein beruflichen Gründen möglich ist. Hierzu muss er sich bei der Ordnungsbehörde abmelden, was allerdings nur als Indiz gilt,[162] und die Steuermerkmale auf den Lohnsteuerkarten der Ehegatten müssen auf „getrennt lebend" geändert werden. Wegen der lediglich indiziellen Wirkung dieser Vorgehensweise wird empfohlen, die Aufgabe des inländischen Wohnsitzes dem Finanzamt anzuzeigen und sich von diesem bestätigen zu lassen.

2.1.2 Gewöhnlicher Aufenthalt

Den gewöhnlichen Aufenthalt hat jemand dort, wo er sich unter Umständen aufhält, die erkennen lassen, dass er an diesem Ort oder in diesem Gebiet nicht nur vorübergehend verweilt.[163] Als gewöhnlicher Aufenthalt ist stets und von Beginn an ein zeitlich zusammenhängender Aufenthalt von mehr als sechs Monaten Dauer anzusehen; kurzfristige Unterbrechungen bleiben unberücksichtigt.[164] Kein gewöhnlicher Aufenthalt wird jedoch begründet, wenn der Aufenthalt ausschließlich zu Besuchs-, Kur- oder ähnlichen Zwecken genommen wird und nicht länger als ein Jahr dauert.[165]

Der gewöhnliche Aufenthalt im Inland ist aufgegeben, wenn der Steuerpflichtige zusammenhängend mehr als sechs Monate im Ausland lebt, es sei denn, dass besondere Umstände darauf schließen lassen, dass die Beziehungen zum Inland bestehen bleiben, zum Beispiel Wohnung der Familienangehörigen im Inland.[166] Hält sich der Steuerpflichtige jedoch zusammenhängend länger als ein Jahr im Ausland auf, ist grundsätzlich eine Aufgabe des gewöhnlichen Aufenthalts im Inland anzunehmen.[167] Der gewöhnliche Aufenthalt kann, im Gegensatz zum Wohnsitz, nicht gleichzeitig an mehreren Orten bestehen.[168] Bei fortdauerndem Schwerpunkt-

158 AEAO zu § 8 Nr. 6 Satz 1 und 2.
159 AEAO zu § 8 Nr. 5 Satz 3.
160 AEAO zu § 8 Nr. 6 Satz 3 – 5.
161 AEAO zu § 8 Nr. 1.
162 AEAO zu § 8 Nr. 2.
163 § 9 Satz 1 AO.
164 § 9 Satz 2 AO.
165 § 9 Satz 3 AO.
166 AEAO zu § 9 Nr. 4 Satz 1 – 3.
167 AEAO zu § 9 Nr. 4 Satz 4.
168 AEAO zu § 9 Nr. 3 Satz 1.
169 AEAO zu § 9 Nr. 3 Satz 2.
170 Förster, Praxis der Besteuerung von Auslandsbeziehungen S. 217 f.; Höreth/Vogel, Global Employment S. 94; Mauer, Personaleinsatz im Ausland Rdnr. 876.

▷ *Glossar Seite 174*
Abkürzungen Seite 176

aufenthalt im Ausland begründen kurzfristige Aufenthalte im Inland, z. B. Geschäfts-, Dienstreisen, Schulungen, keinen gewöhnlichen Aufenthalt im Inland.[169]

2.2 Beschränkte Einkommensteuerpflicht

Hat man durch Aufgabe des inländischen Wohnsitzes und gewöhnlichen Aufenthalts die unbeschränkte deutsche Einkommensteuerpflicht nach § 1 Abs. 1 Satz 1 EStG vermieden, kann es unter Umständen passieren, dass die Bezüge des ins Ausland entsandten Mitarbeiters dennoch nach §§ 1 Abs. 4, 49 Abs. 1 Nr. 4 EStG beschränkt einkommensteuerpflichtig sind. Bei Auslandsentsendungen sind hier vor allem zwei Fälle einschlägig:

Beschränkt einkommensteuerpflichtig sind Einkünfte aus unselbständiger Arbeit, wenn

- die Arbeit im Inland verwertet wird oder worden ist, z. B. die Lieferung von Marktanalysen oder Verwertung von im Ausland getätigten Erfindungen im inländischen Betrieb,[170]
- sie als Vergütung für eine Tätigkeit als Geschäftsführer, Prokurist oder Vorstandsmitglied einer Gesellschaft mit Geschäftsleitung im Inland bezogen werden.

Hinweis:
Wer eine Einkommensteuerpflicht nach deutschem Recht bei Auslandsentsendungen ausschließen möchte, z.B. weil die Steuern im Tätigkeitsstaat niedriger sind oder um Doppelbesteuerungsprobleme von vornherein zu vermeiden,

sollte sich bei der Auswahl der in Frage kommenden Mitarbeiter auf diejenigen beschränken, die zur Aufgabe ihres inländischen Wohnsitzes und gewöhnlichen Aufenthalts bereit sind, und sie hierzu vertraglich verpflichten,

sollte die Auslandstätigkeit tatsächlich und vertraglich so ausgestalten, dass der Eindruck vermieden wird, es handele sich hauptsächlich um Tätigkeiten, die im Inland verwertet werden,

sollte die ins Ausland entsandten Mitarbeiter nicht mit Tätigkeiten als Geschäftsführer, Prokurist oder Vorstandsmitglied einer Gesellschaft mit Geschäftsleitung im Inland betrauen,

sollte sich den Wegfall der Einkommensteuerpflicht vom Wohnsitzfinanzamt schriftlich bestätigen lassen.

3. Entsendung in Staaten mit Doppelbesteuerungsabkommen

Nach Prüfung der Einkommensteuerpflicht sollte sich zweckmäßigerweise zunächst die Prüfung anschließen, ob der Mitarbeiter in ein Land entsandt wird, mit dem die Bundesrepublik Deutschland ein Doppelbesteuerungsabkommen auf dem Gebiet der Steuern vom Einkommen abgeschlossen hat. Denn nach § 2 AO gehen völkerrechtliche Vereinbarungen über die Besteuerung, soweit sie unmittelbares innerstaatliches Recht geworden sind, den Steuergesetzen vor.

Doppelbesteuerungsabkommen auf dem Gebiet der Steuern vom Einkommen bestehen deutscherseits zurzeit mit mehr als 70 Staaten.[171] Die meisten dieser Abkommen orientieren sich am OECD-Musterabkommen zur Vermeidung der Doppelbesteuerung auf dem Gebiet der Steuern vom Einkommen und vom Vermögen (OECD-MA).[172] Deshalb dient das OECD-MA auch als Basis der weiteren Darstellung.

Hinweise:

Siehe hierzu auch das Prüfungsschema „Besteuerung von Expatriatevergütungen nach OECD-MA" im Anhang.

Einige Doppelbesteuerungsabkommen enthalten dennoch Abweichungen vom OECD-MA. Deshalb wird empfohlen, im Einzelfall den Text des in Frage kommenden Doppelbesteuerungsabkommens sorgfältig zu studieren. Die von der Bundesrepublik Deutschland abgeschlossenen Doppelbesteuerungsabkommen sind mit ihren aktuellen Texten im Internet z. B. unter http://www.bff-online.de/dba/ abrufbar. Gravierende Abweichungen einzelner Abkommen gibt es insbesondere in Bezug auf 183-Tage-Regel,[173] Grenzgänger[174] und Rückfallklauseln.[175]

3.1 Ansässigkeit

Wird ein Mitarbeiter in ein Land, mit dem ein Doppelbesteuerungsabkommen besteht, entsandt, ist zunächst zu prüfen, ob das Abkommen für ihn gilt. Nach Art. 1 OECD-MA gilt das Abkommen für Personen, die in einem Vertragsstaat oder in beiden Vertragsstaaten ansässig sind.

Ansässig ist eine Person in einem Vertragsstaat, die nach dem Recht dieses Staates dort aufgrund ihres Wohnsitzes, ihres ständigen Aufenthalts, des Ortes ihrer Geschäftsleitung oder eines anderen ähnlichen Merkmals steuerpflichtig ist.[176] Keine Ansässigkeit liegt hingegen vor, wenn die Person in diesem Staat nur mit Einkünften aus Quellen in diesem Staat oder mit in diesem Staat gelegenem Vermögen steuerpflichtig ist.[177]

Ist eine Person danach in beiden Vertragsstaaten ansässig, gilt sie nur in dem Staat als ansässig, in dem sie über eine ständige Wohnstätte verfügt; verfügt sie in beiden Staaten über eine ständige Wohnstätte, gilt sie als nur in dem Staat ansässig, zu dem sie die engeren persönlichen und wirtschaftlichen Beziehungen hat (Mittelpunkt der Lebensinteressen).[178] Kann nicht bestimmt werden, in welchem Staat die Person den Mittelpunkt der Lebensinteressen hat, oder verfügt sie in keinem der Staaten über eine ständige Wohnstätte, gilt sie als nur in dem Staat ansässig, in dem sie ihren gewöhnlichen Aufenthalt hat.[179] Hat sie ihren gewöhnlichen Aufenthalt in beiden oder in keinem der Staaten, gilt sie als nur in dem Staat ansässig, dessen Staatsangehöriger sie ist.[180] Ist die Person Staatsangehöriger beider oder keines der Staaten, regeln die zuständigen Behörden der Vertragsstaaten die Frage in gegenseitigem Einvernehmen.[181]

Abgesehen von diesen durch Art. 4 Abs. 2 OECD-MA geregelten Sonderfällen ist im Normalfall die Frage der Ansässigkeit relativ leicht zu beantworten, nämlich: Ein in Deutschland seine Wohnung behaltender und damit weiterhin steuerpflichtiger Mitarbeiter wird zu einer Tätigkeit in ein Land mit Doppelbesteuerungsabkommen, zum Beispiel die USA, entsandt. Liegt diese Konstellation vor, ist zu prüfen, welcher Staat das Recht besitzt, die Bezüge des Mitarbeiters zu besteuern, der Tätigkeitsstaat oder der Ansässigkeitsstaat.

3.2 Zuweisungsregelungen

3.2.1 Tätigkeitsstaatsprinzip

Nach Art. 15 Abs. 1 OECD-MA können Gehälter, Löhne und ähnliche Vergütungen, die eine in einem Vertragsstaat ansässige Person aus unselbständiger Arbeit bezieht, nur im Ansässigkeitsstaat besteuert werden, es sei denn, die Arbeit wird im anderen Vertragsstaat ausgeübt. Wird die

171 Zum Stand der Abkommen am 01.01.2004 siehe www.bundesfinanzministerium.de/Anlage22007/Uebersicht.pdf
172 Letzter Stand: Januar 2003.
173 Siehe unten 3.2.2.1.2.
174 Siehe unten 3.2.3.1.
175 Siehe unten 3.5.
176 Art. 4 Abs. 1 Satz 1 OECD-MA.
177 Art. 4 Abs. 1 Satz 2 OECD-MA.
178 Art. 4 Abs. 2 a) OECD-MA.
179 Art. 4 Abs. 2 b) OECD-MA.
180 Art. 4 Abs. 2 c) OECD-MA.
181 Art. 4 Abs. 2 d) OECD-MA.

▷ *Glossar Seite 174*
Abkürzungen Seite 176

Arbeit dort ausgeübt, können die dafür bezogenen Vergütungen im anderen Staat besteuert werden. Mit anderen Worten: Das Besteuerungsrecht des Tätigkeitsstaates genießt Vorrang vor dem Besteuerungsrecht des Ansässigkeitsstaates.

Die auf die Auslandstätigkeit entfallenden Bezüge (einschließlich Lohnfortzahlung im Krankheitsfall) sind somit herauszurechnen und statt im Ansässigkeitsstaat im Tätigkeitsstaat zu versteuern. Kann der laufende Arbeitslohn der Auslandstätigkeit nicht direkt zugeordnet werden oder handelt es sich um Vergütungen für die Gesamttätigkeit des Expatriates wie Weihnachtsgeld, Urlaubsgeld, Tantiemen oder Jubiläumszuwendungen, sind diese Beträge nach dem Verhältnis der im Ausland tatsächlich verbrachten und vereinbarten Arbeitstage zu den vereinbarten Arbeitstagen des Gesamtjahres aufzuteilen. Praktisch bedeutet das: Die nicht direkt zuzuordnenden Vergütungen pro Kalenderjahr sind durch die vereinbarten Arbeitstage pro Kalenderjahr zu dividieren. Das Ergebnis ist mit der Zahl der vereinbarten Arbeitstage zu multiplizieren, an denen sich der Expatriate im Ausland aufgehalten hat. „Vereinbarte Arbeitstage" sind die Kalendertage pro Jahr abzüglich der Tage, an denen der Expatriate laut Arbeitsvertrag nicht zu arbeiten verpflichtet ist (Urlaubstage, arbeitsfreie Samstage und Sonntage sowie gesetzliche Feiertage). Bei nur stundenweisen Aufenthalten im Ausland, zum Beispiel bei Berufskraftfahrern, ist das Arbeitseinkommen pro Arbeitstag anteilig nach Maßgabe der für den jeweiligen Tag vereinbarten Arbeitszeit aufzuteilen.[182]

Der in Art. 15 Abs. 1 OECD-MA verankerte Grundsatz der Besteuerung im Tätigkeitsstaat kann bei kurzfristigen, häufig wechselnden Auslandsaufenthalten, zum Beispiel bei Monteuren oder Berufskraftfahrern, zu praktischen Umsetzungsproblemen hinsichtlich der Aufteilung der Bezüge und der Abgabe von Steuererklärungen in mehreren Ländern führen. Deshalb werden die Auswirkungen des Tätigkeitsstaatsprinzips durch die 183-Tage-Regel des Art. 15 Abs. 2 OECD-MA abgemildert.

3.2.2 183-Tage-Regel

Nach Art. 15 Abs. 2 OECD-MA können Vergütungen für unselbständige Arbeit statt im Tätigkeitsstaat nur im Ansässigkeitsstaat versteuert werden, wenn

- der Empfänger sich im Tätigkeitsstaat insgesamt nicht länger als 183 Tage innerhalb eines Zeitraums von zwölf Monaten, der während des betreffenden Steuerjahres beginnt oder endet, aufhält, und
- die Vergütungen von einem Arbeitgeber oder für einen Arbeitgeber gezahlt werden, der nicht im Tätigkeitsstaat ansässig ist, und
- die Vergütungen nicht von einer Betriebsstätte getragen werden, die der Arbeitgeber im anderen Staat hat.

Praktisch bedeutet das: Das Besteuerungsrecht geht in diesem Fall erst auf den Tätigkeitsstaat über, wenn die Entsendung länger als ein halbes Jahr dauert. Bei kürzeren Auslandsaufenthalten bleibt es bei der Besteuerung im Ansässigkeitsstaat.

Hinweis:
Wer sich Steuerzahlungen an ausländische Finanzbehörden und den damit zusammenhängenden bürokratischen Aufwand ersparen möchte, sorgt möglichst für Auslandsaufenthalte von weniger als halbjähriger Dauer.

Zu den drei Voraussetzungen der 183-Tage-Regel im Einzelnen:

3.2.2.1 Aufenthalt von weniger als 183 Tagen im Tätigkeitsstaat

3.2.2.1.1 OECD-Musterabkommen

Der Expatriate darf sich innerhalb eines Zeitraums von zwölf Monaten, der während des betreffenden Steuerjahres beginnt oder endet, nicht länger als 183 Tage im Tätigkeitsstaat aufhalten.[183]

Aufenthalt bedeutet körperliche Anwesenheit. Es kommt nicht darauf an, ob am betreffenden Tag gearbeitet wird oder ob der Mitarbeiter sich während des Tages auch noch in einem anderen Staat aufhält. Als Tage des Aufenthalts im Sinne der 183-Regel sind deshalb folgende Tage zu berücksichtigen, an denen der Mitarbeiter zumindest zeitweise im Tätigkeitsstaat anwesend ist:

- Arbeitstage,
- arbeitsfreie Tage (Samstage, Sonntage, gesetzliche Feiertage),
- Tage von Arbeitsunterbrechungen z. B. wegen Streik, Aussperrung, Lieferschwierigkeiten oder Krankheit,
- Urlaubstage unmittelbar vor, während oder unmittelbar nach dem Auslandseinsatz.

Nicht mitgezählt werden Tage der Unterbrechung der Auslandstätigkeit, die ausschließlich außerhalb des Tätigkeitsstaats verbracht werden, zum Beispiel Urlaub zu Hause oder in einem Drittland, sowie Zeiten des Transits außerhalb des Tätigkeitsstaats.[184]

3.2.2.1.2 Abweichende Regelungen einzelner Abkommen

Die heutige Regelung des OECD-MA, nach der der Ansässigkeitsstaat das Besteuerungsrecht behält, wenn man sich nicht länger als 183 Tage „innerhalb eines Zeitraums von zwölf Monaten, der während des betreffenden Steuerjahres beginnt oder endet"[185], im Tätigkeitsstaat aufhält, gilt erst seit 1992. Nach der bis dahin geltenden Formulierung kam es nur darauf an,

182 Zur Frage der Aufteilung der Jahresvergütung siehe u. a. BFH, 19.01.1986, BStBl. II 1986 S. 513; BFH, 29.01.1986, BStBl. II 1986 S. 442; BFH, 29.01.1986, BStBl. II 1986 S. 479; Wassermeyer in Debatin/Wassermeyer, Doppelbesteuerung, München Art. 15 MA Rdnr. 145 ff.; Heuser/Heidenreich/Förster, Auslandsentsendung, S. 155 ff.
183 Art. 15 Abs. 2 a) OECD-MA.
184 Zur Frage des Aufenthalts im Sinne der 183-Tage-Regel siehe u. a. Wassermeyer in Debatin/Wassermeyer, Doppelbesteuerung Art. 15 MA Rdnr. 85 ff.; Heuser/Heidenreich/Förster, Auslandsentsendung S. 186 ff.; Höreth, Vogel, Global Employment S. 107 f.; Mauer, Personaleinsatz im Ausland Rdnr. 946.
185 Art. 15 Abs. 2 a) OECD-MA.

▷ *Glossar Seite 174*
Abkürzungen Seite 176

ob man sich „183 Tage während des betreffenden Steuerjahres" im Tätigkeitsstaat aufhielt.[186]

Die heutige Musterregelung ist bisher nur in einige Doppelbesteuerungsabkommen übernommen worden, und zwar in die Abkommen mit Liberia, Mexiko und Norwegen.[187]

Für alle anderen Doppelbesteuerungsabkommen bleibt es bei der bisherigen Regelung, dass die 183-Tage-Frist für jedes Steuerjahr getrennt zu ermitteln ist. Die getrennte Ermittlung für einzelne Steuerjahre bringt den durch die Neufassung des OECD-MA nunmehr unterbundenen Effekt mit sich, dass man die 183-Tage-Regel durch entsprechende Planung des Auslandsaufenthalts einschließlich Urlaub als Mittel einsetzen kann, um Steuern zu sparen.

Beispiel:
Ein in Deutschland ansässiger Mitarbeiter soll für ein knappes Jahr in die USA entsandt werden. Art. 15 Abs. 2 a DBA-USA stellt nach wie vor auf einen 183-Tage-Aufenthalt im Kalenderjahr ab. Hält er sich vom 3. Juli bis 1. Juli des Folgejahres, das kein Schaltjahr ist, in den USA auf, ist in beiden Kalenderjahren ein Aufenthalt von je 182 Tagen zu verzeichnen. Das Besteuerungsrecht verbleibt in beiden Jahren bei der Bundesrepublik Deutschland. Sollen die Bezüge für die Auslandstätigkeit in den USA besteuert werden, weil es für den Mitarbeiter günstiger ist, muss er nur einige Urlaubstage vor und nach seiner beruflichen Tätigkeit zusätzlich in den USA verbringen.

Während die meisten Doppelbesteuerungsabkommen bei der 183-Tage-Regel auf das Kalenderjahr oder ein mit dem Kalenderjahr identisches Steuerjahr abstellen, ist bei einigen Staaten Vorsicht geboten. Die mit ihnen abgeschlossenen Doppelbesteuerungsabkommen machen die 183-Tage-Regel von einem Aufenthalt in einem Steuerjahr abhängig, das vom Kalenderjahr abweicht.

Abweichende Steuerjahre gelten zurzeit in folgenden zwölf Staaten, mit denen die Bundesrepublik Deutschland ein Doppelbesteuerungsabkommen abgeschlossen hat:[188]

Australien	01.07. – 30.06.
Großbritannien	06.04. – 05.04.
Indien	01.04. – 31.03.
Iran	21.03. – 20.03.
Irland	06.04. – 05.04.
Israel	01.04. – 31.03.
Mauritius	01.07. – 30.06.
Neuseeland	01.04. – 31.03.
Pakistan	01.07. – 30.06.

186 Wassermeyer in Debatin/Wassermeyer, Doppelbesteuerung Art. 15 MA Rdnr. 95 und 97.
187 Wassermeyer in Debatin/Wassermeyer, Doppelbesteuerung Art. 15 MA Rdnr. 96 sowie Art. 15 Abs. 2 a) DBA-Liberia, Art. 15 Abs. 2 a) DBA-Mexiko und Art. 15 Abs. 2 a) DBA-Norwegen. Auch das am 14.05.2003 unterzeichnete, aber noch nicht in Kraft getretene neue DBA-Polen entspricht in Art. 15 Abs. 2 a) der Musterregelung.
188 Wassermeyer in Debatin/Wassermeyer, Doppelbesteuerung Art. 15 MA Rdnr. 98; Höreth/ Vogel, Global Employment S. 109.

Simbabwe	01.04. – 31.03.
Sri Lanka	01.04. – 31.03.
Südafrika	01.03. – 28.02.

Wird ein Mitarbeiter also zum Beispiel nach Australien entsandt, ist bei der Ermittlung der 183-Tage-Frist statt auf das Kalenderjahr auf den Zeitraum zwischen dem 01.07. und dem 30.06. des nächsten Jahres abzustellen.

Hinweis:
Bei Entsendung in Länder mit Doppelbesteuerungsabkommen sollte zunächst geprüft werden, ob die Steuerbelastung der Einkünfte im Ansässigkeitsstaat oder im Tätigkeitsstaat günstiger ist. Je nachdem kann man dann durch geschickte Einsatz- und Urlaubsplanung die 183-Tage-Regel dazu benutzen, das Besteuerungsrecht für die Einkünfte aus der Auslandstätigkeit sowohl im Einreise- als auch im Ausreisesteuerjahr dem Staat mit der günstigeren Steuerbelastung zuzuweisen.

3.2.2.2 Nichtansässigkeit des Arbeitgebers im Tätigkeitsstaat

Zweite Voraussetzung für den Rückfall des Besteuerungsrechts an den Ansässigkeitsstaat ist, dass die Vergütungen von oder für einen Arbeitgeber gezahlt werden, der nicht im Tätigkeitsstaat ansässig ist.[189]

Arbeitgeber ist derjenige, dem der Expatriate seine Arbeitsleistung schuldet, unter dessen Leitung er tätig wird und dessen Weisungen er unterworfen ist.[190]

Ansässig ist der Arbeitgeber grundsätzlich am Ort seiner Geschäftsleitung.[191]

Besonderer Sorgfalt bedarf die Planung eines Auslandsaufenthalts im Lichte der 183-Tage-Regel, wenn Expatriates von einem Konzernunternehmen an ein anderes entsandt werden. In diesem Falle bleibt das entsendende Unternehmen im Zweifel nur dann Arbeitgeber, wenn der Expatriate weiterhin in dessen Interesse und nicht im Interesse des aufnehmenden Unternehmens tätig wird.[192] Die Verwaltungsgrundsätze – Arbeitnehmerentsendung des Bundesministeriums der Finanzen vom 09.11.2001[193] gehen hierbei unter Nr. 2.2 bei einer Entsendung von mehr als drei Monaten regelmäßig von einer Integration in das aufnehmende Unternehmen aus. Ist dieser Effekt, also Wechsel der Arbeitgebereigenschaft zum aufnehmenden Unternehmen und damit Übergang des Besteuerungsrechts auf den Tätigkeitsstaat selbst bei Aufenthalt von weniger als 183 Tagen, nicht gewollt, ist die Auslandstätigkeit nach Maßgabe der Verwaltungsgrundsätze vertraglich und tatsächlich so auszugestalten, dass möglichst keine Anhaltspunkte für eine Ausgliederung aus dem entsendenden Unternehmen sprechen.

189 Art. 15 Abs. 2 b) OECD-MA.
190 BFH vom 21.08.1985, BStBl. II 1986 S. 4; Förster/Heidenreich/Heuser, Auslandsentsendung S. 166.
191 Heuser/Heidenreich/Förster, Auslandsentsendung S. 192 f.
192 Heuser/Heidenreich/Förster, Auslandsentsendung S. 193; Wassermeyer in Debatin/Wassermeyer, Doppelbesteuerung Art. 15 MA Rdnr. 119.
193 BStBl. I 2001 S. 798.

▷ *Glossar Seite 174*
Abkürzungen Seite 176

3.2.2.3 Keine Zahlung zu Lasten einer Betriebsstätte im Tätigkeitsstaat

Dritte Voraussetzung für die 183-Tage-Regel ist, dass die Vergütungen nicht von einer Betriebsstätte getragen werden, die der Arbeitgeber im Tätigkeitsstaat hat.[194]

Der Ausdruck „Betriebsstätte" wird in Art. 5 OECD-MA definiert. Er bedeutet eine feste Geschäftseinrichtung, durch die die Tätigkeit eines Unternehmens ganz oder teilweise ausgeübt wird.[195]

Er umfasst insbesondere

- einen Ort der Leitung,
- eine Zweigniederlassung,
- eine Geschäftsstelle,
- eine Fabrikationsstätte,
- eine Werkstätte und
- ein Bergwerk, ein Öl- oder Gasvorkommen, einen Steinbruch oder eine andere Stätte der Ausbeutung von Bodenschätzen.[196]

Eine Bauausführung oder Montage ist nur dann eine Betriebsstätte, wenn ihre Dauer zwölf Monate überschreitet.[197]

Nicht als Betriebsstätten gelten

- Einrichtungen, die ausschließlich zur Lagerung, Ausstellung oder Auslieferung von Gütern oder Waren des Unternehmens benutzt werden,
- Bestände von Gütern oder Waren des Unternehmens, die ausschließlich zur Lagerung, Ausstellung oder Auslieferung unterhalten werden,
- Bestände von Gütern oder Waren des Unternehmens, die ausschließlich zu dem Zweck unterhalten werden, durch ein anderes Unternehmen bearbeitet oder verarbeitet zu werden,
- eine feste Geschäftseinrichtung, die ausschließlich zu dem Zweck unterhalten wird, für das Unternehmen Güter oder Waren einzukaufen oder Informationen zu beschaffen,
- eine feste Geschäftseinrichtung, die ausschließlich zu dem Zweck unterhalten wird, für das Unternehmen andere Tätigkeiten auszuüben, die vorbereitender Art sind oder eine Hilfstätigkeit darstellen,
- eine feste Geschäftseinrichtung, die ausschließlich zu dem Zweck unterhalten wird, mehrere der vorgenannten Tätigkeiten auszuüben, vorausgesetzt, dass die sich daraus ergebende Gesamttätigkeit der festen Geschäftseinrichtung vorbereitender Art ist oder eine Hilfstätigkeit darstellt.[198]

Der in Art. 5 Abs. 5 und 6 OECD-MA erwähnten Begründung einer Betriebsstätte durch sog. abhängige Vertreter kommt im Bereich der Arbeitnehmerentsendung nur geringe Bedeutung zu.

194 Art. 15 Abs. 2 c) OECD-MA.
195 Art. 5 Abs. 1 OECD-MA.
196 Art. 5 Abs. 2 OECD-MA.
197 Art. 5 Abs. 3 OECD-MA.
198 Art. 5 Abs. 4 OECD-MA.
199 Art. 7 Abs. 2 ff. und Art. 9 OECD-MA; Wassermeyer in Debatin/Wassermeyer, Doppelbesteuerung Art. 15 MA Rdnr. 130; Heuser/Heidenreich/Förster, Auslandsentsendung S. 195.
200 Siehe oben 3.2.1.
201 Durch Zusatzabkommen vom 05.11.2002, das ab 01.01.2004 anwendbar ist, ist die bisherige Grenzgängerregelung mit Belgien aufgehoben und durch eine Besteuerung im Tätigkeitsstaat ersetzt worden.

▷ *Glossar Seite 174*
Abkürzungen Seite 176

Art. 5 Abs. 7 OECD-MA bestimmt schließlich, dass allein durch Beherrschungsverhältnisse zwischen Gesellschaften keine Gesellschaft zur Betriebsstätte der anderen wird.

Hinweis:
Der Begriff „Betriebsstätte" erfährt in vielen Doppelbesteuerungsabkommen eine eigene Definition, die im Vergleich zum Musterabkommen Besonderheiten aufweisen kann. Es wird deshalb empfohlen, im Einzelfall das jeweils einschlägige Doppelbesteuerungsabkommen zu Rate zu ziehen.

Die Vergütungen werden von einer Betriebsstätte getragen, wenn sie deren Gewinn mindern. Ob dies der Fall ist, ergibt sich aus der Zuordnung der Aufwendungen nach der im Doppelbesteuerungsabkommen vorgesehenen Gewinnermittlungsmethode.[199]

Hinweis:
Das Besteuerungsrecht fällt nur dann an den Ansässigkeitsstaat zurück, wenn alle drei Voraussetzungen der 183-Tage-Regel zugleich erfüllt sind. Neben dem weniger als halbjährigen Aufenthalt muss also insbesondere im Falle ausländischer Zweigniederlassungen sichergestellt sein, dass ein inländischer Arbeitgeber die Vergütung zahlt, ohne dass eine Betriebsstätte im Tätigkeitsstaat damit belastet wird.

3.2.3 Sonderregelungen

Einige Sonderfälle werden nicht gemäß Art. 15 Abs. 1 und 2 OECD-MA nach dem Tätigkeitsstaatsprinzip und der 183-Tage-Regel abgewickelt, sondern haben Sonderregelungen erfahren.

3.2.3.1 Grenzgänger

Fährt ein in Deutschland wohnender Arbeitnehmer täglich über die Grenze zu seiner Arbeitsstelle im Nachbarland, werden seine Bezüge entsprechend dem Tätigkeitsstaatsprinzip des Art. 15 Abs. 1 OECD-MA im Nachbarland besteuert.[200] Die Vergütungen deutscher Grenzgänger mit Arbeitsplatz in Dänemark, den Niederlanden, Belgien,[201] Luxemburg, Tschechien und Polen unterliegen deshalb dem Besteuerungsrecht dieser Länder.

Arbeitet jedoch ein Grenzgänger in Frankreich, Österreich oder der Schweiz, ist eine Versteuerung im Ansässigkeitsstaat Deutschland möglich, weil in die Doppelbesteuerungsabkommen mit diesen Staaten Sonderregelungen für Grenzgänger aufgenommen wurden. Während sich die Regelungen mit Frankreich und Österreich im Wesentlichen gleichen, weist die mit der Schweiz getroffene Grenzgängerregelung einige Besonderheiten auf.

3.2.3.1.1 Grenzgänger nach Frankreich und Österreich[202]

Die Vergütungen deutscher Grenzgänger nach Frankreich und Österreich können nach den jeweiligen Doppelbesteuerungsabkommen[203] und den hierzu getroffenen Verständigungsvereinbarungen[204] nur in Deutschland besteuert werden, wenn

- der Expatriate im deutschen Grenzgebiet wohnt,
- die Arbeitsstelle im Grenzgebiet des Tätigkeitsstaat liegt und
- der Expatriate in der Regel täglich an seinen Wohnsitz im deutschen Grenzgebiet zurückkehrt.

Hierzu sind die jeweiligen Definitionen des Begriffes Grenzgebiet und zur Frage der regelmäßigen Rückkehr die sog. 45-Tage-Regel zu beachten.

Hinweis:
Siehe hierzu auch das Prüfungsschema „Grenzgänger Frankreich und Österreich" im Anhang.

3.2.3.1.1.1 Grenzgebiet

Das deutsch-französische Grenzgebiet bilden die Gemeinden, deren Gebiet ganz oder teilweise höchstens 20 Kilometer von der Grenze entfernt liegt.[205]

Das deutsch-österreichische Grenzgebiet umfasst eine Zone von je 30 Kilometern beiderseits der Grenze.[206]

3.2.3.1.1.2 45-Tage-Regel

Zur Frage der regelmäßigen arbeitstäglichen Rückkehr zum Wohnsitz im Grenzgebiet ist in den Verständigungsvereinbarungen zu den Doppelbesteuerungsabkommen mit Frankreich und Österreich[207] geregelt worden, dass es unschädlich ist, wenn der Grenzgänger an 45 Arbeitstagen im Kalenderjahr nicht an seine Wohnstätte zurückkehrt. War der Arbeitnehmer weniger als ein ganzes Jahr im Grenzgebiet beschäftigt, gilt die Nichtrückkehr an 20 % der Arbeitstage, maximal 45 Tage, als unschädlich. Krankheits- und Urlaubstage zählen dabei nicht als Nichtrückkehrtage.

3.2.3.1.1.3 Verfahren

Liegt wegen Erfüllung der Tatbestandsvoraussetzungen der Grenzgängerregelung das Besteuerungsrecht bei der Bundesrepublik Deutschland, sollte zwecks Vermeidung eines umständlichen Erstattungsverfahrens eine Befreiung von der Einkommensteuer des Nachbarlandes nach den entsprechenden Vordrucken für Grenzgänger beantragt werden, die bei den Finanzämtern beider Seiten des Grenzgebietes erhältlich sind. Mit Ertei-

202 Für Belgien galt bis zum 31.12.2003 das Gleiche, siehe Fußnote **201**.
203 Frankreich: Art. 13 Abs. 5 DBA-Frankreich; Österreich: Art. 15 Abs. 6 und Protokoll Nr. 8 DBA-Österreich.
204 Frankreich: BMF-Schreiben vom 20.02.1980, BStBl. I 1980 S. 88; Österreich: BMF-Schreiben vom 30.01.1987, BStBl. I 1987 S. 191.
205 Art. 13 Abs. 5 b) DBA-Frankreich. (Die 30-km-Zone des Art. 13 Abs. 5 c) DBA-Frankreich gilt nur für in Frankreich wohnende Arbeitnehmer, die in Deutschland arbeiten.)
206 Protokoll Nr. 8 DBA-Österreich.

lung der Freistellungsbescheinigung ist der Arbeitgeber von der Verpflichtung zum Lohnsteuerabzug im Nachbarland befreit. Da kein Lohnsteuerabzug stattfindet, werden vom deutschen Wohnsitzfinanzamt Einkommensteuervorauszahlungen in Höhe der voraussichtlichen Jahressteuerschuld festgesetzt und eine Veranlagung nach Ablauf des Kalenderjahres durchgeführt.[208]

3.2.3.1.2 Grenzgänger zur Schweiz

Die Grenzgängerregelung im Doppelbesteuerungsabkommen mit der Schweiz[209] weist im Gegensatz zu den Regelungen mit Frankreich und Österreich folgende Unterschiede auf:

- Es gibt keine Festlegung eines Grenzgebietes.
- Statt der 45-Tage-Regel gibt es eine 60-Tage-Regel.
- Der Tätigkeitsstaat erhebt eine Abzugssteuer auf die Bruttovergütung des Grenzgängers.

3.2.3.1.2.1 60-Tage-Regel

Grenzgänger ist im Verhältnis Deutschland-Schweiz jede in einem Vertragsstaat ansässige Person, die in dem anderen Vertragsstaat ihren Arbeitsort hat und von dort regelmäßig an ihren Wohnsitz zurückkehrt. Kehrt diese Person nicht jeweils nach Arbeitsende an ihren Wohnort zurück, entfällt die Grenzgängereigenschaft nur dann, wenn die Person bei einer Beschäftigung während des gesamten Kalenderjahres an mehr als 60 Arbeitstagen auf Grund ihrer Arbeitsausübung nicht an ihren Wohnsitz zurückkehrt.[210]

War der Arbeitnehmer weniger als ein ganzes Jahr in der Schweiz beschäftigt, sind die für die Grenzgängereigenschaft nicht schädlichen Tage der Nichtrückkehr in der Weise zu berechnen, dass für einen vollen Monat der Beschäftigung 5 Tage und für jede volle Woche der Beschäftigung 1 Tag anzusetzen sind.[211]

3.2.3.1.2.2 Abzugssteuer

Wird der deutsche Arbeitnehmer aufgrund der 60-Tage-Regel als Grenzgänger angesehen, liegt das Besteuerungsrecht für die Vergütung grundsätzlich bei der Bundesrepublik Deutschland als Ansässigkeitsstaat.[212] Zum Ausgleich kann die Schweiz als Tätigkeitsstaat jedoch eine Abzugssteuer erheben.[213] Diese Steuer darf 4,5 % der Bruttovergütung nicht übersteigen, wenn die Ansässigkeit durch eine amtliche Bescheinigung des deutschen Wohnsitzfinanzamtes nachgewiesen wird.[214]

3.2.3.1.2.3 Verfahren

In der Bundesrepublik Deutschland wird die von der Schweiz erhobene Abzugssteuer auf die deutsche Einkommensteuer angerechnet und auch bei der Festsetzung von Einkommensteuervorauszahlungen berücksichtigt.[215]

207 Frankreich: BMF-Schreiben vom 20.02.1980, BStBl. I 1980 S. 88; Österreich: BMF-Schreiben vom 30.01.1987, BStBl. I 1987 S. 191.
208 Heuser/Heidenreich/Förster, Auslandsentsendung S. 225; Kramer in Debatin/Wassermeyer, Doppelbesteuerung Art. 13 Frankreich Rdnr. 64; Lang/Schuch in Debatin/Wassermeyer, Doppelbesteuerung Art. 9 Österreich Rdnr. 58.
209 Art. 15a DBA-Schweiz.
210 Art. 15a Abs. 2 DBA-Schweiz.
211 Nr. II 3 des Verhandlungsprotokolls (zum Änderungsprotokoll vom 21.12.1992) vom 18.12.1991 (abgedruckt bei Debatin/Wassermeyer, Doppelbesteuerung Texte Schweiz S. 8 f.). Das Verhandlungsprotokoll enthält noch weitere Ausführungen zu einzelnen Auslegungsfragen der 60-Tage-Regel.
212 Art. 15a Abs. 1 Satz 1 DBA-Schweiz.
213 Art. 15a Abs. 1 Satz 2 DBA-Schweiz.
214 Art. 15a Abs. 1 Satz 3 DBA-Schweiz.
215 Art. 15a Abs. 3 a) DBA-Schweiz.

▷ *Glossar Seite 174*
Abkürzungen Seite 176

3.2.3.2 Bordpersonal von Schiffen und Flugzeugen

Vergütungen für unselbständige Arbeit, die an Bord von See- oder Binnenschiffen oder im internationalen Verkehr betriebenen Luftfahrzeugen ausgeübt wird, können in dem Vertragsstaat besteuert werden, in dem sich der Ort der tatsächlichen Geschäftsleitung des Unternehmens befindet.[216]

3.2.3.3 Aufsichtsrats- und Verwaltungsratsvergütungen

Vergütungen und ähnliche Zahlungen, die eine Person in ihrer Eigenschaft als Mitglied des Aufsichts- oder Verwaltungsrats einer Gesellschaft bezieht, die im anderen Vertragsstaat ansässig ist, können in dem anderen Staat besteuert werden.[217]

3.2.3.4 Künstler und Sportler

Einkünfte, die eine in einem Vertragsstaat ansässige Person als Künstler, wie Bühnen-, Film-, Rundfunk- und Fernsehkünstler sowie Musiker, oder als Sportler aus ihrer im anderen Vertragsstaat persönlich ausgeübten Tätigkeit bezieht, können im anderen Staat besteuert werden.[218] Das Tätigkeitsstaatsprinzip für künstlerische und sportliche Darbietungen gilt auch, wenn die Einkünfte nicht dem Künstler oder Sportler selbst, sondern einer anderen Person zufließen.[219]

3.2.3.5 Öffentlicher Dienst

Für die nicht gewerbliche Tätigkeit ins Ausland entsandter Angehöriger des öffentlichen Dienstes gilt das Kassenstaatsprinzip, wonach die Bezüge nur in dem Staat besteuert werden können, der diese Bezüge zahlt.[220]

3.3 Methoden zur Vermeidung der Doppelbesteuerung

Ergibt sich nach den Zuweisungsregelungen des Doppelbesteuerungsabkommens, dass die Vergütung für die Auslandstätigkeit nicht dem Ansässigkeitsstaat, sondern dem Tätigkeitsstaat zusteht, kommen zwei Methoden in Frage, eine Doppelbesteuerung zu verhindern: die Befreiungsmethode[221] und die Anrechnungsmethode[222].

Nach der **Befreiungsmethode** nimmt der Ansässigkeitsstaat die Einkünfte, für die er kein Besteuerungsrecht hat, von der Besteuerung aus, lässt sie also steuerfrei.[223] Es gibt allerdings einen Progressionsvorbehalt: Die steuerfreien Auslandsbezüge werden gleichwohl bei der Ermittlung des persönlichen Steuersatzes berücksichtigt.[224]

Beispiel:

Ein Expatriate erzielt für seine inländische Tätigkeit ein zu versteuerndes Einkommen in Höhe von 30.000 €. Zusätzlich erhält er für seine Tätigkeit in den USA zu versteuernde Bezüge in Höhe von 20.000 €. Deutsche Einkommensteuer zahlt er dann auf

30.000 €, aber zu einem Steuersatz, der für ein zu versteuerndes Einkommen in Höhe von 50.000 € zu zahlen wäre. Bei einer Versteuerung nach der ESt-Grundtabelle 2003 bedeutet das zum Beispiel ein Ansteigen des Steuersatzes von 21,39 % auf 28,88 %, so dass statt 6.418 € eine tarifliche Einkommensteuer von 8.664 € zu zahlen ist.[225]

Nach der **Anrechnungsmethode** besteuert der Ansässigkeitsstaat zunächst alle in- und ausländischen Einkünfte, rechnet aber anschließend auf die Steuerschuld den im Tätigkeitsstaat zu zahlenden Einkommensteuerbetrag auf die Bezüge an, für die nach dem Doppelbesteuerungsabkommen der Tätigkeitsstaat das Besteuerungsrecht besitzt.[226]

Hinweis:
Die mit der Bundesrepublik Deutschland abgeschlossenen Doppelbesteuerungsabkommen wenden für Arbeitnehmereinkünfte in der Regel die Befreiungsmethode *an.*

3.4 Auswirkungen auf die Einkommensteuer

3.4.1 Lohnsteuerabzug

Ist nach einem Doppelbesteuerungsabkommen der von einem inländischen Unternehmen gezahlte Arbeitslohn von der Lohnsteuer freizustellen, erteilt das Betriebsstättenfinanzamt auf Antrag des Arbeitnehmers oder des Arbeitgebers eine entsprechende Bescheinigung.[227] Der Arbeitgeber hat diese Bescheinigung als Beleg zum Lohnkonto aufzubewahren.[228]

Auch wenn einige Doppelbesteuerungsabkommen die Steuerbefreiung nicht ausdrücklich von einem Antrag abhängig machen, wird zur eigenen Rechtssicherheit empfohlen, immer eine Freistellungsbescheinigung zu beantragen. Für diese Anträge gibt es bei den Finanzämtern das Formular *„Antrag für unbeschränkt einkommensteuerpflichtige Arbeitnehmer auf Erteilung einer Bescheinigung über die Freistellung des Arbeitslohns vom Steuerabzug auf Grund eines Abkommens zur Vermeidung der Doppelbesteuerung"*.

Ist nicht sicher, ob ein Auslandsaufenthalt die 183-Tage-Frist des Art. 15 Abs. 2 Nr. 1 OECD-MA überschreitet,[229] sollte die Freistellung ebenfalls sicherheitshalber beantragt werden. Stellt sich heraus, dass der Aufenthalt kürzer als 183 Tage dauert, sind entsprechende Lohnsteuerbeträge nachzuzahlen. Wird ein kurzzeitig geplanter Auslandsaufenthalt unvorhergesehenerweise über 183 Tage ausgedehnt, sollte der Antrag auf Freistellung unverzüglich nachgeholt werden.

216 Art. 15 Abs. 3 OECD-MA.
217 Art. 16 OECD-MA.
218 Art. 17 Abs. 1 OECD-MA.
219 Art. 17 Abs. 2 OECD-MA.
220 Art. 19 OECD-MA.
221 Art. 23 A OECD-MA.
222 Art. 23 B OECD-MA.
223 Art. 23 A Abs. 1 OECD-MA.
224 Art. 23 A Abs. 3 OECD-MA, § 32b EStG.
225 ESt-Grundtabelle 2003 Nr. 634 und 1189.
226 Art. 23 B OECD-MA.
227 § 39b Abs. 6 Satz 1 EStG.
228 § 39b Abs. 6 Satz 2 EStG.
229 Siehe oben 3.2.2.

▷ *Glossar Seite 174*
Abkürzungen Seite 176

3.4.2 Einkommensteuererklärung

Dem Progressionsvorbehalt[230] unterliegende steuerbefreite Einkünfte von mehr als 410,00 € führen zu einer Pflichtveranlagung zur Einkommensteuer.[231]

In seiner Einkommensteuererklärung muss der Expatriate den steuerbefreiten Arbeitslohn in folgender Form angeben: Auf der Anlage N ist in der Zeile „Steuerfreier Arbeitslohn nach Doppelbesteuerungsabkommen" der auf die Auslandstätigkeit entfallende Bruttolohn einzutragen. Werbungskosten, die im Zusammenhang mit der Auslandsentsendung entstanden sind, sind gesondert aufzuführen. Sie mindern damit den Betrag der steuerfreien Einkünfte, die dem Progressionsvorbehalt unterliegen.

3.5 Rückfallklauseln

Sind nach einem Doppelbesteuerungsabkommen die Bezüge für die Auslandstätigkeit von der deutschen Einkommensteuer befreit, kümmerte sich das deutsche Finanzamt bisher nicht darum, ob sie im Tätigkeitsstaat tatsächlich besteuert werden – es sei denn, das betreffende Doppelbesteuerungsabkommen enthält eine Rückfallklausel. Rückfallklauseln enthalten zum Beispiel die Doppelbesteuerungsabkommen mit Dänemark[232], Italien[233], Kanada[234], Neuseeland[235], Norwegen[236], Österreich[237], Schweden[238] und den USA[239]. Diese Klauseln bestimmen, dass Einkünfte nur dann als aus Quellen des Tätigkeitsstaats stammend gelten, wenn sie in Übereinstimmung mit dem Doppelbesteuerungsabkommen im Tätigkeitsstaat besteuert werden. Mit anderen Worten: Weist der in Deutschland ansässige Steuerpflichtige auf Verlangen des Finanzamts nicht nach, dass die Auslandseinkünfte im Tätigkeitsstaat versteuert wurden, fällt das Besteuerungsrecht an die Bundesrepublik Deutschland zurück.

Für den spätestens im Veranlagungsverfahren zu erbringenden Nachweis unterliegt der Steuerpflichtige einer erhöhten Mitwirkungspflicht.[240] Der Nachweis über die Höhe der ausländischen Einkünfte und über die Festsetzung und Zahlung der ausländischen Steuern ist durch Vorlage entsprechender Urkunden (zum Beispiel Steuerbescheid, Zahlungsquittung, Bescheinigung über die vom Unternehmen abgeführten Steuern), gegebenenfalls in beglaubigter Übersetzung, zu führen.[241] Wird der Nachweis nicht erbracht, sind die ausländischen Einkünfte grundsätzlich in die Besteuerung im Inland einzubeziehen. Sollte später der Nachweis der Besteuerung erbracht werden, ist der Einkommensteuerbescheid entsprechend zu ändern.[242, 243]

230 Siehe oben 3.3.
231 § 46 Abs. 2 Nr. 1 EStG.
232 Art. 24 Abs. 3 DBA-Dänemark.
233 Schlussprotokoll Nr. 16 d) DBA-Italien.
234 Protokoll Nr. 9 b) DBA-Kanada.
235 Art. 23 Abs. 3 DBA-Neuseeland.
236 Art. 23 Abs. 3 DBA-Norwegen.
237 Art. 15 Abs. 4 DBA-Österreich.
238 Art. 23 Abs. 1 letzter Satz DBA-Schweden.
239 Art. 23 Abs. 2 letzter Satz DBA-USA.
240 § 90 Abs. 2 AO und AEAO zu § 90.
241 § 68b EstDV und EStR H 212a.
242 § 175 Abs. 1 Satz 1 Nr. 2 AO.
243 Zu Rückfallklauseln siehe insgesamt BFH, 11.06.1996, BStBl. II 1997 S. 117; Krabbe in Debatin/Wassermeyer, Doppelbesteuerung Art. 24 Dänemark Rdnr. 49 und Art. 24 Italien Rdnr. 48; Höreth/Vogel, Global Employment S. 149.
244 Art. 15 Abs. 1 und 2 DBA-USA.
245 Art. X Abs. 1 NTS.
246 Art. 23 Abs. 2 letzter Satz DBA-USA.

▷ *Glossar Seite 174*
Abkürzungen Seite 176

Hinweis:
Ab dem Steuerjahr 2004 gilt mit dem § 50d Abs. 8 EStG eine globale Rückfallklausel. Auch wo Doppelbesteuerungsabkommen keine Rückfallklausel enthalten, verlangt nunmehr das deutsche Finanzamt zur Freistellung von der Besteuerung in Deutschland den Nachweis, dass der andere Staat auf sein Besteuerungsrecht verzichtet hat oder dass die Steuern in dem anderen Staat entrichtet wurden

Praktische Anwendung finden Rückfallklauseln unter anderem bei Angehörigen des zivilen Gefolges der Bundeswehr im Ausland, die nicht dem öffentlichen Dienst angehören.

Beispiel:
Ein Unternehmen entsendet für mehrere Jahre in Deutschland ansässige Mitarbeiter in die USA, die dort bei einer deutschen Luftwaffeneinheit bestimmte Wartungs- und Unterhaltungsarbeiten an Flug- und Übungsgeräten durchführen.
Da sie nicht dem öffentlichen Dienst angehören und sich länger als 183 Tage in den USA aufhalten, liegt das Besteuerungsrecht bei den USA.[244] *Die USA machen aber von ihrem Besteuerungsrecht keinen Gebrauch, weil nach dem NATO-Truppenstatut die Bezüge von Angehörigen des zivilen Gefolges im Aufnahmestaat von jeder Steuer befreit sind.*[245] *Somit kann kein Nachweis über die Besteuerung in den USA erbracht werden, weshalb das Wohnsitzfinanzamt die Bezüge auf Grund der Rückfallklausel*[246] *der deutschen Einkommensteuer unterwirft.*

4. Entsendung in Staaten ohne Doppelbesteuerungsabkommen

Wird ein Expatriate in ein Land entsandt, mit dem kein Doppelbesteuerungsabkommen besteht, ist grundsätzlich mit einer doppelten Versteuerung der Einkünfte zu rechnen. Um die Folgen einer doppelten Besteuerung zu verhindern oder zumindest abzumildern, gibt es jedoch auf der Ebene des nationalen deutschen Einkommensteuerrechts die Möglichkeit der Steuerbefreiung für bestimmte Tätigkeiten nach dem sog. Auslandstätigkeitserlass sowie der Anrechnung bzw. des Abzugs ausländischer Steuern nach § 34c Abs. 1 bis 3 EStG.

4.1 Steuerbefreiung nach dem Auslandstätigkeitserlass

Laut BMF-Schreiben betr. steuerliche Behandlung von Arbeitnehmereinkünften bei Auslandstätigkeiten (Auslandstätigkeitserlass) vom 31.10.1983[247] wird auf der Grundlage der §§ 34c Abs. 5 und 50 Abs. 7 EStG bei Arbeitnehmern eines inländischen Arbeitgebers von der Besteuerung des Arbeitslohns abgesehen, den der Arbeitnehmer auf Grund eines gegenwärtigen Dienstverhältnisses für eine begünstigte Tätigkeit im Ausland erhält.

Bei Entsendung in ein Land ohne Doppelbesteuerungsabkommen sollte somit zunächst geprüft werden, ob eine Steuerbefreiung nach diesem Erlass in Frage kommt.

4.1.1 Begünstigte Tätigkeit

Begünstigt ist nach dem Auslandstätigkeitserlass[248] die Auslandstätigkeit für einen inländischen Lieferanten, Hersteller, Auftragnehmer oder Inhaber ausländischer Mineralaufsuchungs- oder -gewinnungsrechte im Zusammenhang mit

1. der Planung, Errichtung, Einrichtung, Inbetriebnahme, Erweiterung, Instandsetzung, Modernisierung, Überwachung oder Wartung von Fabriken, Bauwerken, ortsgebundenen großen Maschinen oder ähnlichen Anlagen sowie dem Einbau, der Aufstellung oder Instandsetzung sonstiger Wirtschaftsgüter; außerdem ist das Betreiben der Anlagen bis zur Übergabe an den Auftraggeber begünstigt,
2. dem Aufsuchen oder der Gewinnung von Bodenschätzen,
3. der Beratung (Consulting) ausländischer Auftraggeber oder Organisationen im Hinblick auf Vorhaben im Sinne der Nr. 1 oder 2 oder
4. der deutschen öffentlichen Entwicklungshilfe im Rahmen der technischen oder finanziellen Zusammenarbeit.

Nicht begünstigt sind die Tätigkeit des Bordpersonals auf Seeschiffen und die Tätigkeit von Leiharbeitnehmern, für deren Unternehmen die Arbeitnehmerüberlassung Unternehmenszweck ist, sowie die finanzielle Beratung mit Ausnahme der Nr. 4. Nicht begünstigt ist ferner das Einholen von Aufträgen (Akquisition), ausgenommen die Beteiligung an Ausschreibungen.[249]

Nicht anwendbar ist der Auslandstätigkeitserlass außerdem, wenn der Arbeitslohn aus inländischen öffentlichen Kassen gezahlt wird oder die Tätigkeit in einem Staat ausgeübt wird, mit dem ein Doppelbesteuerungsabkommen besteht, in das Einkünfte aus nichtselbständiger Arbeit einbezogen sind.[250]

4.1.2 Dauer der begünstigten Tätigkeit

Die Auslandstätigkeit muss mindestens drei Monate ununterbrochen in Staaten ausgeübt werden, mit denen kein Doppelbesteuerungsabkommen besteht, in das Einkünfte aus nichtselbständiger Arbeit einbezogen sind.[251]

Diese Mindestfrist beginnt mit Antritt der Reise ins Ausland und endet mit der endgültigen Rückkehr ins Inland. Eine vorübergehende Rückkehr ins Inland oder ein kurzer Aufenthalt in einem Staat mit Doppelbesteuerungsabkommen gelten bis zu einer Gesamt-aufenthaltsdauer von zehn vollen Kalendertagen innerhalb der Mindestfrist nicht als Unterbrechung der Auslandstätigkeit, wenn sie zur weiteren Durchführung oder Vorbereitung eines begünstigten Vorhabens notwendig sind. Dies gilt bei längeren Auslandstätigkeiten entsprechend für die jeweils letzten drei Monate.[252]

Eine Unterbrechung der Auslandstätigkeit wegen Urlaubs oder Krankheit ist unschädlich, unabhängig davon, wo der Expatriate sich während dieser Unterbrechung aufhält. Zeiten einer unschädlichen Unterbrechung zählen bei der Berechnung der Dreimonatsfrist nicht mit.[253]

247 BStBl. I 1983 S. 470.
248 Nr. I Satz 1 ATE.
249 Nr. I Satz 2 und 3 ATE.
250 Nr. V ATE.
251 Nr. II Satz 1 ATE.
252 Nr. II Satz 2 – 4 ATE.
253 Förster, Praxis der Besteuerung von Auslandsbeziehungen S. 229; Heuser/Heidenreich/Förster, Auslandsentsendung S. 164; Höreth/Vogel, Global Employment S. 146.

▷ *Glossar Seite 174*
Abkürzungen Seite 176

4.1.3 Begünstigter Arbeitslohn

Zum begünstigten Arbeitslohn gehören auch folgende für eine begünstigte Auslandstätigkeit gezahlte steuerpflichtige Einnahmen:

1. Zulagen, Prämien oder Zuschüsse des Unternehmens für Aufwendungen des Arbeitnehmers, die durch eine begünstigte Auslandstätigkeit veranlasst sind, oder die entsprechende unentgeltliche Ausstattung oder Bereitstellung durch den Arbeitgeber,
2. Weihnachtszuwendungen, Erfolgsprämien oder Tantiemen,
3. Arbeitslohn, der auf Urlaub – einschließlich eines angemessenen Sonderurlaubs auf Grund einer begünstigten Tätigkeit – entfällt, Urlaubsgeld oder Urlaubsabgeltung,
4. Lohnfortzahlung auf Grund einer Erkrankung während einer begünstigten Auslandstätigkeit bis zur Wiederaufnahme dieser oder einer anderen begünstigten Tätigkeit oder bis zur endgültigen Rückkehr ins Inland.[254]

Werden solche Zuwendungen nicht gesondert für die begünstigte Tätigkeit geleistet, sind sie im Verhältnis der Kalendertage aufzuteilen.[255]

4.1.4 Auswirkungen auf die Einkommensteuer

4.1.4.1 Lohnsteuerabzug

Für den Verzicht auf die Besteuerung im Steuerabzugsverfahren ist vom Arbeitgeber oder Arbeitnehmer eine Freistellungsbescheinigung beim Betriebsstättenfinanzamt zu beantragen.[256] Hierzu gibt es bei den Finanzämtern das Formular *„Antrag auf Erteilung einer Bescheinigung nach dem Auslandstätigkeitserlass über die Freistellung des Arbeitslohns vom Steuerabzug“.*

Ein Nachweis, dass von dem Arbeitslohn in dem Staat, in dem die Tätigkeit ausgeübt wird, eine der deutschen Lohnsteuer oder Einkommensteuer entsprechende Steuer erhoben wird, ist nicht erforderlich.[257]

Die Freistellungserklärung kann erteilt werden, solange dem Arbeitgeber nach § 41c EStG eine Änderung des Lohnsteuerabzugs möglich ist.[258] Mit Erteilung der Freistellungsbescheinigung ist der Arbeitgeber verpflichtet, folgendes Verfahren einzuhalten:

a) Der begünstigte Arbeitslohn ist im Lohnkonto, auf der Lohnsteuerkarte, der besonderen Lohnsteuerbescheinigung sowie dem Lohnzettel getrennt von dem übrigen Arbeitslohn anzugeben.
b) Die Freistellungsbescheinigung ist als Beleg zum Lohnkonto des Arbeitnehmers zu nehmen.
c) Für Arbeitnehmer, die während des Kalenderjahrs begünstigten Arbeitslohn bezogen haben, darf der Arbeitgeber weder die Lohnsteuer nach dem voraussichtlichen Jahresarbeitslohn (so genannter permanenter

Jahresausgleich) ermitteln noch einen Lohnsteuerjahresausgleich durchführen.[259]

4.1.4.2 Einkommensteuererklärung

Soweit nicht bereits vom Steuerabzug abgesehen worden ist, hat der Expatriate den Verzicht auf die Besteuerung bei seinem Wohnsitzfinanzamt zu beantragen.[260]

Bei der Einkommensteuererklärung ist der nach dem Auslandstätigkeitserlass begünstigte Bruttoarbeitslohn auf der Anlage N in der Zeile *„Steuerfreier Arbeitslohn nach Auslandstätigkeitserlass“* einzutragen. Ebenso wie nach Doppelbesteuerungsabkommen steuerfreie Einkünfte unterliegt auch der nach dem Auslandstätigkeitserlass begünstigte Arbeitslohn dem Progressionsvorbehalt.[261] Deshalb ist es wichtig, die mit der Auslandstätigkeit verbundenen Werbungskosten gesondert aufzuführen.[262]

4.2 Anrechnung ausländischer Steuern

Liegt bei Entsendung eines Expatriates in ein Land ohne Doppelbesteuerungsabkommen die Voraussetzung für eine Steuerbefreiung nach dem Auslandstätigkeitserlass nicht vor, wird eine doppelte Besteuerung ausländischer Einkünfte nach § 34c Abs. 1 EStG grundsätzlich durch Anrechnung der ausländischen Steuer auf die deutsche Einkommensteuer verhindert.

Angerechnet wird nur die festgesetzte und gezahlte und keinem Ermäßigungsanspruch mehr unterliegende ausländische Steuer.[263] Der Steuerpflichtige muss deshalb zunächst alle Möglichkeiten der Steuerermäßigung im Ausland ausnutzen. Den Nachweis über die Höhe der ausländischen Einkünfte und über die Festsetzung und Zahlung der ausländischen Steuern hat der Steuerpflichtige durch Vorlage entsprechender Urkunden (zum Beispiel Steuerbescheid, Quittung über die Zahlung) zu führen.[264] Sind diese Urkunden in einer fremden Sprache abgefasst, kann eine beglaubigte Übersetzung in die deutsche Sprache verlangt werden.[265] Andere Währungen sind auf der Grundlage der von der Europäischen Zentralbank täglich veröffentlichten Euro-Referenzkurse umzurechnen; zur Vereinfachung ist die Umrechnung auch zu denUmsatzsteuer-Umrechnungskursen zulässig, die monatlich im Bundessteuerblatt I veröffentlicht werden.[266]

Anrechenbar sind nur ausländische Steuern, die der deutschen Einkommensteuer entsprechen.[267] Diese sind in den EStR Anlage 6 zu R 212a aufgelistet. Im Übrigen wird eine Entsprechung ausländischer Steuern erforderlichenfalls vom Bundesministerium der Finanzen festgestellt.[268]

254 Nr. III Satz 1 ATE.
255 Nr. III Satz 2 ATE.
256 Nr. VI 1 Satz 1 ATE.
257 Nr. VI 1 Satz 2 ATE.
258 Nr. VI 1 Satz 3 ATE.
259 Nr. VI 1 Satz 4 a) – c) ATE.
260 Nr. VI 2 ATE.
261 Nr. IV ATE.
262 Vgl. oben 3.4.2.
263 § 34c Abs. 1 Satz 1 EStG.
264 § 68b Satz 1 EStDV.
265 § 68b Satz 2 EStDV.
266 EStR R 212a Abs. 1 zu § 34c EStG.
267 § 34c Abs. 1 Satz 1 EStG.
268 EStR H 212a zu § 34c EStG.

▷ *Glossar Seite 174*
Abkürzungen Seite 176

Die Anrechnung ausländischer Steuern beschränkt sich auf die deutsche Einkommensteuer.[269] Die auf die ausländischen Einkünfte entfallende deutsche Einkommensteuer ist durch Aufteilung im Verhältnis der ausländischen Einkünfte zur Summe der Einkünfte zu ermitteln.[270] Praktisch wird der Anrechnungshöchstbetrag nach folgender Formel ermittelt:[271]

$$\frac{\text{inländische Einkommensteuer x ausländische Einkünfte}}{\text{Summe der Einkünfte.}}$$

Beispiel:

Ein unverheirateter Expatriate mit Wohnsitz im Inland erzielt Einkünfte (Werbungskosten bereits abgezogen) in Höhe von 50.000,00 €. Hierin enthalten sind Einkünfte aus nichtselbständiger Tätigkeit in einem Land ohne Doppelbesteuerungsabkommen in Höhe von 10.000,00 €. Sonderausgaben und Freibeträge belaufen sich auf 5.000,00 €. Die Auslandstätigkeit ist nicht nach dem Auslandstätigkeitserlass begünstigt. Auf die Auslandseinkünfte wurde von dem ausländischen Staat Einkommensteuer in Höhe von umgerechnet 2.500,00 € erhoben. – Die tarifliche Einkommensteuer für das zu versteuernde Einkommen von 45.000,00 € beträgt nach ESt-Grundtabelle 2003 12.238,00 €.[272] Der anrechenbare Betrag errechnet sich somit wie folgt:

$$\frac{12.238{,}00\ € \times 10.000{,}00\ €}{50.000{,}00\ €} = 2.447{,}60\ €$$

Von den 2.500,00 € ausländischer Einkommensteuer werden also nur 2.447,60 € auf die deutsche Einkommensteuer angerechnet. Den Mehrbetrag von 52,40 € muss der Expatriate selbst tragen. – Hätte die ausländische Steuer 2.400,00 € betragen, wäre dieser Betrag voll angerechnet worden. Die darüber hinausgehende anteilige deutsche Steuerlast von 47,60 € ist nicht anrechnungsfähig.

Das Anrechnungsverfahren nach § 34c Abs. 1 EStG führt also dazu, dass Steuern auf ausländische Einkünfte im Ergebnis zwar nur einmal, aber immer nach dem jeweils höheren Satz zu zahlen sind.

Erzielt ein Steuerpflichtiger Einkünfte aus mehreren ausländischen Staaten, ist der Anrechnungshöchstbetrag für jeden einzelnen Staat gesondert zu berechnen.[273]

4.3 Abzug ausländischer Steuern

Statt der Anrechnung kann der Steuerpflichtige auch beantragen, die ausländische Steuer bei der Ermittlung der Einkünfte abzuziehen.[274] Das Abzugsverfahren kann zum Beispiel günstiger sein, wenn negative Einkünfte vorliegen.[275]

Das Abzugsverfahren ist außerdem durchzuführen, wenn das Anrechnungsverfahren nach § 34c Abs. 1 EStG nicht durchgeführt werden kann, zum Beispiel weil die Steuer nicht der deutschen Einkommensteuer entspricht.[276]

Praktisch wird der Steuerabzug im Rahmen der Einkommensteuererklärung geltend gemacht, und zwar auf der Anlage AUS durch Eintragung in die Zeile *„Abgezogene ausländische Steuern nach § 34c Abs. 2 und 3 EStG"*.

269 § 34c Abs. 1 Satz 1 EStG.
270 § 34c Abs. 1 Satz 2 EStG.
271 Wassermeyer in Debatin/ Wassermeyer, Doppelbesteuerung Art. 23 A MA Rdnr. 108; Heuser/Heidenreich/ Förster, Auslandsentsendung S. 161; Höreth/ Vogel, Global Employment S. 142.
272 ESt-Grundtabelle 2003 Nr. 1051.
273 § 68a Satz 2 EStDV.
274 § 34c Abs. 2 EStG.
275 Heuser/Heidenreich/ Förster, Auslandsentsendung S. 162; Höreth/Vogel, Global Employment S. 143 f.
276 § 34c Abs. 3 EStG.

▷ *Glossar Seite 174*
Abkürzungen Seite 176

5. Nach deutschem Recht steuerfreie Einkommensbestandteile bei Auslandsentsendungen

Nach dem bisher Gesagten können die Einkünfte eines Expatriates insbesondere dann der Einkommensteuerpflicht nach deutschem Recht unterliegen,

- wenn sich der in Deutschland ansässige Expatriate weniger als 183 Tage im Ausland aufhält und die Vergütung weder von oder für einen im Tätigkeitsstaat ansässigen Arbeitgeber gezahlt noch von einer Betriebsstätte getragen wird, die der Arbeitgeber im Tätigkeitsstaat hat;[277] das kann sowohl bei einem weniger als halbjährigen Auslandsaufenthalt als auch im Ein- bzw. Ausreisejahr eines längerfristigen Auslandsaufenthalts der Fall sein,
- wenn für einen in Deutschland ansässigen Expatriate die Rückfallklausel eines Doppelbesteuerungsabkommens anzuwenden ist,
- wenn die Auslandstätigkeit in einem Land, mit dem kein Doppelbesteuerungsabkommen besteht, kürzer als drei Monate dauert oder nach dem Auslandstätigkeitserlass nicht begünstigt ist.

In diesen Fällen ist es für eine optimale Steuerstrategie wichtig zu wissen, welche Einnahmen aus Auslandstätigkeit nach dem EStG als steuerfrei angesehen werden.

5.1 Erstattung von Reisekosten

Steuerfrei ist nach § 3 Nr. 16 EStG die Erstattung beruflich veranlasster Reisekosten. Hierzu zählen Fahrtkosten, Verpflegungsmehraufwendungen, Übernachtungskosten und Reisenebenkosten.[278] Zu den Reisenebenkosten gehören Beförderung und Aufbewahrung von Gepäck, Ferngespräche und Schriftverkehr beruflichen Inhalts, Straßenbenutzung und Parkplatz sowie Schadensersatzleistungen infolge von Verkehrsunfällen.[279]

Bei einer längerfristigen vorübergehenden Auswärtstätigkeit an derselben Tätigkeitsstätte ist **nur für die ersten drei Monate** eine Dienstreise anzuerkennen; nach Ablauf der Dreimonatsfrist ist die auswärtige Tätigkeitsstätte als neue regelmäßige Arbeitsstätte anzusehen.[280]

Für den Ansatz von Verpflegungsmehraufwendungen und Übernachtungskosten bei Auslandsdienstreisen gelten länderweise unterschiedliche Pauschbeträge, die vom Bundesfinanzministerium bekannt gemacht werden.[281]

Hinweis:
Die aktuell geltenden Pauschbeträge sind im Internet abrufbar zum Beispiel unter http://www.sis-verlag.de/Service/index.htm.

So gelten beispielsweise für die USA ab 01.01.2002 ein Verpflegungstagespauschbetrag von 50 € und ein Übernachtungspauschbetrag von 113 € oder für Australien ein Verpflegungstagespauschbetrag von 41 € und ein Übernachtungspauschbetrag von 77 €. Für in der Bekanntmachung nicht erfasste Länder gelten der Verpflegungs- und Übernachtungspauschbetrag für Luxemburg (zzt. 41 € und 72 €), für mehrtägige Schiffsreisen gilt ebenfalls der Verpflegungspauschbetrag für Luxemburg, bei mehrtägigen Flugreisen der Verpflegungspauschbetrag für Österreich (zzt. 35 €).[282] Für Verpflegungsmehraufwendungen sind die bekannt gemachten Pauschbeträge verbindlich. Übernachtungskosten können an Stelle der Pauschbeträge jedoch auch in der nachgewiesenen Höhe steuerfrei erstattet werden.[283]

5.2 Erstattung von Umzugskosten

Zu den nach § 3 Nr. 16 EStG steuerfrei erstattungsfähigen Umzugskosten zählen zum Beispiel:[284]

- Kosten für Besichtigungsfahrten einschließlich Verpflegungsmehraufwendungen und Übernachtungskosten,
- Fahrt-, Lager- und Transportkosten für den Umzug einschließlich Verpflegungsmehraufwendungen,
- unvermeidliche Mietdoppelzahlungen,
- Maklergebühren,
- Kosten für Herde und Öfen und sonstige Aufwendungen für die Anpassung von Elektro- und Gasgeräten und deren Leitungssysteme,
- Auslagen für die Ummeldung von Personen und Fahrzeugen,

277 Art. 15 Abs. 2 OECD-MA.
278 LStR R 37 Abs. 1 Satz 1.
279 LStR R 40a Abs. 1.
280 LStR R 37 Abs. 3 Satz 3.
281 LStR R 39 Abs. 3 Satz 1, R 40 Abs. 2 Satz 2 und 3.
282 LStR R 39 Abs. 3 Satz 2 und 4, R 40 Abs. 2 Satz 5.
283 LStR R 40 Abs. 1 Satz 1, Abs. 2.
284 LStR R 41 unter Hinweis auf das Bundesumzugskostengesetz und die Auslandsumzugskostenverordnung; Goydke, Reisekosten Private Wirtschaft, 49. Aufl., Bonn/Berlin 2001, Rdnr. 273.

▷ *Glossar Seite 174*
Abkürzungen Seite 176

- Pauschbeträge für sonstige Umzugsauslagen, ab 01.08.2004 in Höhe von 2.242 € für Verheiratete, 1.122 € für Ledige und je 494 € für weitere Haushaltsangehörige mit Ausnahme des Ehegatten.

5.3 Erstattung von Mehraufwendungen bei doppelter Haushaltsführung

Nach § 3 Nr. 16 i.V.m. § 9 Abs. 1 Nr. 5 EStG ist die Erstattung von Mehraufwendungen bei doppelter Haushaltsführung steuerfrei.[285] Solange eine auswärtige Beschäftigung als Dienstreise anzuerkennen ist, liegt keine doppelte Haushaltsführung vor.[286] Das kann in den ersten drei Monaten des Auslandsaufenthalts der Fall sein.[287]

Steuerfrei ist die Erstattung folgender Mehraufwendungen:[288]

- Fahrtkosten aus Anlass der Wohnungswechsel zu Beginn und am Ende der doppelten Haushaltsführung sowie für wöchentliche Heimfahrten oder Aufwendungen für wöchentliche Familien-Ferngespräche,
- Verpflegungsmehraufwendungen[289], allerdings nur für die ersten **drei Monate** unter Anrechnung einer unmittelbar vorausgegangenen Dienstreise an denselben Ort,
- notwendige Aufwendungen für die Zweitwohnung – entweder in Höhe der tatsächlichen Kosten oder ohne Einzelnachweis in Höhe von 100 % des Pauschbetrags für Übernachtungskosten[290] für die ersten drei Monate und in Höhe von 40 % dieses Pauschbetrages für die Folgezeit,
- nachgewiesene Umzugskosten anlässlich der Begründung, Beendigung oder des Wechsels einer doppelten Haushaltsführung, wobei die Rückumzugskosten nur dann steuerfrei erstattungsfähig sind, wenn der Rückumzug vor Ablauf der Zweijahresfrist stattfindet.

5.4 Kaufkraftausgleich

Nach § 3 Nr. 64 EStG ist bei für einen begrenzten Zeitraum in das Ausland entsandten Arbeitnehmern, die dort einen Wohnsitz[291] oder gewöhnlichen Aufenthalt[292] haben, der von einem inländischen Arbeitgeber gewährte Kaufkraftausgleich steuerfrei, soweit er den für vergleichbare Auslandsdienstbezüge nach § 54 Bundesbesoldungsgesetz zulässigen Betrag nicht übersteigt.

Eine Entsendung für einen begrenzten Zeitraum ist anzunehmen, wenn eine Rückkehr des Expatriates nach Beendigung der Tätigkeit vorgesehen ist. Es ist unerheblich, ob der Expatriate tatsächlich zurückkehrt oder nicht.[293]

285 Die bisherige Begrenzung auf die Dauer von zwei Jahren ist weggefallen.
286 LStR R 43 Abs. 1 Satz 2.
287 Siehe oben 5.1.
288 LStR R 43 Abs. 6 ff.
289 Siehe oben 5.1.
290 Siehe oben 5.1.
291 Siehe oben 2.1.1.
292 Siehe oben 2.1.2.
293 LStR R 26 Abs. 1 Satz 2 und 3.
294 LStR R 26 Abs. 2 Satz 2.
295 LStR R 26 Abs. 3 und Abs. 4 Satz 1.
296 LStR R 26 Abs. 4 Satz 2.
297 LStR R 26 Abs. 5 Satz 1 bis 4.
298 Eine Tabelle mit den einzelnen aus der Umrechnung der Zuschlagssätze gewonnenen Abschlagssätzen findet sich in LStR H 26.
299 LStR R 26 Abs. 5 Satz 6.

▷ *Glossar Seite 174*
Abkürzungen Seite 176

Die für die einzelnen Länder in Betracht kommenden Kaufkraftzuschläge werden im Bundessteuerblatt Teil I bekannt gemacht.[294]

Hinweis:
Eine aktuelle Gesamtübersicht über die Kaufkraftzuschläge ist im Internet abrufbar zum Beispiel unter http://www.sis-verlag.de/Service/index.htm .

Zum 01.01.2004 beträgt z. B. der Kaufkraftzuschlag für Houston, USA, 10 % oder für Australien 5 %. Die jeweils festgesetzten Zuschläge gelten für den gesamten konsularischen Amtsbezirk der deutschen Auslandsvertretung,[295] im Falle Houstons also für die den Amtsbezirk des Generalkonsulats Houston bildenden Staaten Arkansas, Louisiana, New Mexiko, Oklahoma und Texas. Für Länder ohne eine Vertretung der Bundesrepublik Deutschland kann der Zuschlagssatz angesetzt werden, der für einen vergleichbaren konsularischen Amtsbezirk eines Nachbarlandes festgesetzt worden ist.[296]

Die Zuschlagssätze werden im öffentlichen Dienst auf 60 % der Dienstbezüge, die bei Verwendung im Inland zustehen, und der Auslandsdienstbezüge angewendet. Deshalb ist außerhalb des öffentlichen Dienstes der steuerfreie Teil des Kaufkraftausgleichs durch Anwendung eines Abschlagssatzes nach den Gesamtbezügen einschließlich des Kaufkraftausgleichs zu bestimmen. Der Abschlagssatz errechnet sich nach folgender Formel:

$$\frac{\text{Zuschlagssatz} \times 600}{1000 + 6 \times \text{Zuschlagssatz}}$$[297]

Beispiel:
Nimmt man den Zuschlagssatz des öffentlichen Dienstes für Houston von 10 %, ist demnach für Expatriates der Privatwirtschaft wie folgt umzurechnen:

$$\frac{10 \times 600}{1000 + (6 \times 10)} = 5{,}66$$

Arbeitnehmern der Privatwirtschaft können somit im Amtsbezirk des Generalkonsulats Houston nach dem Stand 01.01.2004 5,66 % ihrer Gesamtbezüge als steuerfreier Kaufkraftausgleich gezahlt werden.[298]

Zu den Gesamtbezügen, auf die der Abschlagssatz anzuwenden ist, gehören im Übrigen auch nicht steuerfreie Reisekostenvergütungen und steuerfreie Vergütungen für Mehraufwendungen bei doppelter Haushaltsführung.[299]

6. Steuerklauseln in Entsendungsverträgen

Wie vorstehend im steuerrechtlichen Teil dieses Buches geschildert, ist bei Entsendungen ins Ausland häufig nicht von vornherein bestimmbar, in welchem Staat die Bezüge des Expatriates in welcher Höhe besteuert werden. Die Beantwortung dieser Frage hängt vielmehr von vielen Einzelheiten ab, zum Beispiel Beibehaltung eines inländischen Wohnsitzes, Art und Dauer der Auslandstätigkeit, Sonderregelungen einzelner Doppelbesteuerungsabkommen wie abweichende 183-Tage-Regeln, Grenzgängerregelungen oder Rückfallklauseln, um nur einige zu nennen.

Im Entsendungsvertrag sollte deshalb klar geregelt werden, wer das Risiko einer ordnungsgemäßen Versteuerung der Expatriatevergütung trägt.

Hierzu gibt es verschiedene Möglichkeiten:

6.1 Steuerklausel zu Lasten des Expatriates

Viele Entsendungsverträge enthalten eine Steuerklausel, die den Expatriate für die ordnungsmäßige Versteuerung seines Welteinkommens verantwortlich macht.

Der Unternehmen beschränkt sich darauf, im Falle einer Steuerbefreiung nach einem Doppelbesteuerungsabkommen oder dem Auslandstätigkeitserlass den entsprechenden Freistellungsantrag beim deutschen Betriebsstättenfinanzamt zu stellen,[300] und überlässt dem Mitarbeiter die Erledigung aller Steuerangelegenheiten auf eigenes Risiko.

Diese Klausel bietet sich besonders dann an, wenn aller Voraussicht nach im Tätigkeitsstaat zu versteuern ist, so dass es praktischer erscheint, dem

Mitarbeiter die Inanspruchnahme eines lokalen Steuerberaters zu empfehlen, statt die Versteuerung als Unternehmen aus der Ferne zu regeln. Gegebenenfalls kann man dem Mitarbeiter gestatten, den Steuerberater, der die Betriebsstätte des Unternehmens im Tätigkeitsstaat betreut, auf Firmenkosten in Anspruch zu nehmen.

Ist die Steuerlast im Tätigkeitsstaat höher als im Inland, kann man den Einkommensunterschied durch eine entsprechend höhere Bruttovergütung ausgleichen.

Unternehmen, die bei Auslandsentsendungen das Risiko einer Doppelbesteuerung, insbesondere die Heranziehung zum Lohnsteuerabzug in Deutschland, in jedem Falle ausschließen wollen, verpflichten darüber hinaus den Mitarbeiter zur Aufgabe seines inländischen Wohnsitzes und gewöhnlichen Aufenthalts.[301]

6.2 Nettolohnvereinbarung

Ist eine weitgehende Gleichbehandlung der Auslandsmitarbeiter angestrebt und sollen sie keinem Risiko unterschiedlicher oder doppelter Besteuerung ausgesetzt werden, bietet sich der Abschluss von Nettolohnvereinbarungen an. Steuerpflichtiger Bruttoarbeitslohn ist in diesen Fällen die Summe aus ausgezahltem Nettolohn und den vom Unternehmen übernommenen inländischen und/oder ausländischen Steuern und Sozialversicherungsbeiträgen.[302]

6.3 Differenzausgleich

Zwischen Steuerklausel zu Lasten des Expatriates und Nettolohnvereinbarung steht eine Regelung, die dem Expatriate zwar grundsätzlich das Risiko ordnungsgemäßer Versteuerung aufbürdet, für den Fall erheblicher Steuerlastunterschiede aber einen Differenzausgleich vorsieht.

Der Differenzausgleich kann zum Beispiel wie folgt aussehen: Legt der Expatriate Nachweise vor, aus denen sich ergibt, dass die Steuerlast des Tätigkeitsstaates die Steuerlast für die Vergütung in der Bundesrepublik Deutschland übersteigt, erstattet das Unternehmen den Unterschiedsbetrag.

Um das Risiko für das Unternehmen überschaubar zu halten, ließe sich vereinbaren, dass die Differenz nur bis zu einem bestimmten jährlichen Höchstbetrag ausgeglichen wird.

300 Siehe oben 3.4.1 und 4.1.4.1.
301 Siehe oben 2.1.
302 Vgl. LStR R 122.

▷ *Glossar Seite 174*
Abkürzungen Seite 176

Um Bagatellfälle auszuschließen, könnte man den Differenzausgleich außerdem mit einer Sperrklausel versehen, nach der die Steuermehrbelastung nur erstattet wird, wenn sie einen Mindestprozentsatz von 5 % oder 10 % übersteigt.

6.4 Steuerfonds

Schließlich kommt es in Betracht, durch Betriebsvereinbarung, ergänzt um darauf abgestimmte einzelvertragliche Regeln, einen Steuerfonds für Expatriates zu bilden.

Aus dem Fonds werden dann Härtefälle ausgeglichen wie erhebliche Steuerlastunterschiede zwischen Heimat- und Tätigkeitsstaat oder unerwartete Nachforderungen ausländischer oder deutscher Finanzbehörden.

Das Instrument des Steuerfonds ist sehr komplex und würde den Rahmen dieser Darstellung sprengen.

Teil III Sozialversicherungsrecht

Vorbemerkung

Die Darstellung beschränkt sich auf Grundzüge des internationalen Sozialversicherungsrechts. Abweichungen in speziellen Einzelfällen können daher nicht ausgeschlossen werden. Besonderheiten gelten unter Umständen etwa für Beamte, Selbständige, NATO-Truppenangehörige, Seeleute, Angehörige diplomatischer Vertretungen, gleichzeitig in mehreren Staaten oder bei Transportunternehmen beschäftigte Arbeitnehmer oder Arbeitsverhältnisse aufgrund des Arbeitnehmerüberlassungsgesetzes. Die folgenden Ausführungen beziehen sich in der Regel auf Arbeitnehmer eines Unternehmens mit Sitz in Deutschland, die im Ausland eingesetzt werden.

1. Grundsätze

1.1 Territorialprinzip

Grundsätzlich gelten die deutschen sozialversicherungsrechtlichen Vorschriften, soweit sie eine Beschäftigung voraussetzen, nur für die Personen, die im Geltungsbereich dieses Gesetzbuchs beschäftigt sind. Dieses so genannte Territorialprinzip ist in § 3 SGB IV normiert. Nach dieser Grundregel würden Arbeitnehmer, die im Ausland eingesetzt werden, nicht dem deutschen Sozialversicherungsrecht unterfallen. Dies erscheint jedoch in vielen Fällen als unbillig.

1.2 Ausstrahlung

Das deutsche Sozialversicherungsrecht kann deshalb unter bestimmten Bedingungen für im Ausland beschäftigte Mitarbeiter eines Unternehmens mit Sitz in Deutschland weitergelten. Die Staatsangehörigkeit des Expatriates spielt in diesem Zusammenhang keine Rolle.

Die so genannte Ausstrahlung des deutschen Rechts setzt gemäß § 4 Abs. 1 SGB IV Folgendes voraus:

- Eine Entsendung des Arbeitnehmers ins Ausland
- im Rahmen eines inländischen Beschäftigungsverhältnisses
- unter zeitlicher Begrenzung.

1.2.1 Entsendung des Arbeitnehmers ins Ausland

Entsendung bedeutet, dass sich der Beschäftigte auf Weisung seines Unternehmens von seinem Beschäftigungsort in der Bundesrepublik Deutschland in einen anderen Staat begibt.[303]

Es ist nicht erforderlich, dass der Expatriate vorher bereits im Inland für dieses oder ein anderes Unternehmen tätig war. Das Beschäftigungsverhältnis kann auch allein im Hinblick auf die Entsendung begründet werden.[304] Vor allem in diesen Fällen muss aber nach Auffassung des Bundessozialgerichts nach der Rückkehr aus dem Ausland die Beschäftigung bei dem gleichen Unternehmen erfolgen.[305]

1.2.1.1 Grundsatz

Entscheidende Voraussetzung für die Ausstrahlung des deutschen Rechts ist allerdings in den Fällen der Neueinstellung zum Zwecke des Auslandseinsatzes immer, dass sich der Lebensmittelpunkt des Expatriates, also insbesondere Wohnsitz und gewöhnlicher Aufenthalt, vor seinem Auslandseinsatz in der Bundesrepublik Deutschland befunden hat.[306] Dies erklärt sich aus dem Sinn der Vorschrift. Von der „Ausstrahlungswirkung" des § 4 SGB IV sollen nur die Auslandsbeschäftigungen erfasst werden, die eine enge Verbindung mit der deutschen Wirtschafts- und Sozialordnung aufweisen, denn nur solche Beschäftigungsverhältnisse sollen in den Schutzbereich der deutschen Sozialversicherung einbezogen werden.[307]

Dem Expatriate, der bisher der deutschen Sozialversicherung unterlag, soll dieser Schutz während eines vorübergehenden Auslandsaufenthalts erhalten bleiben. Ein Expatriate, der bisher anderem oder keinem Sozialversicherungsrecht unterlag, bedarf dagegen dieser Möglichkeit nicht. Wird also von einem Unternehmen mit Sitz in Deutschland ein Expatriate zur Ausübung einer Tätigkeit im Ausland eingestellt oder entsandt, der bisher seinen Lebensmittelpunkt in Deutschland hatte und somit dem deutschen Sozialversicherungsrecht unterlag, so ist dessen Weitergeltung bei Erfüllung weiterer Voraussetzungen grundsätzlich möglich. Eine Entsendung liegt dagegen nicht vor, wenn der Expatriate in seinem ausländischen Wohnstaat von einem Unternehmen mit Sitz in der Bundesrepublik Deutschland zu einer Tätigkeit in seinem Wohnstaat oder einem anderen ausländischen Staat angeworben worden ist.[308] In Ermangelung eines vorherigen Bezugs zum deutschen Sozialversicherungsrecht kommt dieses auch jetzt nicht zur Anwendung.

303 BSG, 27.05.1986, 2 RU 12/85.
304 BSG, 27.05.1986, 2 RU 12/85.
305 Vgl. u.a. BSG, 10.08.1999, 2 U 30/98.
306 So auch BSG, 25.08.1994, 2 RU 14/93.
307 BSG, 4.5.1994, 11 RA 55/93.
308 BSG, 27.05.1986, 2 RU 12/85; BSG, 25.08.1994, 2 RU 14/93.

▷ *Glossar Seite 174*
Abkürzungen Seite 176

1.2.1.2 Mehrfachentsendung

Wird ein ursprünglich in Deutschland beschäftigter Expatriate zunächst in einen ersten und gleich anschließend in einen zweiten ausländischen Staat entsandt, so steht diese „Mehrfachentsendung“ der Ausstrahlung des deutschen Rechts nicht entgegen.[309] Der erforderliche ursprüngliche Bezug zum deutschen Sozialversicherungsrecht ist vorhanden, sodass dessen Weitergeltung bei Erfüllung der weiteren Voraussetzungen möglich ist.

1.2.2 Beschäftigungsverhältnis im Inland

Die Entsendung muss im Rahmen eines inländischen Beschäftigungsverhältnisses erfolgen. Dies setzt zunächst voraus, dass der Expatriate trotz der Beschäftigung im Ausland organisatorisch in den inländischen Betrieb eingegliedert bleibt, die Arbeitsleistung also für diesen Betrieb erbracht und ihm wirtschaftlich zugerechnet wird. Insbesondere muss das Weisungsrecht des entsendenden Unternehmens erhalten bleiben.

Darüber hinaus ist erforderlich, dass das Arbeitsentgelt von dem inländischen Unternehmen bezahlt wird. Dieses muss den Beschäftigten in der Lohnbuchhaltung wie seine im Inland tätigen Arbeitnehmer ausweisen.

Die vorübergehende Entsendung in ein ausländisches Tochterunternehmen steht der Ausstrahlung nicht grundsätzlich entgegen. Allerdings ist dann Voraussetzung, dass der Schwerpunkt der Beschäftigung weiterhin im Inland liegt und dass der wirtschaftliche Erfolg der Arbeit dem inländischen Unternehmen zugute kommt. Daneben ist darauf abzustellen, wo die Lohnkosten als Betriebsausgabe geltend gemacht werden und welches der Unternehmen weisungsbefugt ist. Das inländische Beschäftigungsverhältnis darf insgesamt nicht gegenüber der Auslandstätigkeit in den Hintergrund treten.[310] Die Einbeziehung einer Auslandsbeschäftigung in das deutsche Sozialversicherungssystem erfordert vielmehr ein im Inland begonnenes und durch die vorübergehende Entsendung in seinem Kern nicht berührtes Beschäftigungsverhältnis.[311]

1.2.3 Zeitliche Begrenzung

Eine zeitlich begrenzte Entsendung liegt nur vor, wenn im Voraus vereinbart ist oder feststeht, dass der Expatriate im Anschluss an die Entsendung in den Geltungsbereich des deutschen Sozialversicherungsrechts zurückkehrt.[312] Die Begrenzung muss sich aus dem Vertrag oder der Eigenart der Beschäftigung ergeben. Einen zeitlichen Rahmen für die Dauer der Begrenzung gibt es nicht. Die Auslandstätigkeit darf sich über mehrere Jahre erstrecken. Es muss nur erkennbar sein, dass weiterhin eine Anbindung in Deutschland und somit ein Bezug zum deutschen Sozialversicherungsrecht besteht. Dies kann bei der Vereinbarung einer Auslandstätigkeit über einen sehr langen Zeitraum, zum Beispiel über 15 Jahre, zweifelhaft sein.

1.2.3.1 Begrenzung durch die Art der Tätigkeit

Eine Begrenzung infolge der Eigenart der Beschäftigung liegt etwa dann vor, wenn der Expatriate nur zur Durchführung eines bestimmten, abgrenzbaren Projektes ins Ausland geschickt wird. Es ist dann nicht erforderlich, dass die genaue Dauer von vornherein feststeht. Typisches Beispiel für diese Art der Begrenzung ist die Entsendung ins Ausland, um dort ein Bauwerk zu errichten oder eine Abteilung aufzubauen.

1.2.3.2 Befristung durch den Vertrag

Die Begrenzung kann sich auch aus dem Vertrag ergeben, etwa durch Festlegung eines konkreten Rückkehrdatums. Eine zeitliche Befristung in diesem Sinne liegt jedoch nicht vor, wenn der zunächst auf einen bestimmten Zeitraum begrenzte Auslandseinsatz sich ohne Kündigung automatisch verlängert oder das Ende der Entsendung auf den Zeitpunkt des Erreichens der Altersgrenze des Expatriates gelegt wird.[313]

Es genügt auch nicht, wenn sich das Unternehmen das Recht vorbehält, den Expatriate jederzeit zurückzurufen. In diesen Fällen sind die Voraussetzungen für eine Ausstrahlung nicht gegeben. Die deutschen sozialversicherungsrechtlichen Vorschriften kommen nicht zur Anwendung.

1.2.3.3 Anschlussentsendung

Eine zunächst im Voraus zeitlich begrenzte Tätigkeit kann grundsätzlich durch eine ebenfalls begrenzte Anschlusstätigkeit fortgesetzt werden, ohne dass deshalb die Ausstrahlung entfallen würde, es sei denn, dass sich aus den besonderen Umständen des Sachverhalts etwas anderes ergibt. Dies kann etwa dann der Fall sein, wenn von vornherein vorgesehen ist, den speziell für den Auslandseinsatz eingestellten Mitarbeiter für diverse aufeinander folgende Auslandstätigkeiten einzusetzen, ohne dass dabei eine Rückkehr ins Inland geplant wäre. Von der „Ausstrahlungswirkung" des § 4 SGB IV sollen, wie dargestellt, nur die Auslandsbeschäftigungen erfasst werden, die eine enge Verbindung mit der deutschen Wirtschafts- und Sozialordnung aufweisen, denn nur solche Beschäftigungsverhältnisse sollen in den Schutzbereich der deutschen Sozialversicherung einbezogen werden.

1.3 Folge der Ausstrahlung

Sind die genannten Voraussetzungen der Ausstrahlung erfüllt, so finden sämtliche Vorschriften über die Versicherungspflicht in der deutschen Sozialversicherung auch während der Auslandstätigkeit Anwendung. Sofern der Expatriate gleichzeitig dem Sozialversicherungsrecht des Tätigkeitsstaats unterliegt, ist grundsätzlich eine Doppelversicherungspflicht die Folge.

309 Vgl. Holtermann in: Gerauer, Auslandseinsatz von Arbeitnehmern, 2000, S. 85.
310 Heuser/Heidenreich/Förster, Auslandsentsendung, S. 76 f.
311 BSG, 14.01.1987, 10 RKg 20/85.
312 BSG, 08.12.1994, 2 RV 37/93.
313 Zu den Anforderungen an die zeitliche Begrenzung: BSG, 04.05.1994, 11 RA 55/93

▷ *Glossar Seite 174*
Abkürzungen Seite 176

1.4 Ende der Ausstrahlung

Die Ausstrahlung endet, wenn mindestens eine ihrer Voraussetzungen wegfällt. In Betracht kommt insbesondere

- der Wechsel des inländischen Unternehmens bei Verbleib des Expatriates auf dem ausländischen Arbeitsplatz,
- die Verlegung des Beschäftigungsortes ins Inland mit der Folge der in der Regel ausschließlichen Anwendbarkeit der deutschen Sozialversicherungsvorschriften oder
- die Umwandlung der befristeten in eine unbefristete Auslandstätigkeit.

2. Entsendung in EWR-Staaten

Um die Doppelversicherungspflicht bei Ausstrahlung und gleichzeitiger Versicherungspflicht im Tätigkeitsstaat zu vermeiden, wurden verschiedene internationale Abkommen geschlossen, die Vorrang vor dem nationalen Recht haben.[314] Auf dem Gebiet des Europäischen Wirtschaftsraumes hat die EWG-Verordnung Nr. 1408/71 herausragende Bedeutung.[315] Ziel der Verordnung ist es, den Expatriate auf dem Gebiet der sozialen Sicherheit weder Verluste erleiden noch Doppelleistungen genießen zu lassen.

Kommen die Regelungen dieser Verordnung zur Anwendung, so sind davon immer alle Zweige der Sozialversicherung einheitlich erfasst. Es ist also nicht denkbar, dass etwa die Krankenversicherung nach deutschem Recht, alle übrigen Versicherungen aber nach dem Recht des Auslandsstaats erfolgen. Entweder wird der gesamte erfasste Bereich der Sozialversicherung nach deutschem Recht geregelt, oder es kommt ausschließlich das ausländische Recht zur Anwendung.

2.1 Geltungsbereich der EWG-VO 1408/71

2.1.1 Örtlicher Geltungsbereich

Die Regelungen der Verordnung gelten für folgende Länder:

- Belgien,
- Deutschland,
- Dänemark (außer Grönland/Faröer-Inseln)
- Estland,
- Finnland,
- Frankreich
- Griechenland,
- Großbritannien (mit Ausnahme der Kanalinseln; für die ebenfalls ausgenommene Insel Man gilt das deutsch-britische Abkommen über soziale Sicherheit),
- Irland,

314 § 6 SGB IV.
315 Sie wird ergänzt durch die Verfahrensfragen regelnde EWG-VO 574/72, auf deren Vorschriften hier nicht im Einzelnen eingegangen werden kann.

▷ *Glossar Seite 174*
Abkürzungen Seite 176

- Island,
- Italien (außer San Marino und Vatikan),
- Lettland,
- Liechtenstein,
- Litauen,
- Luxemburg,
- Malta,
- Niederlande,
- Norwegen (außer Svalbard – Spitzbergen/Bäreninsel),
- Österreich,
- Polen,
- Portugal,
- Schweiz (seit 01.06.2002, über das Sektoralabkommen über den freien Personenverkehr),
- Schweden,
- Slowakei,
- Slowenien,
- Spanien,
- Tschechien,
- Ungarn,
- Zypern.

2.1.2 Persönlicher Geltungsbereich

Die EWG-Verordnungen gelten für Arbeitnehmer, Selbständige und Beamte, die Staatsangehörige eines EWR-Staates sind, sowie für deren Familienangehörige und Hinterbliebene. Auch Staatenlose und Flüchtlinge sind erfasst, sofern sie Arbeitnehmer, verbeamtet oder selbständig sind und in einem der EWR-Staaten wohnen.[316]

Für Expatriates, die demnach nicht von der EWG-VO erfasst werden, können bilaterale Sozialversicherungsabkommen zur Anwendung kommen, deren Geltung meist nicht von der Staatsangehörigkeit des Betroffenen abhängig ist.[317] Soll also ein Arbeitnehmer, der weder EWR-Staatsangehöriger noch Staatenloser oder Flüchtling mit Wohnsitz in einem der genannten Staaten ist, von einem deutschen Unternehmen ins EWR-Ausland geschickt werden, so ist zu prüfen, ob zwischen Deutschland und dem Auslandsstaat ein Sozialversicherungsabkommen besteht, das – wie es in der Regel der Fall ist – unabhängig von der Staatsbürgerschaft des Expatriates gilt. Nur wenn dies nicht zutrifft, kann es zu der Doppelversicherungspflicht des Expatriates kommen.

2.1.3 Sachlicher Geltungsbereich

Die EWG-VO 1408/71 gilt für alle Rechtsvorschriften über Zweige der sozialen Sicherheit in den folgenden Bereichen:

- Krankheit und Mutterschaft,
- Invalidität, einschließlich der zu Erhaltung oder Besserung der Erwerbsfähigkeit bestimmten Leistungen,
- Alter,
- Hinterbliebene,
- Arbeitsunfälle und Berufskrankheiten,
- Sterbegeld,

- Arbeitslosigkeit und
- Familienleistungen.[318]

Sie findet somit Anwendung auf alle deutschen Sozialversicherungszweige (Renten-, Arbeitslosen-, Kranken-, Pflege- und Unfallversicherung), aber auch auf Kinder- und Erziehungsgeld, Entgeltfortzahlungsregelungen und Leistungen nach dem Mutterschutzgesetz.

Dagegen sind Sozialhilfe, Kriegsopferansprüche und beamtenrechtliche Regelungen von der Verordnung nicht erfasst.

2.2 Grundregelung der EWG-VO 1408/71

Die EWG-VO 1408/71 besagt, dass grundsätzlich nur dann die Rechtsvorschriften des Ortes der bisherigen Beschäftigung weiter anzuwenden sind, wenn die Entsendung voraussichtlich maximal 12 Monate dauert und der Expatriate im Ausland nicht einen anderen Expatriate mit abgelaufener Entsendungszeit ablöst.[319] Die Weitergeltung der deutschen Rechtsvorschriften wird auf Antrag des Expatriates oder des Unternehmens unter Verwendung des Vordrucks E 101 bescheinigt. Zuständig für diese Bescheinigung ist die gesetzliche Krankenversicherung oder die Bundesversicherungsanstalt für Angestellte.[320]

Im Unterschied zur Ausstrahlung genügt es hier also nicht, dass überhaupt eine zeitliche Befristung vorliegt; der Zeitraum von 12 Monaten darf, soweit absehbar, nicht überschritten werden, wenn die deutschen Rechtsvorschriften anwendbar bleiben sollen. Wird der Expatriate also von vornherein für mehr als 12 Monate entsandt oder war sein Vorgänger auf der Auslandsposition schon für mindestens diesen Zeitraum dort, so wäre nach diesem Grundsatz ausschließlich das Sozialversicherungsrecht des ausländischen Tätigkeitsstaats auf den Expatriate anzuwenden.

2.3 Verlängerung/Ausnahmevereinbarung als Ausnahmen von der Grundregel

Die Weitergeltung der deutschen Vorschriften ist jedoch auch bei Überschreiten der 12-Monats-Frist nicht immer ausgeschlossen. Es gibt zwei Möglichkeiten, den Zeitrahmen auszudehnen: Die Verlängerung und die Ausnahmevereinbarung.

316 Art. 2 EWG-VO 1408/71.
317 Siehe unten unter 3.
318 Art. 4 Abs. 1 EWG-VO 1408/71.
319 Art. 14 Abs. 1 EWG-VO 1408/71.
320 Näheres dazu unten unter 2.4.

▷ *Glossar Seite 174*
Abkürzungen Seite 176

2.3.1 Verlängerung

Voraussetzung für die Verlängerung ist, dass sich erst im Laufe der Entsendung die Überschreitung des 12-Monats-Zeitraums herausstellt. In diesem Fall muss der Arbeitgeber vor Ablauf der 12 Monate bei der zuständigen ausländischen Behörde unter Verwendung des Vordrucks E 102 den Antrag auf Verlängerung stellen. Der Vordruck ist ebenso wie weitere Informationen bei der Krankenkasse bzw. dem Rentenversicherungsträger oder der Deutschen Verbindungsstelle Krankenversicherung – Ausland (DVKA) in Bonn erhältlich. Deren Adresse finden Sie im Anhang. Die zuständige ausländische Stelle ergibt sich aus der Rückseite des Vordrucks E 102.

Auch die Verlängerung darf höchstens 12 Monate umfassen, so dass auf diesem Wege die Weitergeltung der deutschen Rechtsvorschriften für insgesamt maximal 24 Monate erreicht werden kann.

Die zuständige ausländische Stelle, die den Verlängerungsantrag genehmigt hat, übersendet dem Arbeitgeber zwei Ausfertigungen des Vordrucks E 102. Eine dieser Ausfertigungen sollte der Einzugsstelle des ausländischen Beschäftigungsstaates vorgelegt werden, um deren Einzug von Pflichtbeiträgen zu verhindern.

Wurde der Vordruck E 101 (Weitergeltung der deutschen Rechtsvorschriften) von der Krankenversicherung ausgestellt, an die schon bisher die Pflichtbeiträge abgeführt wurden, so erhält diese regelmäßig unmittelbar durch die ausländische Stelle Kenntnis von der Verlängerung und zieht die Beiträge weiter ein.

Wurde E 101 dagegen in Ermangelung einer gesetzlichen Krankenversicherung von der Bundesversicherungsanstalt für Angestellte ausgestellt, so wird zwar diese, nicht aber die deutsche Einzugsstelle von der Verlängerung informiert. Der Arbeitgeber oder der Expatriate sollten daher dafür Sorge tragen, dass die Einzugsstelle informiert wird und die Beiträge weiter einzieht.

2.3.2 Ausnahmevereinbarung

2.3.2.1 Allgemeines

Wenn die 12-Monats-Grenze von vornherein überschritten wird oder auch die genehmigte Verlängerungszeit nicht eingehalten werden kann, wäre nach den bisherigen Ausführungen das Sozialversicherungsrecht des ausländischen Tätigkeitsstaats anzuwenden. Dies führt jedoch nicht immer zu befriedigenden Ergebnissen für den Expatriate, der häufig etwa im Hinblick auf einen einheitlichen Versicherungsverlauf ein Interesse an der Weitergeltung der deutschen Vorschriften hat. Daher eröffnet Art. 17 EWG-VO 1408/71 den Mitgliedsstaaten die Möglichkeit, im Interesse bestimmter Personengruppen oder einzelner Personen Ausnahmen zu vereinbaren.

Allerdings sind auch diese Ausnahmen nicht zeitlich unbegrenzt möglich. Die Auslandsbeschäftigung darf nicht von vornherein auf Dauer angelegt sein. In der Praxis werden daher in der Regel nur Ausnahmevereinbarungen mit einer Dauer von bis zu 5 Jahren erteilt. Nur in Ausnahmefällen darf diese Zeitgrenze überschritten werden.

Wurde bereits eine Ausnahmegenehmigung für zum Beispiel 3 Jahre erteilt, so ist es bei einer Verlängerung der Auslandsbeschäftigung möglich, eine weitere Ausnahmevereinbarung für den Zeitraum bis zum Erreichen der 5-Jahres-Grenze zu treffen, im Beispielsfall also für maximal 2 weitere Jahre, nicht aber etwa für weitere 2 Jahre.

2.3.2.2 Verfahren

Arbeitnehmer und Arbeitgeber müssen den schriftlichen, von beiden unterschriebenen Antrag gemeinsam an die DVKA richten, sofern die Weitergeltung der deutschen Rechtsvorschriften angestrebt wird. Eine Frist ist zwar nicht vorgeschrieben; jedoch ist es empfehlenswert, den Antrag spätestens 3 Monate vor Arbeitsaufnahme zu stellen, um Unklarheiten zu vermeiden. Im Allgemeinen wird die Vereinbarung nur für noch nicht oder erst vor kurzem aufgenommene Tätigkeiten abgeschlossen.

Formvorschriften sind an sich nicht zu beachten; auch spezielle Vordrucke existieren nicht. Der Antrag sollte jedoch folgende Angaben enthalten:

in Bezug auf den Expatriate

- Vor- und Zuname,
- Geburtstag, Geburtsname und Geburtsort,
- Versicherungsnummer (soweit bereits vorhanden),
- Staatsangehörigkeit,
- bisherige deutsche und gegebenenfalls neue ausländische Wohnanschrift,
- in Deutschland versicherungspflichtige Zweige,
- Begründung, warum die Weitergeltung in seinem Interesse liegt (Standardbegründungen sind der Wunsch nach einem einheitlichen Versicherungsverlauf, Vermeidung von Teilrenten oder ungünstigere Sozialleistungen im Auslandsstaat),
- Vollmacht für den Arbeitgeber hinsichtlich der Entgegennahme von Mitteilungen in Bezug auf die Ausnahmevereinbarung.

in Bezug auf den Arbeitgeber

- Bezeichnung und vollständige Anschrift des inländischen Arbeitgebers,
- Bezeichnung und vollständige Anschrift der ausländischen Beschäftigungsstelle,
- jeweils Ansprechpartner.

▷ *Glossar Seite 174*
Abkürzungen Seite 176

in Bezug auf die Tätigkeit

- Aufgabenstellung im Beschäftigungsstaat,
- Art der arbeitsrechtlichen Bindung zwischen deutschem Arbeitgeber und Expatriate während der Auslandstätigkeit,
- Beginn und voraussichtliches Ende der Beschäftigung im Ausland. Wie unter 2.3.2.1 bereits ausgeführt, wird die Ausnahmevereinbarung normalerweise nur für einen Zeitraum von bis zu 5 Jahren getroffen. Ergibt sich aus dem Antrag daher, dass die Auslandstätigkeit von vornherein auf Dauer (etwa auf 10 Jahre) angelegt ist, so ist mit der Erteilung der Ausnahmegenehmigung nicht zu rechnen.

Sonstiges

- Bezeichnung und Anschrift der während des Antragszeitraums für die Melde- und Beitragspflichten zuständigen Stelle,
- Kopie eventuell bereits ausgestellter Bescheinigungen (E 101 und/oder E 102),
- Aktenzeichen und Datum von bereits in dieser Angelegenheit mit der DVKA geführtem Schriftwechsel.

2.3.2.3 Folge

Wenn die rechtzeitig beantragte Ausnahmevereinbarung bei Aufnahme der Auslandstätigkeit noch nicht vorliegt, sollte zum einen die ausländische Einzugsstelle um Aussetzung der Zahlungsverpflichtung bis zur Entscheidung über die Ausnahmevereinbarung ersucht werden, zum anderen der zuständigen deutschen Einzugsstelle unter Hinweis auf die beantragte Ausnahmevereinbarung vorsorglich die Entrichtung der Beiträge angeboten werden.

Sofern der Arbeitgeber seinen Sitz in Deutschland hat und die Beschäftigung auf maximal 5 Jahre befristet ist, ist mit der Zustimmung der DVKA zu dem Antrag zu rechnen. Der Arbeitgeber wird über die Entscheidung unterrichtet. Zu beachten ist aber, dass die DVKA keine Aussage über die Versicherungspflicht in den einzelnen Zweigen trifft. Die Erteilung der Ausnahmegenehmigung besagt lediglich, dass die deutschen Rechtsvorschriften für den festgelegten Zeitraum weiter zur Anwendung kommen, nicht aber, zu welchem Ergebnis diese Anwendung führt.[321]

2.4 Verfahren bei Weitergeltung des deutschen Rechts

Gilt das deutsche Recht, sei es aufgrund Unterschreitung der 12-Monats-Grenze, Verlängerung oder Ausnahmevereinbarung, weiter, so wird darüber auf Antrag des Arbeitnehmers oder des Arbeitgebers eine Bescheinigung ausgestellt. Der Antrag ist an die gesetzliche Krankenversicherung des Arbeitnehmers zu richten. Besteht dort keine Versicherung, so ist in der Regel die Bundesversicherungsanstalt für Angestellte in Berlin bzw. die Landesversicherungsanstalt zuständig. Zu verwenden ist der Vordruck E 101, erhältlich bei dem jeweiligen Träger.

Innerhalb des EWR werden Vordrucke mit einheitlichem Aufbau und Inhalt verwendet. E 101 kann deshalb den Versicherungsträgern des Beschäftigungsstaats gegenüber als Nachweis für die Weitergeltung der deutschen Vorschriften verwendet werden, damit im Ausland keine Beiträge erhoben werden, ohne dass es dafür einer Übersetzung bedarf. Die Bescheinigung ist für den Staat, in den der Expatriate entsandt wird, grundsätzlich bindend; wenn dessen zuständige Behörde jedoch Zweifel an der Richtigkeit hat, muss die ausstellende Behörde sie überprüfen und gegebenenfalls zurückziehen.[322]

Tritt der Versicherungsfall im Ausland ein, so werden Sachleistungen von dem dortigen Träger zu Lasten des eigentlich zuständigen inländischen Trägers erbracht. Geldleistungen dagegen werden direkt vom zuständigen inländischen Träger an den Expatriate erbracht, es sei denn, dass die beiden Träger eine abweichende Vereinbarung getroffen haben.

2.5 Verfahren bei fehlender Weitergeltung des deutschen Rechts

Kommen dagegen die Rechtsvorschriften des anderen EWR-Mitgliedsstaats zur Anwendung, so hat regelmäßig der Arbeitgeber den Expatriate bei der zuständigen ausländischen Einzugsstelle anzumelden und die Pflichtbeiträge abzuführen, und zwar unabhängig davon, wo er seinen Sitz hat.

Hat das Unternehmen seinen Sitz in Deutschland, so besteht zur Verwaltungsvereinfachung die Möglichkeit, mit dem Expatriate zu vereinbaren, dass dieser die Pflichten des Unternehmens zur Zahlung der Beiträge wahrnimmt.[323] Den Abschluss einer derartigen Vereinbarung muss das Unternehmen der ausländischen Einzugsstelle mitteilen.

Dem Expatriate soll durch die Anwendung des (EWR-) ausländischen Rechts kein Nachteil entstehen. Versicherungs-, Beschäftigungs- und Wohnzeiten, die in einem Mitgliedsstaat zurückgelegt wurden, können daher bei der Ermittlung von Leistungsansprüchen in der Regel berücksichtigt werden. Dies gilt jedoch in manchen Fällen nur unter bestimmten Einschränkungen.

321 Weitere Ausführungen hierzu unten unter 5.
322 EuGH, 10.02.2000, C-202/97.
323 Art. 109 EWG-VO 574/72.

▷ *Glossar Seite 174*
Abkürzungen Seite 176

2.5.1 Besonderheiten bei der Arbeitslosenversicherung

Besonderes Augenmerk ist auf die Arbeitslosenversicherung zu richten. Auch hier gilt, dass die in einem anderen Mitgliedsstaat zurückgelegten Versicherungs- oder Beschäftigungszeiten bei der Ermittlung eines Leistungsanspruchs grundsätzlich berücksichtigt werden können.[324] Die Hinzurechnung dieser Zeiten wirkt sich insbesondere bei der Prüfung der Erfüllung der Anwartschaftszeit und der Ermittlung der Anspruchsdauer aus.

Die Beschäftigungszeiten finden allerdings nur dann Berücksichtigung, wenn die Beschäftigung in Deutschland bei fiktiver Betrachtung zu einer Versicherungspflicht geführt hätte. Um herauszufinden, ob die Zeiten angerechnet werden, muss also überprüft werden, ob der Expatriate gemäß SGB III in der deutschen Arbeitslosenversicherung versicherungspflichtig gewesen wäre, wenn der Tätigkeitsort in Deutschland gewesen wäre.

Zu beachten ist darüber hinaus, dass die ausländischen Zeiten eines Expatriates bei der Ermittlung eines Anspruchs wegen Arbeitslosigkeit in Deutschland nur dann mitgezählt werden, wenn seine letzte Beschäftigung nicht im Ausland ausgeübt wurde.

Auch dann, wenn in Unkenntnis der fehlenden Versicherungspflicht während der gesamten Entsendungszeit die Beiträge zur Arbeitslosenversicherung gezahlt wurden, führt dies nicht zu einem Anspruch des Expatriates.

Die Anwartschaft kann nur mit Zeiten erfüllt werden, in denen tatsächlich Beitragspflicht bestand.[325]

Beispiel:

Der Expatriate wird nach langjähriger Tätigkeit in Deutschland für zweieinhalb Jahre nach Italien entsandt. In Ermangelung einer anderweitigen Vereinbarung kommt das italienische Sozialversicherungsrecht zur Anwendung. Der Expatriate wird also für zweieinhalb Jahre in der italienischen Arbeitslosenversicherung versicherungspflichtig. Unmittelbar nach Ende seiner Auslandstätigkeit wird der Expatriate arbeitslos. Voraussetzung für den Anspruch auf Arbeitslosengeld in Deutschland wäre gemäß den Vorschriften des SGB III ein mindestens zwölfmonatiges Versicherungspflichtverhältnis innerhalb der letzten drei Jahre. Da die letzte Beschäftigung im Ausland ausgeübt wurde, können die ausländischen Versicherungszeiten hier keine Berücksichtigung finden. Berücksichtigt wird daher nur das halbe Jahr, in dem der Expatriate innerhalb der letzten drei Jahre in Deutschland versicherungspflichtig gearbeitet hat. Da dies die Anspruchsvoraussetzungen nicht erfüllt, wird der Expatriate in Deutschland kein Arbeitslosengeld erhalten.

3. Entsendung in Abkommensstaaten

3.1 Einführung

Deutschland hat bilaterale Sozialversicherungsabkommen sowohl mit EWR- als auch mit Nicht-EWR-Staaten geschlossen. Sind die Regelungen dieser Abkommen anwendbar, so wird eine Doppelversicherungspflicht ebenfalls vermieden. Im Folgenden wird auf die wichtigsten Anwendungsvoraussetzungen der Abkommen eingegangen.

Hinweis:
Sofern Sie zusätzliche Informationen benötigen, finden Sie diese auf den Websites der BfA (www.bfa.de unter „International-Grundlagen") und der DVKA (www.dvka.de unter „Rechtsquellen").

3.1.1 Sozialversicherungsabkommen mit EWR-Staaten

Diese Abkommen kommen nur dann zur Anwendung, wenn die EWG-VO 1408/71 nicht greift. Dies kann etwa dann in Betracht kommen, wenn ein Angehöriger eines Nicht-EWR-Staates von Deutschland ins EWR-Ausland entsandt wird. Die Anwendung der EWG-VO ist, wie bereits dargestellt, in diesem Fall ausgeschlossen; die eines bilateralen Abkommens kann jedoch möglich sein, sofern dieses Abkommen keine andere Staatsangehörigkeit als die des Expatriates voraussetzt.

Derzeit bestehen Abkommen, die unabhängig von der Staatsangehörigkeit des in das jeweilige Land entsandten Expatriates zur Anwendung kommen, mit folgenden Staaten:

- Belgien,
- Finnland,

324 Art. 67 EWG-VO 1408/71.
325 BSG, 04.05.1994, 11 RA 55/93.

▷ *Glossar Seite 174*
Abkürzungen Seite 176

- Griechenland,
- Großbritannien und Nordirland,
- Liechtenstein,
- Luxemburg,
- Niederlande,
- Österreich,
- Polen,
- Portugal,
- Schweden,
- Slowakei,
- Slowenien,
- Spanien,
- Tschechien,
- Ungarn.

Die Abkommen mit
- Dänemark,
- Frankreich und
- Italien

gelten dagegen nur für die Staatsangehörigen der Vertragsstaaten, der Türkei und Zyperns.

Beispiel:
Sie entsenden einen Expatriate indischer Staatsangehörigkeit nach Großbritannien. Ihre Überlegungen müssten dann wie folgt aussehen:

Soll der Expatriate in einen Staat geschickt werden, der zum Europäischen Wirtschaftsraum gehört?
Im Falle Großbritannien ist dies zutreffend.
Findet die EWG-VO auf den Expatriate Anwendung?
Nein, da er als Inder weder Staatsangehöriger eines EWR-Staates noch Flüchtling oder Staatenloser ist.
Gibt es ein Sozialversicherungsabkommen zwischen Deutschland und dem Staat?
Ja. Großbritannien und Deutschland haben ein solches Abkommen geschlossen.
Wird der Expatriate vom persönlichen Geltungsbereich dieses Abkommens erfasst?
Dies wäre unproblematisch zu bejahen, wenn der Expatriate Staatsangehöriger eines der beiden Vertragsstaaten wäre. Da dies hier nicht zutrifft, muss überprüft werden, ob das spezielle Abkommen in diesem Punkt Einschränkungen macht. Da das Abkommen mit Großbritannien ohne Rücksicht auf die Staatsangehörigkeit gilt, wird der indische Expatriate von seinem Geltungsbereich erfasst.
Er kann deshalb zumindest für eine je nach Abkommen begrenzte Zeitspanne dem deutschen Sozialversicherungsrecht unterstellt bleiben.

3.1.2 Sozialversicherungsabkommen mit Nicht-EWR-Staaten

Auch mit Staaten außerhalb des EWR hat Deutschland Sozialversicherungsabkommen geschlossen. Diese Abkommen gehen dem nationalen Recht vor. Die möglicherweise vorliegende Ausstrahlung des deutschen Rechts hindert somit die Anwendung des Abkommens nicht.
Derzeit bestehen Abkommen mit folgenden Ländern:

- Australien,
- Bosnien-Herzegowina,
- Bulgarien,
- Chile,
- China,
- Israel,
- Japan,
- Kanada,
- Korea,
- Kroatien,
- Marokko,
- Mazedonien,
- Quebec,
- Schweiz,
- Serbien und Montenegro,
- Türkei,
- Tunesien,
- USA.

Neben diesen zweiseitigen gibt es auch ein vierseitiges Übereinkommen zwischen der Bundesrepublik Deutschland, der Schweiz, Liechtenstein und Österreich.

Hinweis:
Die Texte der einzelnen Abkommen können auf der Homepage der DVKA (www.dvka.de) unter „Rechtsquellen" abgerufen werden.

3.2 Zweck und Regelungsinhalt der Abkommen

Die zwei- oder mehrseitigen Abkommen sollen ebenso wie die EWG-VO 1408/71 verhindern, dass ein Expatriate bei vorübergehendem Einsatz im Ausland zur Sozialversicherung sowohl in Deutschland als auch im Tätigkeitsstaat verpflichtet wird. Dies gelingt jedoch nicht immer. Die Vermeidung der Doppelversicherungspflicht setzt voraus, dass die Voraussetzungen des einzelnen Abkommens erfüllt sind.

▷ *Glossar Seite 174*
Abkürzungen Seite 176

3.2.1 Zeitliche Begrenzung

Die einzelnen Sozialversicherungsabkommen finden in der Regel nur bei einem zeitlich begrenzten Auslandsaufenthalt Anwendung. Eine einheitliche Zeitgrenze gibt es nicht. Deshalb muss bei jeder Auslandsentsendung in ein Land, mit dem ein Sozialversicherungsabkommen besteht, überprüft werden, für welchen Zeitraum es gilt. Nur die Abkommen mit Israel, Jugoslawien und der Türkei sehen keine konkrete Zeitgrenze vor, sondern setzen lediglich voraus, dass sich aus der Aufgabe oder dem Vertrag ergibt, dass die Auslandsbeschäftigung nicht dauerhaft erfolgen soll.

Hinweis:
Eine Übersicht über die Zeitgrenzen der einzelnen Abkommen findet sich im Anhang.

Anders als bei der EWG-VO 1408/71 ist eine Verlängerung des vorgegebenen Zeitraums nicht möglich. Bei Überschreitung kommt aber auch hier eine Ausnahmevereinbarung in Betracht, wenn von vornherein klar ist, dass der Zeitrahmen des Abkommens nicht eingehalten werden kann. Zuständig ist wiederum die DVKA.[326]

3.2.2 Persönliche Voraussetzungen

Auch hier gibt es eine Besonderheit gegenüber der nur auf die Staatsangehörigen der EWR-Staaten, Flüchtlinge und Staatenlose anwendbaren EWG-VO 1408/71. Die meisten dieser Abkommen gelten für alle in den jeweiligen Ländern tätigen Expatriates unabhängig von ihrer Staatsangehörigkeit.

Ausnahmen bilden die Abkommen mit

- Marokko und
- Tunesien,

wo die Geltung auf die Staatsangehörigen der jeweiligen Vertragsstaaten, Flüchtlinge und Staatenlose beschränkt ist, sowie mit

- Dänemark
- Frankreich und
- Italien,

die nur für die Staatsangehörigen der Vertragsstaaten, der Türkei und Zyperns gelten.

3.2.3 Regelungsbereich der Abkommen

Bei den Sozialversicherungsabkommen gilt die Besonderheit, dass ihr Regelungsbereich sich im Allgemeinen nicht – wie die EWG-VO 1408/71 – auf sämtliche Zweige der Sozialversicherung erstreckt, sondern nur auf Teilbereiche. Insbesondere die 1995 eingeführte Pflegeversicherung wird nur von den neueren Abkommen erfasst.

Die Abkommen gelten nur für die darin ausdrücklich genannten Versicherungszweige. Es ist also im jeweiligen Einzelfall genau zu überprüfen, für welche Bereiche die Doppelversicherungspflicht durch das jeweilige Abkommen ausgeschlossen ist. Derzeit erfassen nur die Vereinbarungen mit Bosnien, Kroatien, Slowenien und Ungarn alle fünf Zweige der deutschen Sozialversicherung. Bei den übrigen Abkommen ist zumindest die Pflegeversicherung nicht erfasst, häufig aber auch noch andere Bereiche. Ist dies der Fall, so gilt das deutsche Recht im Zuge der Ausstrahlung in der Regel trotzdem weiter. Der Unterschied ist nur, dass der Expatriate in diesem Bereich gleichzeitig im Tätigkeitsstaat versicherungspflichtig sein kann, soweit auch dort eine entsprechende Versicherung besteht.

Hinweis:
Eine Übersicht über den Regelungsgehalt der einzelnen Abkommen findet sich im Anhang.

3.3 Was passiert, wenn das Abkommen nicht greift?

Stellt sich heraus, dass kein Abkommen greift, so kommt es bei Ausstrahlung des deutschen Rechts zur doppelten Versicherungspflicht des Expatriates mit der Folge, dass auch der Arbeitgeber sowohl im In- als auch im Ausland zur Zahlung seiner Anteile verpflichtet ist, soweit dies in den beiden Staaten vorgesehen ist.

326 Zum Verfahren siehe oben unter 2.3.2.2.

▷ *Glossar Seite 174*
Abkürzungen Seite 176

4. Entsendung in Staaten ohne Sozialversicherungsabkommen mit der Bundesrepublik Deutschland

4.1 Welche Staaten sind das?

Mit den Staaten, die weder der EWG-VO 1408/71 noch einem Sozialversicherungsabkommen unterfallen, bestehen derzeit keine Vereinbarungen zur Vermeidung der Doppelversicherungspflicht.

4.2 Folge bei Ausstrahlung

Liegen die Voraussetzungen der Ausstrahlung des deutschen Rechts vor und ist der jeweilige Sozialversicherungszweig auch im Auslandsstaat versicherungspflichtig, so tritt auch hier die Doppelversicherungspflicht ein. In der Folge werden Arbeitgeber und Arbeitnehmer in beiden Staaten zu Sozialversicherungsbeiträgen herangezogen, soweit dies in den beiden Staaten vorgesehen ist. Dies kann im Einzelfall auch zu doppelten oder sich ergänzenden Leistungsansprüchen führen.

4.3 Folge bei fehlender Ausstrahlung

Hinweis:
Diese Vorschriften können Sie zum Beispiel beim Bundesverwaltungsamt, Abteilung II, Referat II b 6, Barbarastr. 1, 50735 Köln, erfahren. Hilfreich kann zudem das auf der Website der EU einsehbare MISSOC-System der EU-Kommission sein, das Angaben über die Sozialversicherungssysteme in verschiedenen europäischen Ländern enthält.

Liegt keine Ausstrahlung des deutschen Rechtes vor, weil die Voraussetzungen des § 4 SGB IV nicht erfüllt sind, so sind grundsätzlich nur die Vorschriften des Tätigkeitsstaates anwendbar.

Das Fehlen der Weitergeltung der deutschen Vorschriften kann sich erheblich zum Nachteil des Expatriates auswirken. So besteht etwa die Gefahr, dass der Expatriate, wenn er nach seiner Rückkehr nach Deutschland arbeitslos wird, wegen Nichterfüllung der Anwartschaftszeit keinen Anspruch auf Arbeitslosengeld hat, weil die Versicherungszeiten in der ausländischen Versicherung nicht angerechnet werden. Eine freiwillige Weiterversicherung in Deutschland ist in diesem Bereich nicht möglich. Inwiefern und unter welchen Voraussetzungen diese Möglichkeit in den anderen Versicherungszweigen besteht, erfahren Sie unten unter 6 (S. 124).

▷ *Glossar Seite 174*
Abkürzungen Seite 176

5. Folge bei Weitergeltung der deutschen Rechtsvorschriften

5.1 Allgemeines

Wie bereits dargestellt, sagen der Bescheid der DVKA über Verlängerung oder Ausnahmevereinbarung und die Bescheinigung E 101 der Krankenkasse oder Bundesversicherungsanstalt für Angestellte nur aus, dass die deutschen Sozialversicherungsvorschriften weitergelten, nicht aber, in welchen Bereichen tatsächlich eine Versicherungspflicht besteht und was vom Versicherungsschutz erfasst wird. Es ist also nach deutschem Recht zu prüfen, in welchen Bereichen der Expatriate versicherungspflichtig ist, wo er sich freiwillig versichern kann und welche Leistungen er während des Auslandsaufenthalts und nach seiner Rückkehr gegebenenfalls in Anspruch nehmen kann.

5.2 Arten der Pflichtversicherung und ihre Weitergeltung

5.2.1 Krankenversicherung

5.2.1.1 Allgemeines

Die Krankenversicherungspflicht in Deutschland ist im SGB V geregelt. Versicherungspflichtig ist danach grundsätzlich jeder Arbeiter und Angestellte bis zur Jahresentgeltsgrenze[327], die im Jahre 2004 46.350 € beträgt. Nur wenn ein Arbeitnehmer im Jahr 2004 unter Berücksichtigung von Gehalt, Weihnachts- und Urlaubsgeld (außer bei freiwilliger, also nicht zum Beispiel auf Arbeits- oder Tarifvertrag beruhender Zahlung des Unternehmens) und vermögenswirksamen Leistungen mehr als 46.350 € verdient, ist er nicht krankenversicherungspflichtig, sondern kann sich privat, freiwillig oder gar nicht versichern.

War der Arbeitnehmer zum 31.12.2002 bereits privat versichert, gilt eine Krankenversicherungspflichtgrenze von 41.400 € jährlich.[328] In diesem Fall muss der Arbeitnehmer also lediglich mehr als 41.400 € verdienen, um sich weiter privat versichern zu können. Überschreitet er diese Einkommensgrenze nicht, besteht für ihn unter Umständen die Möglichkeit, sich auf Antrag von der Krankenversicherungspflicht befreien zu lassen.[329]

Träger der Krankenversicherung ist die jeweilige Krankenkasse. Der auf das Einkommen anzuwendende Beitragssatz schwankt derzeit zwischen 11,8 % und 15,7 % (Stand Januar 2003).

5.2.1.2 Verfahren bei Weitergeltung der deutschen Vorschriften

Gelten die deutschen Rechtsvorschriften während einer Auslandstätigkeit weiter, so erfolgt zwar die Beitragszahlung wie bisher durch die Krankenkasse. Erkrankt der gesetzlich krankenversicherte Expatriate oder ein mitversicherter, ihn begleitender oder besuchender Familienangehöriger jedoch im Ausland, so ist eine Besonderheit zu beachten. Gemäß § 17 SGB V muss nämlich in diesem Fall der Arbeitgeber die entstehenden Kosten zunächst übernehmen. Die deutsche Krankenkasse ersetzt ihm diese Kosten zwar, aber nur bis zu der Höhe, in der sie auch in Deutschland entstanden wären. Dies kann für den Arbeitgeber insbesondere bei der Entsendung des Expatriates in ein Land mit hohen Krankenhaus- oder Arztkosten ein erhebliches Kostenrisiko bedeuten. Es liegt daher im ureigensten Interesse des Unternehmens, für eine ausreichende Absicherung des Expatriates etwa durch eine zusätzliche Auslandskrankenversicherung Sorge zu tragen. Informationen zu den entsprechenden Möglichkeiten erhalten Sie bei jeder Krankenkasse.

Eine weitere Besonderheit besteht darin, dass der im EWR-Ausland oder einem Abkommensstaat wohnende erkrankte Expatriate Sachleistungen, also etwa ärztliche Behandlung und Arzneimittel, im Wege der Leistungsaushilfe vom Träger des Wohnorts erhält, und zwar nach dessen Vorschriften. Lebt und arbeitet der Expatriate somit in einem Staat, dessen Vorschriften geringere Leistungen vorsehen als die der Bundesrepublik Deutschland, so empfiehlt sich unter Umständen eine ergänzende private Versicherung.

Bestand bisher eine private Krankenversicherung, so kann diese in der Regel während des Auslandseinsatzes weiterbestehen. Es sollte allerdings vorab geklärt werden, ob die abgeschlossene Versicherung den Aufenthalt in dem jeweiligen Einsatzland umfasst oder ob eine örtliche oder auch zeitliche Begrenzung besteht. Häufig gilt der Schutz nur für Europa

327 § 6 Abs. 1 Nr. 1 und Abs. 6 SBG V.
328 § 6 Abs. 7 SGB V.
329 § 8 SGB V.

▷ *Glossar Seite 174*
Abkürzungen Seite 176

und/oder für Aufenthalte bis zu drei Monaten. Gegebenenfalls sollte auch der Versicherungsschutz für die Familie noch einmal durchdacht und die Möglichkeit von Zusatzversicherungen erwogen werden.

5.2.2 Rentenversicherung

5.2.2.1 Allgemeines

Versicherungspflichtig in der Rentenversicherung ist grundsätzlich jeder in Deutschland abhängig Beschäftigte. Träger ist in der Regel die Bundesversicherungsanstalt für Angestellte in Berlin oder die jeweilige Landesversicherungsanstalt für Arbeiter. Die Beitragshöhe beträgt derzeit 19,5 % des Entgelts bis zur Beitragsbemessungsgrenze. Arbeitsentgelte, die über dieser Grenze liegen, werden zur Beitragsbemessung nicht herangezogen. In der Rentenversicherung ist die Beitragsbemessungsgrenze für die Arbeiterrenten- und die Angestelltenversicherung identisch; für die knappschaftliche Rentenversicherung gelten andere (höhere) Grenzen.

5.2.2.2 Verfahren bei Weitergeltung der deutschen Vorschriften

Gelten die deutschen Rentenversicherungsvorschriften bei einer Entsendung ins Ausland weiter, so ändert sich im Hinblick auf den Beitragseinzug und die Beitragshöhe nichts. Zuständig bleibt in der Regel die bisherige Einzugsstelle. Aus den Lohnunterlagen muss sich aufgrund entsprechender Angaben des Unternehmens etwa hinsichtlich Art, Ort und Dauer der Tätigkeit ergeben, dass eine Auslandsentsendung vorliegt.

5.2.3 Pflegeversicherung

5.2.3.1 Allgemeines

In der Pflegeversicherung versicherungspflichtig ist, wer nach den bereits beschriebenen Regeln in der gesetzlichen Krankenversicherung versicherungspflichtig oder freiwillig versichert ist.[330] Bei Vorliegen einer privaten Krankenversicherung besteht die Pflicht zur Ergänzung durch eine private Pflegeversicherung.[331]

Die Pflegeversicherung fällt zwar unter den sachlichen Geltungsbereich der EWG-VO 1408/71, ist aber aufgrund ihrer Neueinführung 1995 von keinem der älteren Sozialversicherungsabkommen erfasst. Unterliegt der Expatriate daher einem dieser Abkommen mit der Folge der Anwendbarkeit der ausländischen Rechtsvorschriften, so gelten für ihn wegen der Ausstrahlung dennoch weiterhin die Vorschriften über die deutsche Pflegeversicherung. Da jedoch die Pflegeversicherung immer der Krankenversicherung folgt, ist der entsandte Expatriate nur dann versicherungspflichtig, wenn er auch in Deutschland krankenversichert ist.

Träger sind die Pflegekassen, deren Aufgaben jedoch von den Krankenkassen wahrgenommen werden. Die Beitragshöhe beträgt derzeit 1,7 %. Die Bemessungsgrenze entspricht der der Krankenversicherung.

Die Beiträge tragen Arbeitnehmer und Arbeitgeber je zur Hälfte. Nur in Bundesländern, in denen die Anzahl der Feiertage nicht zur Kompensation der Arbeitgeberbeiträge reduziert wurde, tragen die Beschäftigten die Beiträge in voller Höhe.[332]

5.2.3.2 Verfahren bei Weitergeltung der deutschen Rechtsvorschriften

Bei Weitergeltung der deutschen Rechtsvorschriften tritt in Bezug auf Beitragshöhe und Verfahren keine Änderung ein. Im Falle der fortbestehenden Mitgliedschaft in einer gesetzlichen Krankenkasse bleibt es auch bei der Pflichtversicherung in der Pflegeversicherung. Eine fortdauernde oder neu abgeschlossene private Krankenversicherung korrespondiert mit einer dann vorgeschriebenen privaten Pflegeversicherung.

5.2.4 Unfallversicherung

5.2.4.1 Allgemeines

Beschäftigte sind kraft Gesetzes bei Berufskrankheiten und Arbeitsunfällen versichert.[333] Auf die Höhe des Einkommens kommt es insoweit nicht an.

Was eine Berufskrankheit ist, bestimmt die Bundesregierung durch Rechtsverordnung (Berufskrankheiten-Verordnung). Die Krankheit muss infolge der versicherten Tätigkeit, zum Beispiel durch chemische oder physikalische Einwirkungen, entstanden sein.[334]

Arbeitsunfälle sind Unfälle, die eine versicherte Person in ursächlichem Zusammenhang mit der versicherten Tätigkeit erleidet. Dazu gehören auch Unfälle, die ein Versicherungsnehmer erleidet, während er im Auftrag des Unternehmens unterwegs ist, sofern ein wesentlicher Zusammenhang zu dem Beschäftigungsverhältnis besteht.[335]

Träger der Unfallversicherung sind hauptsächlich die Berufsgenossenschaften, deren jeweilige Satzung das Nähere bestimmt.[336] Beitragspflichtig sind die Unternehmen, bei denen die Versicherten beschäftigt sind.[337]

5.2.4.2 Verfahren bei Weitergeltung der deutschen Rechtsvorschriften

Bei Weitergeltung der deutschen Rechtsvorschriften während einer Auslandsentsendung ändert sich grundsätzlich nichts. Es findet ein sog. „Leistungsexport“ in das Ausland statt.[338] Die Versicherten erhalten Geldleistungen wie bei einem Unfall während einer Beschäftigung in Deutschland sowie für sonstige zu erbringende Leistungen eine angemessene Erstattung der entstandenen Kosten.

330 § 20 Abs. 1 Satz 1 und Abs. 3 SGB XI.
331 § 23 SGB XI.
332 § 58 Abs. 3 SGB XI.
333 § 2 Abs. 1 Nr. 1 SGB VII.
334 § 9 SGB VII.
335 § 8 SGB VII.
336 § 114 SGB VII.
337 § 150 Abs. 1 Satz 1 SGB VII.
338 § 97 SGB VII.

▷ *Glossar Seite 174*
Abkürzungen Seite 176

5.2.5 Arbeitslosenversicherung

5.2.5.1 Allgemeines

Versicherungspflichtig sind auch hier grundsätzlich alle Beschäftigten. Träger ist die Bundesanstalt für Arbeit.

Die Beitragsbemessungsgrenze entspricht der der Rentenversicherung der Arbeiter und Angestellten. Die Beitragshöhe beträgt 6,5 %.[339]

5.2.5.2 Verfahren bei Weitergeltung der deutschen Rechtsvorschriften

Das Verfahren bleibt bei der Weitergeltung der deutschen Rechtsvorschriften ebenfalls gleich.

Zu beachten ist, dass Leistungen der deutschen Arbeitslosenversicherung nicht ins Ausland gezahlt werden.

5.3 Besonderheiten für Expatriates mit Kindern

5.3.1 Kindergeld

Zu beachten ist, dass für Kinder, die weder ihren Wohnsitz noch ihren gewöhnlichen Aufenthalt in Deutschland haben, kein Anspruch auf Kindergeld besteht.[340] Ein Expatriate kann grundsätzlich nur dann Kindergeld für seine Kinder erhalten, wenn er entweder seinen Wohnsitz oder gewöhnlichen Aufenthalt im Inland beibehält oder auf seinen Antrag hin als in Deutschland unbeschränkt steuerpflichtig behandelt wird[341] und die Kinder in Deutschland bleiben. Eine Ausnahme gilt, wenn der im Ausland wohnhafte Expatriate durch Ausstrahlung in einem Versicherungspflichtverhältnis zur Bundesanstalt für Arbeit steht.[342] Aber auch in diesem Fall müssen Wohnsitz oder gewöhnlicher Aufenthalt der Kinder im Inland verbleiben. Dies sollte bedacht werden, wenn die Familie den Expatriate ins Ausland begleitet.

Beispiel:

Ein Expatriate wird ohne zeitliche Begrenzung ins Ausland entsandt und verlegt seinen Wohnsitz dorthin. Infolge des Fehlens einer zeitlichen Begrenzung ist das deutsche Sozialversicherungsrecht, also auch die Arbeitslosenversicherung, nicht anwendbar. Kindergeld kann er in diesem Fall nur beziehen, wenn die Kinder in Deutschland bleiben und er einen Antrag auf Behandlung als unbeschränkt Steuerpflichtiger nach § 1 Abs. 3 EStG stellt. Voraussetzung ist allerdings, dass seine Einkünfte zu mindestens 90 % der deutschen Einkommensteuer unterliegen oder die nicht der deutschen Einkommensteuer unterliegenden Einkünfte nicht mehr als 6.136 € im Kalenderjahr betragen. Diese Voraussetzungen dürften nur in den seltensten Fällen zu erfüllen sein.

5.3.2 Erziehungsgeld

Anspruch auf Erziehungsgeld hat dagegen auch, wer im Rahmen seines in Deutschland bestehenden Beschäftigungsverhältnisses vorübergehend ins Ausland entsandt ist und aufgrund über- oder zwischenstaatlichen Rechts oder infolge der Ausstrahlung dem deutschen Sozialversicherungsrecht unterliegt,[343] sofern das Kind mit ihm in einem Haushalt lebt und er keine oder keine volle Erwerbstätigkeit ausübt. Wegen der letztgenannten Voraussetzung dürfte der Anspruch eher für den mit dem Expatriate in einem Haushalt lebenden Ehegatten oder Lebenspartner gelten, sofern dieser im Ausland keine Erwerbstätigkeit ausübt, die den dortigen Sozialversicherungsvorschriften unterliegt.[344]

Beispiel:
Ein für einen Zeitraum von drei Jahren im Rahmen seines inländischen Beschäftigungsverhältnisses ins EWR-Ausland entsandter Expatriate wird von seiner Ehefrau und seinem Kind begleitet. Die Ehefrau ist im Ausland nicht berufstätig. Es wurde eine Ausnahmevereinbarung getroffen. Infolgedessen gilt das deutsche Sozialversicherungsrecht. Die Ehefrau kann in diesem Fall den Anspruch auf Erziehungsgeld in Deutschland geltend machen.

339 § 341 Abs. 2 SGB III.
340 § 2 Abs. 5 Bundes kindergeldgesetz.
341 Die Voraussetzungen ergeben sich aus § 62 Abs. 1 Nr. 2b EStG.
342 § 1 Abs. 1 Nr. 1 Bundeskindergeldgesetz; weitere Ausnahmen gelten zum Beispiel für Entwicklungshelfer, Beamte oder Nato-Truppenmitglieder und deren Angehörige.
343 § 1 Abs. 2 Satz 1 Nr. 1 Bundeserziehungsgeld gesetz.
344 § 1 Abs. 2 Satz 2 Bundeserziehungsgeldgesetz.

▹ *Glossar Seite 174*
Abkürzungen Seite 176

6. Keine Weitergeltung der deutschen Rechtsvorschriften

Gelten die deutschen Sozialrechtsvorschriften nicht weiter, so stellt sich die Frage, in welchen Versicherungszweigen die freiwillige (Weiter-)Versicherung möglich und sinnvoll ist und welche Voraussetzungen hierfür erfüllt sein müssen. In diesem Zusammenhang ist es besonders wichtig, an die Zeit nach der Rückkehr ins Inland zu denken. Insbesondere ist zu überlegen, welche (Anschluss-)Versicherungsmöglichkeiten dann bestehen und ob die Anspruchsvoraussetzungen für den Leistungsfall gegebenenfalls erfüllt wären.

6.1 Krankenversicherung

6.1.1 Bisher pflichtversicherte Expatriates

Bei Beendigung einer Pflichtversicherung ist die freiwillige Weiterversicherung möglich.[345] Voraussetzung ist jedoch, dass der Expatriate in den letzten fünf Jahren vor dem Ausscheiden mindestens 24 Monate oder unmittelbar davor ununterbrochen mindestens zwölf Monate pflichtversichert war. Der Beitritt muss der Krankenkasse innerhalb von drei Monaten nach Beendigung der Mitgliedschaft angezeigt werden.

Eine Anwartschaftsversicherung für die Zeit der Auslandstätigkeit wäre bei bisheriger Pflichtversicherung zwar denkbar, aber unsinnig. Aufgrund der Anwartschaft kann der Expatriate während deren Dauer keinerlei Ansprüche geltend machen. Nach der Rückkehr ist er bei Erfüllung der gesetzlichen Voraussetzungen ohnehin wieder pflichtversichert. Erfüllt er diese Voraussetzungen nicht, so verhilft ihm auch die Anwartschaft nicht zu einer erneuten Pflichtversicherung.

6.1.2 Bisher freiwillig versicherte Expatriates

War der Expatriate bisher freiwillig in der gesetzlichen Krankenkasse versichert, so empfiehlt es sich, die freiwillige Versicherung während des Auslandsaufenthalts beizubehalten. Ein erneuter Abschluss bei Rückkehr nach Deutschland ist nur unter der Voraussetzung möglich, dass der Expatriate innerhalb von zwei Monaten nach der Rückkehr wieder unter Überschreitung der Beitragsbemessungsgrenze eine Beschäftigung aufnimmt und der Krankenkasse den Beitritt innerhalb von drei Monaten erklärt.[346] Dies könnte in den Fällen, in denen der Expatriate nach Beendigung des Auslandseinsatzes nicht auf seinen alten Arbeitsplatz zurückkehrt, problematisch sein. Der Arbeitgeber ist zur Zahlung seines Beitragsanteils nur bei Weitergeltung der deutschen Rechtsvorschriften verpflichtet.

Zu beachten ist darüber hinaus, dass die Kündigung einer freiwilligen Krankenversicherung in Deutschland insbesondere dann sehr gut überlegt werden sollte, wenn die deutsche Rentenversicherungspflicht während des Auslandsaufenthalts bestehen bleibt. Weil in diesem Fall die Beschäftigung als ununterbrochen gilt, wäre der Wiedereintritt in die freiwillige Krankenversicherung selbst dann ausgeschlossen, wenn der Expatriate nach seiner Rückkehr wieder eine Beschäftigung mit Entgelt über der Beitragsbemessungsgrenze aufnähme.[347]

Statt der Kündigung kann die freiwillige Versicherung während des Auslandseinsatzes wie bisher oder – bei ausreichender Absicherung durch eine Versicherung im Tätigkeitsstaat – als Anwartschaftsversicherung fortgesetzt werden. Allerdings bestehen bei einer bloßen Anwartschaft keine Leistungsansprüche gegenüber der Krankenkasse; auch dem Unternehmen werden keine Kosten erstattet. Erkundigen Sie sich im Zweifelsfall rechtzeitig bei der bisher zuständigen Krankenkasse, um die Möglichkeiten abzuklären, und lassen Sie sich insbesondere die Möglichkeit des Wiedereintritts nach der Rückkehr schriftlich bestätigen.

Möglich ist auch der Abschluss einer Anwartschaftsversicherung, sofern die Krankenkasse diese Möglichkeit in ihrer Satzung vorsieht. Der Anspruch auf Leistungen für den Expatriate und seine mitversicherten Familienangehörigen ruht in diesem Fall bis zum Wiederaufleben aller Rechte und Pflichten mit endgültiger Rückkehr in die Bundesrepublik Deutschland. Aus diesem Grund sollte man sich nur dann auf die Anwartschaftsversicherung beschränken, wenn eine ausreichende anderweitige Absicherung etwa durch eine ausländische Krankenversicherung gewährleistet ist. Auch wenn mitversicherte Familienangehörige zurückbleiben, sollte die volle freiwillige Versicherung aufrechterhalten werden.

In beiden Fällen der gesetzlichen Versicherung werden Leistungen, wie unter 5.2.1.2 beschrieben, durch den Arbeitgeber erbracht, der gegenüber der Krankenkasse einen Erstattungsanspruch nur bis zur Höhe der Kosten, die im Inland entstanden wären, erwirbt.[348]

345 § 9 Abs. 1 Nr. 1 und Abs. 2 SGB V.
346 § 9 Abs. 1 Nr. 5 SGB V.
347 Heuser/Heidenreich/Förster, Auslandsentsendung S. 133.
348 § 17 Abs. 1 und 2 SGB V.

▷ *Glossar Seite 174*
Abkürzungen Seite 176

6.1.3 Bisher privat versicherte Expatriates

Eine vorhandene private Krankenversicherung kann während des Auslandseinsatzes weiterbestehen. Ihr Umfang, insbesondere die Auslandsgeltung sollten jedoch rechtzeitig überprüft werden. Gegebenenfalls empfiehlt es sich, eine entsprechende Zusatzversicherung abzuschließen. Ist der Expatriate infolge einer ausländischen Krankenversicherung ausreichend abgesichert, so besteht auch die Möglichkeit der Umwandlung der privaten deutschen Krankenversicherung in eine Anwartschaftsversicherung, um einerseits nicht unnötig Beiträge zu zahlen, andererseits aber auch die private Versicherung nach der Rückkehr ins Inland problemlos wieder aufleben lassen zu können.

6.2 Rentenversicherung

Wenn ein deutscher Expatriate für eine begrenzte Zeit im Ausland beschäftigt wird, besteht die Möglichkeit einer Pflichtversicherung auf Antrag.[349] Staatsangehörige der Vertragsstaaten, die ihre Beschäftigung im Vertragsstaat ausüben, sind einem Deutschen gleichgestellt. Somit könnte etwa ein Brite, der von einem deutschen Unternehmen nach Großbritannien entsandt wird, auf Antrag in Deutschland pflichtversichert werden. Auch für Staatsangehörige der EWR-Mitgliedsstaaten ist die Möglichkeit der Pflichtversicherung auf Antrag jedenfalls dann gegeben, wenn sie ihre Beschäftigung in einem Mitgliedsstaat ausüben. Ist dies nicht der Fall, so muss die allgemeine Wartezeit von fünf Jahren erfüllt sein und darf keine Pflicht- oder freiwillige Versicherung nach den Rechtsvorschriften eines anderen EWR-Staates bestehen.[350] Sofern allerdings der Expatriate – unabhängig von seiner Staatsangehörigkeit – infolge einer Ausnahmevereinbarung, durch Ausstrahlung oder aus anderen Gründen[351] ohnehin der deutschen Rentenversicherungspflicht unterliegt, ist die Versicherungspflicht auf Antrag nicht möglich.

Voraussetzung ist der Antrag einer Stelle mit Sitz im Inland beim Rentenversicherungsträger.[352] Bei der Bundesversicherungsanstalt für Angestellte ist hierfür ein besonderes Formblatt erhältlich. Der Antrag kann aber zur Fristwahrung auch zunächst formlos und zum Beispiel bei einer Gemeinde statt beim Rentenversicherungsträger gestellt werden.

Hinweis:
Die Adresse der Bundesversicherungsanstalt für Angestellte finden Sie im Anhang.

Der Arbeitgeber kann den Antrag für den als Privatperson selbst nicht antragsberechtigten Arbeitnehmer stellen. Der Arbeitgeber wird damit zum Schuldner der Beiträge in voller Höhe. Es ist jedoch eine privatrechtliche

Vereinbarung möglich, wonach der versicherte Expatriate dem Unternehmen die Beiträge ganz oder teilweise zu erstatten hat.[353] Der Beitragssatz entspricht dem der im Inland Beschäftigten.

Sofern die Voraussetzungen für die Versicherungspflicht auf Antrag dann bereits vorliegen, beginnt sie mit dem Tag nach Eingang des Antrags bei der zuständigen Stelle, ansonsten an dem Tag, an dem die Voraussetzungen eingetreten sind.

Wenn die Versicherungspflicht auf Antrag mangels einer zeitlichen Begrenzung der Auslandstätigkeit nicht möglich ist oder aus sonstigen Gründen keine Versicherungspflicht besteht, ist auch die freiwillige Versicherung zu individuellen Beiträgen möglich. Hier ist allerdings Vorsicht geboten. Anspruchsvoraussetzung bei geminderter Erwerbsfähigkeit sind neben anderen Voraussetzungen 36 Pflichtbeiträge innerhalb der letzten fünf Jahre. Ausschließlich freiwillige Zahlungen können also die Entstehung des Anspruchs verhindern. Es sollte daher nach Möglichkeit versucht werden, die Pflichtversicherung fortzuführen.

6.3 Pflegeversicherung

Endet die Versicherungspflicht in Deutschland und ist die Vorversicherungszeit erfüllt, so kann der Expatriate sich freiwillig weiterversichern. Die Weiterversicherung empfiehlt sich insbesondere dann, wenn eine Tätigkeit in einem Nicht-EWR-Staat ausgeübt wird und sich keine freiwillige Krankenversicherung an die Pflichtversicherung anschließt, da die für den Leistungsanspruch geforderte Vorversicherungszeit in diesem Fall grundsätzlich nicht mit ausländischen Versicherungszeiten erfüllt werden kann. Voraussetzung ist, dass der Expatriate in den letzten fünf Jahren vor dem Ausscheiden mindestens 24 Monate oder unmittelbar vor dem Ausscheiden mindestens zwölf Monate versichert war.[354] Der Antrag ist innerhalb von drei Monaten nach Ende der Versicherungspflicht zu stellen.

Scheidet der Expatriate wegen der Verlegung seines Wohnsitzes oder gewöhnlichen Aufenthalts aus der Versicherungspflicht aus, so ist ebenfalls eine Weiterversicherung auf Antrag möglich. Der Antrag ist jedoch in diesem Fall innerhalb eines Monats nach dem Ausscheiden bei der zuletzt zuständigen Pflegekasse zu stellen.[355]

Unterliegt der Expatriate allerdings den Vorschriften eines EWR-Staates mit der Folge einer dort bestehenden Krankenversicherung, so ist die Weiterversicherung in Deutschland nicht möglich.[356]

Ist der Expatriate privat krankenversichert, so muss gleichzeitig immer auch eine private Pflegeversicherung bestehen.

349 § 4 Abs. 1 Satz 1 Nr.2 SGB VI.
350 § 4 Abs. 1 Satz 1 Nr. 3 SGB VI.
351 Denkbar bei gewöhnlicher Berufstätigkeit in mehreren Mitgliedsstaaten oder Arbeitnehmer eines grenzgeteilten Unternehmens mit Sitz in Deutschland.
352 § 4 Abs. 1 Satz 1 SGB VI.
353 § 179 Abs. 2 Satz 1 SGB VI.
354 § 26 Abs. 1 SGB XI.
355 § 26 Abs. 2 SGB XI.
356 Kerger, Auslandsbeschäftigung und Sozialversicherung S. 64.

▷ *Glossar Seite 174*
Abkürzungen Seite 176

6.4 Unfallversicherung

Eine freiwillige Versicherungsmöglichkeit aufgrund der Auslandstätigkeit gibt es im Bereich der gesetzlichen Unfallversicherung nicht. Bei einigen Berufsgenossenschaften ist jedoch auf Antrag des Betriebes der Abschluss einer besonderen Versicherung des Expatriates für Unfälle während der Entsendung möglich.[357] Die Kosten trägt der Arbeitgeber in voller Höhe. Erkundigen Sie sich über diese Möglichkeit bei der für den Expatriate zuständigen Berufsgenossenschaft.

Selbstverständlich gibt es auch die Möglichkeit einer privaten Unfallversicherung.

6.5 Arbeitslosenversicherung

Eine freiwillige Weiterversicherung ist in diesem Versicherungszweig nicht möglich. Bei einzelnen Anbietern kann zwar eine private Versicherung abgeschlossen werden. Diese Versicherungen sind jedoch zum Teil aufgrund überhöhter Beiträge oder wegen undurchsichtiger oder weitreichender Haftungsausschlüsse nicht empfehlenswert. Darüber hinaus besteht die Möglichkeit, eine privatrechtliche Vereinbarung zwischen Unternehmen und Expatriate zu treffen, um das Risiko der Mittellosigkeit bei Arbeitslosigkeit zu verringern.

7. Riester-Rente

Die Förderung der so genannten Riester-Rente setzt gem. § 10a EStG zunächst die Pflichtversicherung in der gesetzlichen Rentenversicherung voraus. Gleichgestellt ist die Alterssicherung der Landwirte sowie derjenige, der bei einer inländischen Agentur für Arbeit als Arbeitsuchender gemeldet ist und der Rentenversicherungspflicht nur deshalb nicht unterliegt, weil er Arbeitsförderungsleistungen wegen seines zu berücksichtigenden Vermögens oder Einkommens nicht bezieht.

Besteht somit ein Interesse des Expatriates an der Riester-Rente, so sollte er die Möglichkeit der Pflichtversicherung auf Antrag wahrnehmen, sofern seine Pflichtversicherung in der deutschen Rentenversicherung durch die Auslandstätigkeit beendet wird.

Zu beachten ist darüber hinaus, dass es sich bei dieser Art der Förderung um eine Steuersubvention handelt. Neben der Pflichtversicherung in der deutschen Rentenversicherung muss daher die unbeschränkte Steuerpflicht des Expatriates gegeben sein. Verlegt der Expatriate seinen Wohnsitz oder gewöhnlichen Aufenthalt in das Ausland, so ist dies nicht mehr der Fall. Er kann dann allenfalls unter den dort genannten Voraussetzungen einen Antrag nach § 1 Abs. 3 EStG auf Behandlung als unbeschränkt Steuerpflichtiger stellen.

Endet die unbeschränkte Steuerpflicht, so ist eine bereits gewährte Förderung zurückzuzahlen.[358] Es besteht allerdings die Möglichkeit einer zinslosen Stundung des Betrages, der dann bei erneuter Begründung einer unbeschränkten Steuerpflicht, etwa durch Zurückverlegung des Wohnsitzes nach Deutschland, erlassen wird. Im Falle einer Wiederbegründung der unbeschränkten Steuerpflicht nach einer Entsendung ist darüber hinaus die Zulage rückwirkend auch für den Zeitraum der Entsendung zu gewähren.[359]

357 § 140 Abs. 2 SGB VII.
358 §§ 93 – 95 EStG.
359 § 95 Abs. 3 Satz 2 EStG.

▷ *Glossar Seite 174*
Abkürzungen Seite 176

8. Private Zusatzversicherungen

8.1 Krankenversicherung

Als Absicherung für den Krankheitsfall empfehlen sich, wie bereits ausgeführt, häufig private Krankheitskostenvoll- oder zumindest -zusatzversicherungen. Besteht eine private Vollversicherung, so sollte der Arbeitgeber zumindest einen Teil des Beitrags übernehmen, da er ohne die Versicherung für alle eventuell entstehenden Kosten aufkommen müsste. Eine Pflicht des Unternehmens, die private Krankenversicherung zu bezuschussen, besteht allerdings nur, wenn die Versicherungsfreiheit aufgrund Überschreitens der Jahresarbeitsentgeltgrenze, einer Befreiung oder wegen des Eintritts der Versicherungspflicht nach dem 55. Lebensjahr und Erfüllung der weiteren Voraussetzungen des § 6 Abs. 3a SGB V eingetreten ist. Wird die private Vollversicherung daher nur wegen fehlender Ausstrahlung der deutschen Vorschriften abgeschlossen, so besteht keine Verpflichtung des Unternehmens zur Bezuschussung.

Bei Zusatzversicherungen ist zwischen der Urlaubs- und der Auslandsreisekrankenversicherung zu unterscheiden. Die Urlaubskrankenversicherung ist häufig zeitlich und leistungsmäßig eingeschränkt. Daher bietet sich meist eher der Abschluss einer Auslandskrankenversicherung an. Diese umfasst jedenfalls dann auch die Kosten eines Rücktransports, wenn bei Gefahr für Leib und Leben die Notwendigkeit des Rücktransports ärztlich angeordnet ist, weil die ausreichende Versorgung am Unfallort nicht gewährleistet ist.[360] Inlandsaufenthalte des Expatriates müssen in der Regel wiederum gesondert abgesichert werden. Bei häufigen Auslandsentsendungen innerhalb einer Firma empfiehlt sich unter Umständen der Abschluss eines Rahmenvertrages mit günstigeren Prämien.

360 OLG Frankfurt a.M., 16.08.2000, 7 U 186/99.

▷ *Glossar Seite 174*
Abkürzungen Seite 176

8.2 Sonstige Zusatzversicherungen

Zumindest in Betracht gezogen werden sollten Diebstahl-, (Luft-)Unfall- und Reisegepäckversicherungen.

Teil IV
Aufenthalts- und Arbeitserlaubnisse

Wird ein Mitarbeiter ins Ausland entsandt, ist unbedingt und rechtzeitig darauf zu achten, dass er für den betreffenden Staat eine Aufenthalts- und Arbeitserlaubnis beantragt und erhalten hat. Alle Staaten legen bei Ausländern äußersten Wert darauf, zu prüfen, zu entscheiden und zu kontrollieren, wer wie lange welcher Arbeit in ihrem Hoheitsgebiet nachgeht. Verstößt ein ausländischer Arbeitnehmer gegen Aufenthalts- und Arbeitserlaubnisbestimmungen, können die Behörden des Tätigkeitsstaats sowohl gegenüber dem Arbeitnehmer als auch gegenüber seinem Unternehmen nachhaltig unangenehm reagieren.

Aufenthalts- und Arbeitserlaubnisse haben von Land zu Land unterschiedliche Formen, Typklassen und Antragsformulare. Rechtzeitig vor Beginn der Reise in den Tätigkeitsstaat sollte man sich deshalb genau hierüber informieren und die erforderlichen Schritte einleiten.

Hinweis:
Gute Informationen über die Aufenthalts- und Arbeitserlaubnisbestimmungen sind in der Regel auf der Website der Botschaft des jeweiligen Landes in Deutschland zu finden, so etwa für Australien http://www.australian-embassy.de/visa/index.html, für die Volksrepublik China http://www.china-botschaft.de/ger/c14148.html oder für die USA http://www.usembassy.de/travel/dindex.htm.

Abgesehen von den zahlreichen länderspezifischen Unterschieden im Detail gibt es jedoch allgemeine Strukturen, die für das Aufenthalts- und Arbeitserlaubnisrecht der meisten Länder gelten. Diese sollen im Folgenden geschildert werden. Ihre Beachtung wird empfohlen.

1. Touristen- oder Business-Visum?

Üblicherweise unterscheiden die Staaten bei der Erteilung der Aufenthaltserlaubnis, ob der Ausländer als Tourist oder aus beruflichen Gründen einreist. Reist der Ausländer aus beruflichen Gründen ein, wird die Arbeitserlaubnis im Visum selbst oder parallel dazu erteilt.

Auch bei kurzfristigen geschäftlichen Aufenthalten sollte man auf keinen Fall nur mit Touristenvisum einreisen. Stellt sich heraus, dass man trotz Touristenvisum auch einer Berufstätigkeit nachgeht, wird dieser Verstoß – abgesehen von möglichen Geld- oder Freiheitsstrafen sowie Ausweisung und Abschiebung – zumindest damit geahndet, dass man von einer weiteren Visumerteilung auf längere Zeit ausgeschlossen ist. Das gilt nicht nur für den Arbeitnehmer selbst, sondern auch für den Arbeitgeber, wenn er später versucht, andere Arbeitnehmer in den betreffenden Staat zu entsenden. Auslandsvertretungen und Einwanderungsbehörden haben bei Zuwiderhandlungen gegen Aufenthalts- und Arbeitserlaubnisbestimmungen regelmäßig ein ziemlich langes Gedächtnis. Wer einmal auf einer schwarzen Liste steht, kommt so schnell nicht davon herunter. Unterstützung seitens der deutschen Auslandsvertretung im betreffenden Land oder des Auswärtigen Amts ist in einem solchen Fall nur begrenzt leistbar, zumal umgekehrt die Bundesrepublik Deutschland es ja auch nicht gern sieht, wenn gegen ihre Aufenthalts- und Arbeitserlaubnisbestimmungen verstoßen wird.

Eine unzulässige Berufstätigkeit bei Einreise mit Touristenvisum kann auch erst später auffallen und zu den vorstehend geschilderten Konsequenzen führen, nämlich dann, wenn ein geschäftlicher Kontakt sich verfestigt und man zu einem späteren Zeitpunkt ein Business-Visum beantragt. Hierbei werden üblicherweise vorherige Aufenthalte überprüft. Stellt sich dabei heraus, dass man vorher mit Touristenvisum zu geschäftlichen Zwecken eingereist ist, kann dies zur Verweigerung des Business-Visums führen.

▷ *Glossar Seite 174*
Abkürzungen Seite 176

Hinweis:
Selbst zu kurzfristigen geschäftlichen Aufenthalten sollte man immer mit einem Business-Visum, niemals nur mit einem Touristenvisum einreisen.

Weiterer Hinweis:
Bei Auslandsentsendungen sollte man sich in Visumfragen niemals auf Auskünfte von Reisebüros verlassen. Das Visum für einen beruflichen Auslandsaufenthalt ist kein nebensächliches Detail bei der Buchung einer Reise. Hierbei spielen Rechtsfragen eine Rolle, deren Beantwortung die Leistungsfähigkeit eines Reisebüros übersteigt. Man sollte sich selbst darum kümmern, Auskünfte von der Auslandsvertretung des Tätigkeitsstaats in Deutschland anfordern und/oder eine fachlich fundierte Beratung zum Beispiel durch eine auf Auslandsentsendung spezialisierte Rechtsanwaltskanzlei einholen.

2. Kurzfristiger oder langfristiger Aufenthalt?

Üblicherweise unterscheiden die Staaten zwischen Aufenthalts- und Arbeitserlaubnissen für kurzfristige und langfristige Aufenthalte (short stay oder long stay).

Die Erlaubnis für den kurzfristigen Aufenthalt, zum Beispiel bis zu drei Monaten, wird in der Regel ziemlich unkompliziert erteilt. Einige Staaten, zum Beispiel Australien, erlauben sogar, dass man sich das kurzfristige Visum via Computer gebührenfrei selbst erteilt, so genannte Electronic Travel Authority (ETA). In den USA brauchen deutsche Staatsbürger für Geschäftsreisen bis zu 90 Tagen unter Umständen sogar überhaupt kein Visum, sog. Visa Waiver Program.

Für langfristige Arbeitsaufenthalte ist dagegen ein umfangreicheres Erlaubnisverfahren vorgesehen, in dem genauer geprüft wird, ob die Tätigkeit des Ausländers erwünscht ist und nationalen Interessen, zum Beispiel Vollbeschäftigung für einheimische Arbeitnehmer, nicht entgegensteht.

Einige Staaten sehen als Zwischenform noch ein Visum vor, dass für mehrere Jahre gilt, aber jeweils nur zu kurzfristigen Geschäftsaufenthalten ermächtigt. So gilt zum Beispiel die australische Business (Long validitiy) ETA bis zu zehn Jahre und erlaubt in diesem Zeitraum die wiederholte Einreise zu Geschäftsaufenthalten bis zu drei Monaten.

Die erleichterte, zum Teil elektronische Form der Visumerteilung für kurzfristige Aufenthalte könnte dazu verführen, sich der Einfachheit halber nach Ablauf der Gültigkeit ein neues kurzfristiges Visum zu besorgen. Hiervor sei ausdrücklich gewarnt. Zum einen setzen die Einreisebestimmungen der meisten Länder voraus, dass zum Ende der Gültigkeitsdauer

▷ *Glossar Seite 174*
Abkürzungen Seite 176

des Visums eine Ausreise erfolgt, und zwar tatsächlich, nicht nur virtuell. Zum anderen wird das Hintereinanderhängen kurzfristiger Visa als unzulässige Umgehung der schärferen Kriterien für die Erteilung langfristiger Aufenthalts- und Arbeitserlaubnisse gewertet. Das gilt auch dann, wenn man zwar zwischendurch kurz ausreist, die überwiegende Zeit des Jahres sich aber im Tätigkeitsstaat aufhält, ohne eine Erlaubnis für einen langfristigen Aufenthalt zu besitzen.

Hinweis:

Das kettenartige Hintereinanderhängen von Visa für kurzfristige Aufenthalte stellt in aller Regel einen Verstoß gegen die Aufenthalts- und Arbeitserlaubnisbestimmungen des Tätigkeitsstaats dar. Ist abzusehen, dass sich aus einem kurzfristigen Aufenthalt ein längerfristiges Engagement im Tätigkeitsstaat entwickelt, ist unverzüglich, das heißt rechtzeitig vor Ablauf der bisherigen kurzfristigen Erlaubnis ein Antrag auf langfristige Aufenthalts- und Arbeitserlaubnis zu stellen. Zur Frage der Rechtzeitigkeit der Antragstellung ist zu berücksichtigen, dass sowohl die Beibringung der nötigen Antragsunterlagen als auch das Genehmigungsverfahren bei langfristigen Aufenthalten viele Wochen in Anspruch nehmen kann.

3. Erstantragstellung bei der Auslandsvertretung in Deutschland

Üblicherweise verlangt der Tätigkeitsstaat, dass das Antragsverfahren auf erstmalige Erteilung einer Aufenthalts- und Arbeitserlaubnis vor der Einreise stattfindet und abgeschlossen ist. Vorgeschrieben ist deshalb in der Regel die Antragstellung bei der Botschaft oder einem Konsulat dieses Staates im Heimatstaat des Ausländers. Soll eine bestehende Erlaubnis lediglich verlängert werden, ist dies selbstverständlich vor Ort möglich.

Einwanderungsbehörden und Auslandsvertretungen können dagegen ziemlich empfindlich reagieren, wenn man auf gut Glück oder mit einem Touristenvisum einreist und erst dann im Tätigkeitsstaat eine Aufenthalts- und Arbeitserlaubnis beantragt. In diesem Fall muss man mit einer Antragsablehnung wegen Unzuständigkeit der Einwanderungsbehörde vor Ort rechnen. Stellt man dann anschließend den Antrag richtigerweise bei der Auslandsvertretung in Deutschland, kann diese unter Umständen ablehnen, weil sie die vorherige Einreise ohne zutreffende Erlaubnis als früheren Verstoß gegen Aufenthalts- und Arbeitserlaubnisbestimmungen wertet.

Hinweis:
Vor Antritt der Reise zum Arbeitsaufenthalt im Ausland muss der Arbeitnehmer im Besitz einer korrekten Aufenthalts- und Arbeitserlaubnis sein, die er über die Auslandsvertretung des Tätigkeitsstaats in Deutschland erhalten hat. Sie ist deshalb rechtzeitig, das heißt viele Wochen vor Reiseantritt zu beantragen. Eine vorzeitige Einreise ohne korrekte Erlaubnis ist unter allen Umständen zu vermeiden.

▷ *Glossar Seite 174*
Abkürzungen Seite

4. Aufenthalts- und Arbeitserlaubnisklausel im Entsendungsvertrag

Aus dem vorstehend Geschilderten ergibt sich, dass eine Auslandsentsendung ohne korrekte Aufenthalts- und Arbeitserlaubnis des Tätigkeitsstaats zum Scheitern verurteilt ist und das Engagement der Firma in diesem Staat auf lange Sicht zunichte machen kann. Da eine Entsendung ohne Erlaubnis also zwecklos ist, empfiehlt es sich, die Geltung des Entsendungsvertrages von ihrer Erteilung abhängig zu machen.

Abgesehen vom vereinbarten Vertragsbeginn, zum Beispiel dem Tag des Reiseantritts, sollte deshalb der Entsendungsvertrag „unter der aufschiebenden Bedingung" abgeschlossen werden, „dass die für den Auslandsaufenthalt erforderliche Aufenthalts- und Arbeitserlaubnis durch den Tätigkeitsstaat erteilt worden ist".

Wird die Erlaubnis verweigert, tritt auch der Vertrag nicht in Kraft. Verzögert sich die Erteilung, verzögert sich auch das Inkrafttreten.

Aufschiebende Bedingung bedeutet lediglich, dass der Vertrag nur bei Erlaubniserteilung in Kraft tritt. Sollte die Erlaubnis später entfallen oder nicht verlängert werden, bedeutet das nicht automatisch das Ende des Vertrags. Denn es handelt sich nicht um eine auflösende Bedingung. Diese wäre fairerweise dem Expatriate auch nicht zumutbar. Denn der spätere Wegfall der Erlaubnis kann Ursachen haben, die der Expatriate nicht zu vertreten hat, zum Beispiel Fehlverhalten des Unternehmens im Tätigkeitsstaat, Änderung von Bestimmungen des Aufenthalts- und Arbeitserlaubnisrechts oder einfach Willkür von Behörden des Tätigkeitsstaates. Die Folgen eines späteren Wegfalls der Aufenthalts- und Arbeitserlaubnis richten sich deshalb nach den für den Entsendungsvertrag geltenden Regeln des Arbeitsrechts in Bezug auf Kündigung, Lohnfortzahlung, Rückreisekosten usw.

Hinweis:
Der Entsendungsvertrag sollte unter der aufschiebenden Bedingung geschlossen werden, dass die für den Auslandsaufenthalt erforderliche Aufenthalts- und Arbeitserlaubnis durch den Tätigkeitsstaat erteilt worden ist.

Teil V
Datenschutz im Personalbereich

Vorbemerkung

Am 23.05.2001 ist mit der Neufassung des Bundesdatenschutzgesetzes (BDSG) die EG-Richtlinie vom 24.10.1995 in bundesdeutsches Recht umgesetzt worden. Die Richtlinien selbst wenden sich grundsätzlich nur an die Mitgliedsstaaten. Erst mit der Umsetzung wird der einzelne Bürger berechtigt und verpflichtet. Da das mehrfach angekündigte Arbeitnehmerdatenschutzgesetz, das die bislang überwiegend richterrechtlich entschiedenen Fragen des Arbeitnehmerdatenschutzes kodifizieren soll, bislang nicht verabschiedet wurde, bleibt das Bundesdatenschutzgesetz die vorrangige gesetzliche Grundlage für diesen Bereich.

Es stellt sich daher die Frage, welche Personaldaten ein Unternehmen unter welchen Voraussetzungen ins Ausland verschicken darf.

1. Schutzbereich des Bundesdatenschutzgesetzes

1.1 Unterscheidung nach der Behandlung der Daten

Das Gesetz ist auf die Erhebung, Verarbeitung und Nutzung personenbezogener Daten durch nicht öffentliche Stellen anzuwenden, soweit sie die Daten unter Einsatz von Datenverarbeitungsanlagen verarbeiten, nutzen oder dafür erheben.[361] Bei nichtautomatisierter Speicherung muss dagegen die Verwaltung in Dateien erfolgen.[362] Durch die Neufassung des Gesetzes erfasst werden nun auch nichtautomatisierte Dateien des Unternehmens, selbst wenn diese rein betriebsinternen Zwecken dienen, sowie Akten, zum Beispiel Personalakten.

Somit ist jede Art der üblichen Datenerfassung, sei es nun per EDV oder in Akten, vom Bundesdatenschutzgesetz erfasst.

1.2 Unterscheidung nach dem Inhalt der Daten

Das Gesetz gilt für personenbezogene Daten, das heißt für Einzelangaben über persönliche und sachliche Verhältnisse einer bestimmten oder bestimmbaren natürlichen Person. Gemeint sind im Personalbereich Daten wie Geschlecht, Familienstand, Ausbildung, Sprachkenntnisse, Alter, Betriebszugehörigkeit.

Will das Unternehmen somit Daten über die Person seines Expatriates etwa über das Internet an eine Tochtergesellschaft ins Ausland versenden, so hat er das Bundesdatenschutzgesetz grundsätzlich zu beachten.

Besonders strenge Regeln gelten für die „besonderen Arten personenbezogener Daten" im Sinne des § 3 Abs. 9 BDSG. Dort sind rassische und ethnische Herkunft, politische Meinungen, religiöse oder philosophische Überzeugungen, Gewerkschaftszugehörigkeit, Gesundheit und Sexualleben genannt.

2. Zulässigkeit der Erhebung, Verarbeitung und Nutzung von Daten

Gemäß § 4 BDSG steht neben Verarbeitung und Nutzung auch die Erhebung personenbezogener Daten unter Gesetzes- oder Einwilligungsvorbehalt.

2.1 Einwilligung

Die Voraussetzungen für die Rechtmäßigkeit der Einwilligung, die im Allgemeinen schriftlich zu erteilen ist, finden sich in § 4a BDSG. Danach muss der Betroffene, also der Expatriate, auf den Zweck der Datenerhebung, -verarbeitung oder -nutzung sowie unter Umständen auf die Folgen der Verweigerung hingewiesen werden. Die Einwilligung muss auf der freien Entscheidung des Betroffenen beruhen.

Um sicherzugehen, sollte das Unternehmen daher bereits in den Arbeitsvertrag eine entsprechende Einwilligungsklausel durch den Expatriate einbauen. Diese Klausel muss besonders hervorgehoben werden und die genannten Hinweise enthalten.[363] Sofern die Einwilligung auch Daten betreffend rassische und ethnische Herkunft, politische Meinungen, religiöse oder philosophische Überzeugungen, Gewerkschaftszugehörigkeit, Gesundheit oder Sexualleben erfassen soll, muss sie sich ausdrücklich darauf erstrecken.[364]

2.2 Erlaubnistatbestände

Liegt keine Einwilligung des Arbeitnehmers vor, so ergeben sich die Zulässigkeitsvoraussetzungen für das Versenden von Arbeitnehmerdaten im Wesentlichen aus § 28 BDSG. Gemäß § 28 Abs. 1 BDSG ist das Übermitteln nur zulässig, wenn es der Zweckbestimmung eines Vertragsverhältnisses mit dem Betroffenen dient.

Daraus ist zu folgern, dass grundsätzlich alle Daten des Expatriates, die etwa der Einstellungsentscheidung, Personaleinsatzplanung oder der Sozialauswahl bei Kündigungen dienen, übermittelt werden dürfen. Dazu zählen laut einer Entscheidung des Bundesarbeitsgerichts zum Beispiel Geschlecht, Familienstand, Schule, Ausbildung und Sprachkenntnisse.[365]

Daneben ist die Übermittlung erlaubt, wenn sie zur Wahrung berechtigter Interessen des Unternehmens dient oder die Daten ohnehin allgemein zugänglich sind. In beiden Fällen darf jedoch ein schutzwürdiges Interesse des Betroffenen nicht überwiegen.

Hinsichtlich der bereits angesprochenen besonderen Arten personenbezogener Daten, also im hier untersuchten Bereich etwa Gewerkschaftszuge-

361 § 1 Abs. 2 Nr. 3 1. Alt. BDSG.
362 § 1 Abs. 2 Nr. 3 2. Alt. BDSG.
363 § 4a Abs. 1 Satz 4 BDSG.
364 § 4a Abs. 3 BDSG.
365 BAG, 22.10.1986, DB 87, S. 1048.

▷ *Glossar Seite 174*
Abkürzungen Seite 176

hörigkeit oder Gesundheit, ist die Übermittlung nur unter besonders strengen Voraussetzungen erlaubt.[366] Ohne die Einwilligung des Arbeitnehmers ist die Übermittlung der Daten nur zum Schutz lebenswichtiger Interessen des Arbeitnehmers oder eines Dritten, zur Verfolgung rechtlicher Ansprüche ohne entgegenstehendes schutzwürdiges Interesse des Arbeitnehmers oder bei durch den Arbeitnehmer offenkundig öffentlich gemachten Daten zulässig.

Denkbar wäre etwa die Übermittlung von Gesundheitsdaten des Expatriates, wenn dieser während seiner Auslandsentsendung einen Unfall hat und bewusstlos ist. Allerdings ist zu beachten, dass schon die Erhebung dieser Daten den strengen Voraussetzungen des § 28 Abs. 6 – 9 BDSG unterliegen. Daten über die Gesundheit des Expatriates dürften somit nur bei Vorliegen der genannten Voraussetzungen oder durch Personen mit Geheimhaltungspflicht erfolgen, es sei denn, es liegt eine Einwilligung des Betroffenen vor.[367]

3. Datenversendung innerhalb Europas

3.1 Erhebung, Verarbeitung oder Nutzung im Inland

Gemäß § 1 Abs. 5 BDSG findet das Gesetz bei Erhebung, Verarbeitung oder Nutzung personenbezogener Daten im Inland durch eine ausländische Stelle keine Anwendung, wenn die verantwortliche Stelle in einem anderen Mitgliedsstaat der EU oder einem anderen Vertragsstaat des EWR gelegen ist. Erfasst sind die EU-Länder sowie Island, Norwegen und Liechtenstein. Werden somit in Deutschland Daten durch ein (EWR-)ausländisches Unternehmen erhoben, so findet das BDSG keine Anwendung.

3.2 Versendung innerhalb des europäischen Wirtschaftsraumes

Die Übermittlung von Daten auf dem umgekehrten Weg, also von Deutschland ins EU-/EWR-Ausland, ist vornehmlich in § 4b BDSG geregelt. Danach gelten im Grunde die gleichen Zulässigkeitsvoraussetzungen wie bei der Versendung innerhalb Deutschlands, also insbesondere § 28 BDSG. Voraussetzung ist demnach wiederum, dass die Übermittlung der Daten der Zweckbestimmung des (Arbeits-)Vertragsverhältnisses dient. Soll also ein Expatriate ins EWR-Ausland entsandt werden, so ist es zulässig, die Daten, die für die im Rahmen des Arbeitsverhältnisses üblicherweise zu treffenden Entscheidungen erheblich sind, dorthin zu übermitteln.

Selbstverständlich sind auch hier die Besonderheiten bei den besonderen Arten personenbezogener Daten zu beachten. Ohne seine Einwilligung dürfte somit etwa die Gewerkschaftszugehörigkeit eines Expatriates nur in den seltensten Fällen zulässigerweise übermittelt werden.

4. Datenversendung in Drittstaaten

Gemäß § 4b Abs. 2 Satz 2 BDSG unterbleibt die Übermittlung von Daten in Länder, die nicht der EG-Datenschutzrichtlinie unterfallen, wenn der Betroffene ein schutzwürdiges Interesse am Ausschluss der Übermittlung hat. Dies ist insbesondere dann der Fall, wenn dort ein angemessenes Datenschutzniveau nicht gewährleistet ist. Die bei der Überprüfung des Datenschutzniveaus zu beachtenden Gesichtspunkte sind in § 4b Abs. 3 BDSG aufgezählt. Die Entscheidung trifft die EU-Kommission.

4.1 Länder mit anerkannt angemessenem Schutzniveau

Bisher wurde nur der Schweiz, Ungarn und Kanada ein solches Schutzniveau bescheinigt. Bei der Übermittlung von Daten in diese Länder gelten somit die gleichen Grundsätze wie bei der Versendung innerhalb des EWR.

4.2 USA

Hier gilt die Besonderheit der „Safe-Harbor-Regelung“. Das US-Handelsministerium hat Grundsätze ausgearbeitet, zu deren Einhaltung sich US-Unternehmen im Rahmen einer Selbstzertifizierung freiwillig verpflichten können. Die Zertifizierung erfolgt durch Erklärung gegenüber dem US-Handelsministerium oder einer von diesem benannten Stelle. Ab diesem Zeitpunkt gelten die Voraussetzungen des angemessenen Schutzniveaus für dieses Unternehmen als erfüllt; die Datenübermittlung ist nunmehr grundsätzlich zulässig.

Die Kontrolle der Einhaltung der Selbstverpflichtung erfolgt durch das Unternehmen selbst oder externe Stellen. Bei fortgesetzter Missachtung der Grundsätze wird das Unternehmen aus der öffentlichen Liste des Handelsministeriums bzw. der beauftragten Stelle gestrichen.

4.3 Fehlendes Schutzniveau

Hat sich etwa ein Unternehmen aus den USA nicht den Safe-Harbor-Grundsätzen unterworfen oder soll die Übermittlung der Daten in ein sonstiges Drittland ohne anerkanntes Schutzniveau erfolgen, so empfiehlt sich die vertragliche Absicherung. Die EU-Kommission hat zu diesem Zweck Standardvertragsklauseln verabschiedet. Das die Daten exportierende Unternehmen muss unter anderem den Datenimporteur anweisen, die Datenschutzvorschriften der EU einzuhalten, und für die Anwendung angemessener Sicherheitsvorkehrungen garantieren. Dem Betroffenen ist der Datenexporteur für einen eventuellen Schaden haftbar.

366 § 28 Abs. 6 – 9 BDSG.
367 § 28 Abs. 8 BDSG.

▷ *Glossar Seite 174*
Abkürzungen Seite 176

Wenn die Unternehmen diese freiwilligen Klauseln verwenden, müssen die Datenschutzbehörden der Mitgliedsstaaten das Schutzniveau anerkennen; die Datenübertragung wird unter den genannten Voraussetzungen zulässig. Zur Überwachung ist eine Kontrollstelle zuständig.

5. Überwachung

5.1 Betriebliche Überwachung

Beschäftigt der Arbeitgeber mindestens fünf Arbeitnehmer mit der Erhebung, Verarbeitung oder Nutzung personenbezogener Daten, so muss er schriftlich einen Beauftragten für den Datenschutz bestellen.[368] Die Unterlassung der Bestellung ist eine Ordnungswidrigkeit, die mit einer Geldbuße bis zu 25.000 € geahndet werden kann.[369] Dieser betriebliche Datenschutzbeauftragte muss die erforderliche Sachkunde und Zuverlässigkeit besitzen.[370] Er ist der Geschäftsleitung unmittelbar zu unterstellen, in Ausübung seiner Fachkunde auf dem Gebiet des Datenschutzes weisungsfrei und darf wegen der Erfüllung seiner Aufgaben nicht benachteiligt werden.[371]

Sowohl die Bestellung eines unternehmensinternen Mitarbeiters als auch die eines externen Beauftragten ist möglich. Bei der Bestellung eines unternehmensinternen Datenschutzbeauftragten im Wege einer Einstellung oder Versetzung ist das Mitbestimmungsrecht des Betriebsrats aus § 99 BetrVG zu beachten. Der Betriebsrat kann die Zustimmung zu der geplanten Versetzung etwa mit der Begründung verweigern, der Mitarbeiter besitze nicht die geforderte Sachkunde und Zuverlässigkeit.

Die bei der Datenverarbeitung beschäftigten Arbeitnehmer sind bei Aufnahme ihrer Tätigkeit auf das Datengeheimnis zu verpflichten.[372]

5.2 Staatliche Überwachung

Der vom Bundestag gewählte Bundesbeauftragte für den Datenschutz ist lediglich für die Kontrolle bei den öffentlichen Stellen zuständig;[373] bei der Datenverarbeitung durch Unternehmen spielt er keine unmittelbare Rolle.

Gemäß § 38 BDSG erfolgt jedoch eine Kontrolle durch die Aufsichtsbehörde. Sie wird von der jeweiligen Landesbehörde oder einer von ihr ermächtigten Stelle bestimmt. Ihre Mitarbeiter sind befugt, Prüfungen und Besichtigungen in den Geschäftsräumen des Unternehmens durchzuführen und die entsprechenden Unterlagen und Datenverarbeitungsprogramme einzusehen.[374] Das Unternehmen hat auf Verlangen die erforderlichen Auskünfte zu erteilen; andernfalls handelt es ordnungswidrig.[375] Bei Verstößen kann die Aufsichtsbehörde Maßnahmen zur Beseitigung der Mängel anordnen, ein Zwangsgeld verhängen oder sogar den Einsatz einzelner Verfahren untersagen.[376]

6. Rechte des Expatriates

Bei der erstmaligen Speicherung von Arbeitnehmerdaten ist der Betroffene über die Art der Daten, die Zweckbestimmung der Speicherung und die Identität des Speichernden zu benachrichtigen, es sei denn, dass er auf andere Weise davon oder von der Übermittlung Kenntnis erhält.[377] Das Unterlassen der Benachrichtigung ist eine Ordnungswidrigkeit.[378]

Der Expatriate kann entsprechende Auskunft verlangen[379] und in bestimmten Fällen die Berichtigung, Löschung oder Sperrung verlangen sowie, bei schutzwürdigen Interessen aufgrund einer besonderen persönlichen Situation, der Erhebung, Verarbeitung oder Nutzung von vornherein widersprechen.[380]

Entsteht dem Betroffenen durch die unzulässige oder unrichtige Datenerhebung, -verarbeitung oder -nutzung ein Schaden, so ist die verantwortliche Stelle, also das Unternehmen, ersatzpflichtig.[381]

368 § 4f Abs. 1 Satz 1 und 4 BDSG.
369 § 43 Abs. 1 Nr. 2 und Abs. 3 BDSG.
370 § 4f Abs. 2 BDSG.
371 § 4f Abs. 3 Satz 1 – 3 BDSG.
372 § 5 Satz 2 BDSG.
373 § 24 BDSG.
374 § 38 Abs. 4 BDSG.
375 § 43 Abs. 1 Nr. 10 BDSG.
376 § 38 Abs. 5 BDSG.
377 § 33 BDSG.
378 § 43 Abs. 1 Nr. 8 BDSG.
379 § 34 BDSG.
380 § 35 BDSG.
381 § 7 BDSG.

▷ *Glossar Seite 174*
Abkürzungen Seite 176

Anhänge

1. Arbeitsrecht

1.1 Musterverträge

Mustervertrag 1 (Ergänzungsvertrag)

zwischen
der ...
– nachstehend „Gesellschaft“ genannt –
und
Herrn/Frau ...
– nachstehend „Mitarbeiter/in“ genannt –

Präambel

Mitarbeiter/in wird die Gesellschaft in ... vertreten. Das Engagement in ... soll den Export der Gesellschaft fördern und den Marktanteil vergrößern. Dieser Einsatz bedarf einer gesonderten Regelung. Ergänzend zu dem Anstellungsvertrag vom ... wird daher folgende Vereinbarung für die Dauer des Aufenthaltes in ... getroffen:

1. Entsendung

1.1
Mitarbeiter/in wird auf der Grundlage der erzielten Vereinbarungen nach ... für den Zeitraum vom ... bis zum ... entsandt. Falls erforderlich, kann der Aufenthalt für einen weiteren befristeten Zeitraum verlängert werden.

1.2
Die Einstellung erfolgt für die Funktion als ... . Die Aufgabenbeschreibung ist Bestandteil dieses Vertrages.

1.3
Mitarbeiter/in unterliegt den Weisungen in fachlicher Hinsicht von ... und in disziplinarischer Hinsicht von ... . Darüber hinaus sind die Weisungen des Vorgesetzten im Tätigkeitsstaat zu befolgen. Im Zweifelsfall sind die Anordnungen von ... zu beachten.

1.4
Die Gesellschaft behält sich vor, Mitarbeiter/in eine andere Aufgabe zu übertragen oder das Unterstellungsverhältnis aus organisatorischen Gründen zu verändern. Die Aufgabenerfüllung kann auch mit einer örtlichen Veränderung verbunden sein. Mitarbeiter/in wird davon rechtzeitig in Kenntnis gesetzt.

1.5
Mitarbeiter/in kann jederzeit nach ... zurückgerufen werden, wenn die Gesellschaft es für notwendig erachtet.

2. Vergütung

2.1
Mitarbeiter/in erhält ein monatliches Grundgehalt in Höhe von € ... brutto.

2.2
Zusätzlich erhält Mitarbeiter/in eine Auslandszulage in Höhe von € ... brutto.

2.3
Die persönlichen und geschäftlichen Erfolge werden entsprechend einer gesonderten Zielvereinbarung honoriert.

2.4
Der Wert des €-Gehalts soll durch eine Wechselkursparität erhalten werden. Die Anpassung erfolgt in angemessenen Zeitabständen, derzeit monatlich. Sie erfolgt jeweils unter Zugrundelegung der offiziellen Wechselkursschwankungen vom letzten Banktag des Vormonats bis zum letzten Banktag des Regulierungsmonats.

2.5
Mit der vorstehend vereinbarten Vergütung ist der Mehraufwand für Überstunden abgegolten.

3. Zusätzliche Leistungen

3.1
Die Kosten für die Reise in den Tätigkeitsstaat trägt die Gesellschaft entsprechend ihrer Reisekostenrichtlinie. Darüber hinaus werden die Reisekosten für eine jährliche Heimreise erstattet. Mitarbeiter/in erhält eine Reisegepäckversicherung.

3.2
Die Rückumzugskosten werden nur nach vorheriger Absprache aus Gründen der dienstlichen Notwendigkeit erstattet. Eine Erstattung ist ausgeschlossen, wenn Mitarbeiter/in das Dienstverhältnis kündigt.

3.3
Für eine Übergangszeit von drei Monaten werden die Übernachtungskosten in einem Hotel erstattet. Die regelmäßigen Mietkosten werden im Tätigkeitsstaat entsprechend der Richtlinie erstattet.

3.4
Mitarbeiter/in erhält im Tätigkeitsstaat einen Dienstwagen, der auch zu privaten Zwecken genutzt werden darf. Die Einzelheiten werden in der Dienstwagenrichtlinie geregelt.

3.5
Die Gesellschaft übernimmt die Kosten für die Mitgliedschaft des/der Mitarbeiter/in in ... Club.

3.6
Die Kinder des/der Mitarbeiter/in werden in der lokalen internationalen Schule ausgebildet. Für die dadurch entstehenden Kosten kommt die Gesellschaft voll umfänglich auf.

4. Steuerklausel

4.1
Mitarbeiter/in ist für die ordnungsgemäße Versteuerung seines Welteinkommens im Tätigkeitsstaat verantwortlich. Die Gesellschaft empfiehlt die Inanspruchnahme eines lokalen Steuerberaters.

5. Versicherungsumfang

5.1
Die deutsche Sozialversicherung gilt/nicht während des Auslandsaufenthalts fort. Gegebenenfalls werden die erforderlichen Anträge durch die Gesellschaft gestellt.

5.2
Die Gesellschaft schließt für Mitarbeiter/in zusätzlich folgende Versicherungen ab:

a) Eine Auslandskrankenzusatzversicherung,
b) eine Unfallversicherung in Höhe von € ... auf den Todesfall und in Höhe von € ... auf den Invaliditätsfall,
c) eine Diebstahlversicherung.

Der Versicherungsschutz beginnt mit dem Tag der Ausreise und endet mit der Beendigung der Entsendung. Im Übrigen richtet sich der Umfang des Versicherungsschutzes nach den Bestimmungen des Versicherungsvertrages sowie den Allgemeinen Versicherungsbedingungen. Dienstliche und außerdienstliche Unfälle sind unverzüglich schriftlich anzuzeigen.

5.3
Für den Fall politischer Unruhen oder Aufstände oder für den Fall von höherer Gewalt bzw. vergleichbarer Gefahren hat sich Mitarbeiter/in ohne weiteres Zögern in den nächsten sicheren Ort zu begeben und die Gesellschaft unverzüglich zu benachrichtigen.

6. Gehaltsfortzahlung

6.1
Bei einer zur Dienstunfähigkeit führenden Erkrankung zahlt die Gesellschaft dem/der Mitarbeiter/in sein/ihr jeweiliges monatliches Bruttogehalt für die Zeit von ... Kalendertagen/Wochen/Monaten weiter. Zahlungen einer Krankenversicherung, für die die Gesellschaft die Beiträge entrichtet, werden hierauf/nicht angerechnet.

6.2
Im Sterbefall erhalten die versorgungsberechtigten Angehörigen die zuletzt bezogene Vergütung für den Sterbemonat und für weitere ... Monate.

6.3
Erkrankt Mitarbeiter/in oder seine/ihre unterhaltsberechtigten Angehörigen während des Familienaufenthalts so schwer, dass aufgrund einer ärztlichen Empfehlung eine Behandlung in Deutschland dringend erforderlich ist, werden die Rückflugkosten von der Gesellschaft übernommen.

6.4
Ist der Dienstausfall auf eine schuldhafte Veranlassung zurückzuführen, werden drei Monatsgehälter mit Rücksicht auf die Familie fortgezahlt, jedoch ohne Anerkennung einer Rechtspflicht.

7. Urlaub

Mitarbeiter/in erhält einen Erholungsurlaub von 30 Arbeitstagen im Kalenderjahr. Die Inanspruchnahme des Urlaubs ist mit dem Vorgesetzten im Tätigkeitsstaat abzustimmen.

8. Vertragsdauer und Beendigung

8.1
Diese Vereinbarung endet mit Ablauf des Befristungszeitraums, es sei denn, dass sie sechs Monate vor ihrem Zeitablauf verlängert oder beendet wird.

8.2
Die Parteien können diese Vereinbarung auch während des Befristungszeitraums beenden, wenn ein wichtiger Grund vorliegt. Als wichtiger Grund gilt:
- ...
- ...

8.3
Die Gesellschaft ist berechtigt, Mitarbeiter/in unter Weiterzahlung seiner/ihrer Bezüge für den Zeitraum zwischen der Kündigung und der Beendigung des Dienstvertrages jederzeit zu beurlauben. Ein Anspruch auf Weiterbeschäftigung besteht insoweit nicht.

9. Beendigungsmodalitäten

9.1
Mitarbeiter/in ist bei Beendigung dieser Vereinbarung, im Falle der vorzeitigen Freistellung oder Abberufung verpflichtet, alle Mandate niederzulegen, die er/sie im Zusammenhang mit seiner/ihrer Tätigkeit bei der Gesellschaft übernommen hat.

9.2
Bei Beendigung der Vereinbarung verpflichtet sich Mitarbeiter/in, sämtliche in seinem/ihrem Besitz befindlichen Unterlagen und Arbeitsmittel (PC, Handy, Palm-Top, Auto), die Mitarbeiter/in im Zusammenhang mit dieser Vereinbarung erhalten hat, an die Gesellschaft zurückzugeben.

10. Nebentätigkeit

10.1
Mitarbeiter/in verpflichtet sich, seine/ihre ganze Arbeitskraft in den Dienst der Gesellschaft zu stellen. Die Übernahme oder Fortsetzung einer Nebentätigkeit bedarf der vorherigen Zustimmung der Gesellschaft. Das Gleiche gilt für die Beteiligung an einem Unternehmen sowie für die Mitwirkung in einem Aufsichtsorgan in einer anderen Gesellschaft. Die Zustimmung kann erteilt werden, wenn keine Interessen der Gesellschaft entgegenstehen. Neben- und Ehrenämter, die Mitarbeiter/in aufgrund dieses Entsendungsvertrages übernimmt, wird Mitarbeiter/in auf Verlangen der Gesellschaft jederzeit, jedoch spätestens bei Beendigung dieses Vertrages niederlegen.

10.2
Bei Vorträgen oder Veröffentlichungen hat Mitarbeiter/in die Belange der Gesellschaft zu berücksichtigen. Im Zweifelsfall ist die vorherige Zustimmung der Gesellschaft einzuholen.

11. Wettbewerbstätigkeit

Mitarbeiter/in ist verpflichtet, jede Tätigkeit zu unterlassen, die objektiv geeignet ist, fremden oder eigenen Wettbewerb zu fördern, unabhängig davon, ob dies auf eigene oder fremde Rechnung geschieht. Dies gilt auch für die Förderung von Wettbewerb im familiären, persönlichen oder privaten Umfeld. Die direkte oder indirekte Tätigkeit für oder im Interesse von Konkurrenzunternehmen, entgeltlich oder unentgeltlich, ist untersagt. Mitarbeiter/in wird sich in keiner Form, weder unmittelbar noch mittelbar, an Unternehmen, die mit der Gesellschaft oder mit ihr verbundenen Unternehmen im Wettbewerb stehen oder mit denen die Gesellschaft und mit ihr verbundenen Unternehmen Geschäftsverbindungen unterhält, beteiligen.

12. Verschwiegenheitspflicht

12.1
Mitarbeiter/in verpflichtet sich, über alle ihm/ihr im Rahmen dieses Entsendungsvertrages zur Kenntnis gelangenden oder gelangten oder ihm/ihr anvertrauten geschäftlichen und betrieblichen Angelegenheiten, insbesondere Geschäfts- und Betriebsgeheimnisse über technische, organisatorische, wirtschaftliche oder personelle Fragen, Stillschweigen zu bewahren. Diese Verpflichtung erstreckt sich nach zulässigem Maße auf die Zeit nach der Beendigung des Entsendungsvertrages.

12.2
Bei Beendigung des Entsendungsvertrages verpflichtet sich Mitarbeiter/in, sämtliche in seinem/ihrem Besitz befindlichen Unterlagen, die im Zusammenhang mit seiner/ihrer Tätigkeit standen, an die Gesellschaft zurückzugeben.

13. Wiedereingliederung/Rückkehrklausel

Nach Beendigung des Auslandseinsatzes in ... wird die Gesellschaft Mitarbeiter/in eine Stellung anbieten, die hinsichtlich des Verantwortungsbereiches, des Einkommens und der Anforderungen den im In- und Ausland gesammelten Erfahrungen und Leistungen entspricht. Die Gesellschaft wird Mitarbeiter/in in jedem Fall, soweit nicht die Möglichkeit der Übertragung einer höherwertigen Aufgabe besteht, eine seiner/ihrer bisherigen Position gleichwertige Stellung hinsichtlich Funktion und Vergütung anbieten. Mitarbeiter/in erklärt sich dazu bereit, vorübergehend auch eine geringerwertige Tätigkeit auszuüben.

14. Nebenabreden

14.1
Soweit diese Vereinbarung keine abweichenden Regelungen enthält, gilt der Anstellungsvertrag vom ... .

14.2
Mündliche Nebenabreden bestehen nicht.

14.3
Änderungen oder Ergänzungen dieser Vereinbarung bedürfen der Schriftform. Das gilt auch für die Abänderung des Schriftformerfordernisses.

14.4
Sollten einzelne oder mehrere Klauseln dieser Vereinbarung oder Inhalte dieses Vertrages unwirksam sein oder werden, soll unabhängig von der Teilunwirksamkeit dieser entsprechenden Klausel die Wirksamkeit des übrigen Vertrages nicht berührt werden. Die Parteien verpflichten sich, die unwirksame Klausel durch eine wirtschaftlich gleichwertige oder eine ihr wirtschaftlich am ehesten entsprechende Vereinbarung zu ersetzen, die sowohl dem Sinn als auch dem Zweck der nichtigen Klausel entspricht.

14.5
Erfüllungsort ist ... .

14.6
Es gilt das deutsche Arbeitsvertragsstatut.

..............., den	..............., den
....	....
Gesellschaft	Mitarbeiter/in

Mustervertrag 2 (Ruhensvertrag)

zwischen
der ...
– nachstehend „Gesellschaft" genannt –
und
Herrn/Frau ...
– nachstehend „Mitarbeiter/in" genannt –

wird nachfolgender Versetzungsvertrag geschlossen:

Präambel

Für die Dauer des Auslandsaufenthalts des/der Mitarbeiter/in in ... ruht das Dienstverhältnis mit der Gesellschaft, soweit im Folgenden keine abweichenden Vereinbarungen getroffen werden. Die Einzelheiten des neuen Vertrags sowie der neue Aufgabenbereich werden neu vereinbart. Das den/die Mitarbeiter/in aufnehmende Unternehmen wird nachfolgend „Auslandsgesellschaft" genannt.

1. Versetzung

1.1
Mitarbeiter/in wird nach ... zur Auslandsgesellschaft versetzt.

1.2
Der Auslandsaufenthalt des/der Mitarbeiter/in hat eine Laufzeit von fünf Jahren. Er verlängert sich jeweils um ein Jahr, wenn von der Beendigungsmöglichkeit kein Gebrauch gemacht wird. Über die Tätigkeit des/der Mitarbeiter/in nach Beendigung des Auslandseinsatzes wird rechtzeitig eine Vereinbarung getroffen.

2. Stammhausanbindung

Während der Auslandstätigkeit wird Mitarbeiter/in personell im Stammhaus weitergeführt. Mitarbeiter/in wird in der Auslandsgesellschaft als ... beschäftigt sein. Hinsichtlich dieser Tätigkeit unterliegt Mitarbeiter/in ausschließlich den Weisungen des kaufmännischen Geschäftsführers der Auslandsgesellschaft.

3. Fortschreibung des Inlandsgehalts

Das Inlandsgehalt von zuletzt von € ... brutto jährlich wird unter Zugrundelegung der Grundsätze für die Gehaltsanpassung vergleichbarer Mitarbeiter der Gesellschaft während der Dauer der Auslandstätigkeit fortgeschrieben. Nach der jeweiligen Überprüfung erhält Mitarbeiter/in eine Mitteilung. Bei Rückkehr garantiert Gesellschaft ein Gehalt in Höhe des fortgeschriebenen Inlandsgehalts. Das fortgeschriebene Inlandsgehalt dient als Bemessungsgrundlage für die Beiträge an die betriebliche Altersversorgung sowie für die Beitragszahlung an die Sozialversicherung.

4. Betriebliche Altersversorgung

Für die Dauer der Tätigkeit bei der Auslandsgesellschaft gehört Mitarbeiter/in weiterhin der betrieblichen Altersversorgung der Gesellschaft an. Mitarbeiter/in bleibt somit Mitglied der Pensionskasse der Gesellschaft und erwirbt auch zukünftige Ansprüche nach Satzung der betrieblichen Zusatzversicherung in der jeweils gültigen Fassung.

5. Freiwillige Weiterversicherung in der Sozialversicherung

5.1
Mitarbeiter/in hat sich für die Pflichtversicherung auf Antrag in der gesetzlichen Rentenversicherung entschieden. Die Gesellschaft wird diesen Antrag für Mitarbeiter/in stellen. Zu gegebener Zeit wird Gesellschaft Mitarbeiter/in den Bescheid der BfA zukommen lassen. Mitarbeiter/in erhält von Gesellschaft einen Zuschuss zur gesetzlichen Rentenversicherung in der Bundesrepublik Deutschland in Höhe von 50 % der Beiträge bis zur jeweiligen Beitragsbemessungsgrenze. Der Arbeitnehmeranteil in gleicher Höhe wird von Mitarbeiter/in getragen. Der Gesamtbetrag wird von Gesellschaft bis auf Widerruf durch Mitarbeiter/in an die BfA abgeführt werden.

5.2
Das fortgeschriebene Inlandsgehalt bildet für Mitarbeiter/in außerdem die Grundlage für etwaige Leistungen im Rahmen der Auslandsunfallversicherung der Berufsgenossenschaft.

5.3
Die Gesellschaft bezahlt neben den Zuschüssen zur Auslandskrankenversicherung des/der Mitarbeiter/in Ruhensbeiträge zur Aufrechterhaltung einer bestehenden privaten/gesetzlichen Krankenversicherung bis zum Zeitpunkt der Rückkehr. Gleiches gilt für Mitglieder der gesetzlichen Krankenversicherung. Entsprechende Ruhensbeiträge können auf gesonderten Antrag auch für Familienmitglieder übernommen werden.

6. Betriebszugehörigkeit

6.1
Die Dauer der Tätigkeit bei der Auslandsgesellschaft wird auf die Betriebszugehörigkeit des/der Mitarbeiter/in voll angerechnet.

6.2
Die Gesellschaft garantiert die Erfüllung der Mitarbeiter/in im Delegationsvertrag mit der Auslandsgesellschaft gewährten Leistungen sowie alle Leistungen aus diesem Vertrag, auch wenn die Auslandsgesellschaft die Kosten zu tragen hat.

7. Rückkehrgarantie

Die Gesellschaft wird Mitarbeiter/in, soweit nicht die Möglichkeit der Übertragung einer höherwertigen Tätigkeit besteht, eine der bisherigen Position gleichwertige Stellung hinsichtlich Funktion und Vergütung im Stammhaus oder einer der Tochtergesellschaften anbieten, wenn der Dienstvertrag bei der Auslandsgesellschaft abgelaufen ist, ohne dass er aus einem Mitarbeiter/in zu vertretenen Umstand vorzeitig beendet worden wäre oder der Pensionsfall eingetreten ist.

8. Schlussbestimmungen

8.1
Sollten einzelne oder mehrere Klauseln der vorbezeichneten Vereinbarung oder Inhalte dieses Vertrages unwirksam sein, wird unabhängig von der etwaigen Teilunwirksamkeit dieser Klausel die Wirksamkeit des übrigen Vertrages nicht berührt. Die Parteien verpflichten sich, die unwirksame Klausel durch eine wirtschaftlich gleichwertige oder eine ihr wirtschaftlich am ehesten entsprechende Klausel zu ersetzen, die sowohl dem Sinn als auch dem Zweck der ungültigen Klausel entspricht.

8.2
Änderungen und Ergänzungen dieser Vereinbarung bedürfen der Schriftform. Das gilt auch für die Abänderung des Schriftformerfordernisses. Mündliche Nebenabreden bestehen nicht.

8.3
Auf diese Vereinbarung findet ausschließlich das deutsche Recht Anwendung.

8.4
Gerichtsstand ist ... .

..............., den ...., den

....
Gesellschaft Mitarbeiter/in

1.2 Checkliste der Ereignisse

Ereignisse (in chronologischer Folge)	**Erledigung**
1. Klärung des Bedarfs einer Auslandstätigkeit eines Mitarbeiters (Brauche ich einen Mitarbeiter im Ausland?)	
2. Klärung der Art der Auslandstätigkeit (Tätigkeitsumfang und Tätigkeitsfeld, aber auch die Position des Mitarbeiters zum Beispiel als Geschäftsführer)	
3. Klärung der Einsatzdauer und des Einsatzortes	
4. Kontaktadressen im Entsendestaat ermitteln (Behörden am Ort und überregional, Hotels, deutsche Botschaft etc.)	
5. Einholung erster Informationen über die örtlichen Gegebenheiten im Entsendestaat (Recht, Kultur, Lebenshaltung, klimatische Bedingungen, örtliche Krankheitserreger [zum Beispiel Malaria] etc.)	
6. Auswahl der in Frage kommenden Mitarbeiter (fachliche und kulturelle Qualifikation berücksichtigen)	
7. Bereitschaft des in Frage kommenden Mitarbeiters bzgl. der Auslandstätigkeit klären	
8. Klärung der familiären Situation des Mitarbeiters (Geht die Familie gegebenenfalls mit ins Ausland?)	
9. Klärung der Vertragskonditionen bezüglich der beabsichtigten Entsendung (Wahl des Vertragstyps, Rückrufklausel, Wiedereingliederung)	
10. Berechnung und Abstimmung des Gehaltes mit dem Mitarbeiter unter Berücksichtigung der Umstände vor Ort im Ausland (bezüglich der Lebenshaltungskosten)	
11. Klärung steuerrechtlicher und sozialversicherungsrechtlicher Fragen	
12. Kostenträgerschaft festlegen	
13. Vertragsabschluss mit dem Mitarbeiter	
14. Sozialversicherung anmelden (?)	

Erledigung	Ereignisse (in chronologischer Folge)
	15. Gegebenenfalls Ausstellung einer Beurteilung oder eines Zeugnisses für den Mitarbeiter
	16. Beginn der Vorbereitung des Mitarbeiter auf den Entsendestaat (Sprachkurse für den Mitarbeiter, Länderinformationen, Einführung in die Kultur etc.)
	17. Gegebenenfalls fachbezogene Vorbereitung
	18. Gegebenenfalls Hinweis auf Rückgabe des Dienstwagens
	19. Gegebenenfalls Hinweis auf Rückgabe Werksausweis und Schlüssel
	20. Visum und Arbeitserlaubnis für den Entsendestaat einholen
	21. Gültigkeit des Reisepasses kontrollieren (gegebenenfalls auch die der Familie)
	22. Internationaler Führerschein (für Japan: beglaubigte japanische Übersetzung des deutschen Führerscheins)
	23. Sonstige Dokumente: Geburtsurkunde, Heiratsurkunde, Impfunterlagen, Schulzeugnisse der Kinder, Brillenglas-Rezepturen bei Brillenträgern, Röntgenpass und Krankenhistorie eventuell übersetzen und beglaubigen lassen (Schutz der Originale vor Verlust)
	24. Einrichtung eines €-Auslandskontos
	25. Kreditkarte besorgen und Akzeptanz im Entsendestaat prüfen
	26. Erstellung eines Adressverzeichnisses für Heimatland und Entsendestaat
	27. Besuch beim Haus- und Zahnarzt (auch der Familie)
	28. Gegebenenfalls Besuch beim Augenarzt bei bekannten Sehstörungen
	29. Weitere ärztliche Vorsorgeuntersuchungen (gegebenenfalls Tropenuntersuchung und Erstellung eines Impfplanes)
	30. Zusammenstellung einer kleinen Hausapotheke und Medikamentenliste
	31. Vorbereitung des Umzugs in den Entsendestaat (Vorbesuch und Wohnungssuche)
	32. Die Wohnungssuche im Ausland sollte im Zusammenwirken mit einem Ortskundigen erfolgen (zu beachten: Unterkunft nach Eintreffen im Entsendestaat, Maklergebühren, Kaution, Renovierungskosten, Mietkosten, Problematik des Eigentumserwerbs, Standortwahl [Nähe zur Schule/Schulbus, Einkaufensmöglichkeiten etc.]; außerdem sollten später mitzunehmende Möbel genau ausgemessen und mit dem Wohnraum verglichen werden).
	33. Bestellung von Flugticket und Bahnfahrkarten (nach Genehmigung durch den Arbeitgeber)
	34. Erkundigung nach einem geeigneten Speditionsunternehmen (spätestens 6 Wochen vor dem Umzug)
	35. Erkundigung nach den geltenden Zollbestimmungen

Ereignisse (in chronologischer Folge)	**Erledigung**
36. Hausrat mitnehmen, einlagern oder verkaufen	
37. Elektrogeräte neu anschaffen oder umrüsten; gegebenenfalls auf neue Stromstärke umstellen	
38. Wertsachen und Schmuck bei Verwandten lassen	
39. Polizeiliche Abmeldung	
40. Information des Kreiswehrersatzamtes bezüglich einer Wehrüberwachung	
41. Gegebenenfalls Schule/Kindergarten abmelden	
42. Gegebenenfalls Kindergeldkasse/Familienkasse Wohnortwechsel mitteilen und Überprüfung, ob weiterhin Bezug von Kindergeld/Erziehungsgeld möglich ist	
43. Auf Kündbarkeit, Weitergeltung, Ruhen und Wiederaufleben bei Rückkehr zu überprüfende Versicherungen: Krankenversicherung Inland, Krankenversicherung Ausland, Weltunfallversicherung, Lebensversicherung, Direktversicherung, Haftpflichtversicherung, Rechtsschutzversicherung	
44. Kfz-Versicherung: Es empfiehlt sich, bei Einreise ins Ausland (bzw. Rückkehr) von der bestehenden Kfz-Versicherung eine Bescheinigung mitzuführen, welche die schadensfreien Jahre bestätigt, damit der Schadensfreiheitsrabbatt möglichst nicht verloren geht.	
45. Versicherungen den Umzug betreffend: Reiseunfallversicherung, Reisegepäckversicherung, Transportversicherung (Umzugsgut)	
46. Postnachsendeantrag (Nachsendung ins Ausland ist gebührenpflichtig, eventuell Adresse im Heimatland zur Vorselektion angeben)	
47. Mitgliedschaften kündigen bzw. ruhen lassen (Sportverein etc.)	
48. Überprüfung, Umstellung oder Kündigung von Verträgen (zum Beispiel Strom, Wasser, Gas, Telefon, Rundfunk und Fernsehen, Müllabfuhr, Zeitungsabonnements, Mietverträge)	
49. Mietwohnung (Aufgabe, Weitervermietung oder Betreuung, Klauseln im Mietvertrag beachten bzgl. Renovierung etc.)	
50. Wohneigentum (Vermietung, Steuervergünstigungen, Grunderwerbssteuer, Grundsteuer etc.)	
51. Unterkunft nach Wohnungsaufgabe (vorübergehender Hotelaufenthalt)	
52. Überprüfung der Bankkonten bezüglich Daueraufträgen, Einzugsermächtigungen, Geldtransfers	
53. Auto ab- oder ummelden	
54. Beim Verkauf des PKW unter Zeitwert ist vorab eine Schätzung durch einen anerkannten Schätzer erforderlich.	
55. Vorübergehender Mietwagen	

Erledigung

Ereignisse
(in chronologischer Folge)

56. Testament (eigenhändig und unterschrieben – gegebenenfalls zum Notar)

57. Information für den Abholer am Ankunftsort im Entsendestaat

58. Antritt der Entsendung

1.3 Quellen zu den Fassungen des EuGVÜ

- Ursprungsfassung: EuGVÜ vom 27.09.1968 (BGBl. II 1972 S. 774)[382]
- EuGVÜ in der Fassung des 1. Beitrittsübereinkommens vom 09.10.1978 (BGBl. II 1983 S. 803)[383]
- EuGVÜ in der Fassung des 2. Beitrittsübereinkommens vom 25.10.1982 (BGBl. II 1988 S. 453)[384]
- EuGVÜ in der Fassung des 3. Beitrittsübereinkommens vom 26.05.1989 (BGBl. II 1994 S. 518)[385]
- EuGVÜ in der Fassung des 4. Beitrittsübereinkommens vom 29.11.1996 (BGBl. II 1998 S. 1411)[386]

1.4 Übersicht über die einzelnen Staatsverträge über die gegenseitige Anerkennung und Vollstreckbarkeit von gerichtlichen Entscheidungen

Deutsch-belgisches Abkommen über die gegenseitige Anerkennung und Vollstreckung von gerichtlichen Entscheidungen, Schiedssprüchen und öffentlichen Urkunden in Zivil- und Handelssachen vom 30.06.1958 (BGBl. II 1959 S. 766 und 1960 S. 2408) mit dem deutschen Ausführungsgesetz vom 26.06.1959 (BGBl. I 1959 S. 425, geändert durch das SchiedsVfG.)[387]

Deutsch-griechischer Vertrag über die gegenseitige Anerkennung und Vollstreckung von gerichtlichen Entscheidungen, Vergleichen und öffentlichen Urkunden in Zivil- und Handelssachen vom 04.11.1961 (BGBl. II 1963 S. 109, 1278) mit dem deutschen Ausführungsgesetz vom 05.02.1963 (BGBl. I 1963 S. 129, geändert durch das SchiedsVfG).[388]

Abkommen zwischen der BRD und dem Königreich von Großbritannien und Nordirland über die gegenseitige Anerkennung und Vollstreckung von gerichtlichen Entscheidungen in Zivil- und Handelssachen vom 14.07.1960 (BGBl. II 1961 S. 302, 1025) mit dem deutschen Ausführungsgesetz vom 28.03.1961 (BGBl. I 1961 S. 301, geändert durch das SchiedsVfG).[389]

382 Thomas/Putzo Vorb. EuGVÜ Rdnr. 5; B/L/A/H/Albers AnerkVollstrAbk. EuGVÜ Rdnr. 1.
383 Thomas/Putzo Vorb. EuGVÜ Rdnr. 6; B/L/A/H/Albers AnerkVollstrAbk. EuGVÜ, Rdnr. 1.
384 Thomas/Putzo Vorb. EuGVÜ Rdnr. 7; B/L/A/H/Albers AnerkVollstrAbk. EuGVÜ Rdnr. 2.
385 Thomas/Putzo Vorb. EuGVÜ Rdnr. 8; B/L/A/H/Albers AnerkVollstrAbk. EuGVÜ Rdnr. 3.
386 Thomas/Putzo Vorb. EuGVÜ Rdnr. 9; B/L/A/H/Albers AnerkVollstrAbk. EuGVÜ Rdnr. 4.
387 Thomas/Putzo § 328 Rdnr. 38; Schack, IZVfR Rdnr. 804; B/L/A/H/Albers AnerkVollstrAbk. S. 2593; Stein/Jonas/Münzberg Anhang zu § 722, Rdnr. 69.
388 Thomas/Putzo § 328 Rdnr. 39; Schack, IZVfR Rdnr. 804; B/L/A/H/Albers AnerkVollstrAbk. S. 2600;Stein/Jonas/Münzberg Anhang zu § 722 Rdnr. 106.
389 Thomas/Putzo § 328 Rdnr. 40; Schack, IZVfR Rdnr. 804; B/L/A/H/Albers AnerkVollstrAbk. S. 2594; Stein/Jonas/Münzberg Anhang zu § 722 Rdnr. 100.
390 Thomas/Putzo § 328 Rdnr. 41; Schack, IZVfR Rdnr. 804; B/L/A/H/Albers AnerkVollstrAbk. S. 2586; Stein/Jonas/Münzberg Anhang zu § 722 Rdnr. 58.

Deutsch-italienisches Abkommen über die Anerkennung und Vollstreckung von gerichtlichen Entscheidungen in Zivil- und Handelssachen vom 09.03.1936 (RGBl. II 1937 S. 145, wieder in Kraft BGBl. II 1952 S. 986) mit der deutschen Ausführungsverordnung vom 18.05.1937 (RGBl. II 1937 S. 143, geändert durch das SchiedsVfG).[390]

Vertrag zwischen der BRD und dem Königreich der Niederlande über die gegenseitige Anerkennung und Vollstreckung von gerichtlichen Entscheidungen und anderer Schuldtitel in Zivil- und Handelssachen vom 30.08.1962 (BGBl. II 1965 S. 27, 1971 S. 11) mit dem deutschen Ausführungsgesetz vom 15.01.1965 (BGBl. I 1965 S. 17).[391]

Vertrag zwischen der BRD und Spanien über die Anerkennung und Vollstreckung von gerichtlichen Entscheidungen und Vergleichen sowie vollstreckbaren öffentlichen Urkunden in Zivil- und Handelssachen vom 14. 11.1983 (BGBl. II 1987 S. 39, 1988 S. 207).[392]

Deutsch-norwegischer Vertrag über die gegenseitige Anerkennung und Vollstreckung von gerichtlichen Entscheidungen in Zivil- und Handelssachen vom 17.06.1977 (BGBl. II 1981 S. 342, 901) mit AVAG vom 30.05.1988 (BGBl. I 1988 S. 662).[393]

Deutsch-österreichischer Vertrag über die gegenseitige Anerkennung und Vollstreckung von gerichtlichen Entscheidungen, Vergleichen und öffentlichen Urkunden in Zivil- und Handelssachen vom 06.06.1959 (BGBl. II 1960 S. 1246, 1523) mit dem deutschen Ausführungsgesetz vom 08.03.1960 (BGBl. I 1960 S. 169, geändert durch das SchiedsVfG).[394]

Deutsch-schweizerisches Abkommen über die gegenseitige Anerkennung und Vollstreckung von gerichtlichen Entscheidungen und Schiedssprüchen vom 02.11.1929 (RGBl. II 1930 S. 1066, 1270) mit der deutschen Ausführungsverordnung vom 23.08.1930 (RGBl. II 1930 S. 1209, geändert durch das SchiedsVfG).[395]

Deutsch-israelischer Vertrag über die gegenseitige Anerkennung und Vollstreckung von gerichtlichen Entscheidungen in Zivil- und Handelssachen vom 20.07.1977 (BGBl. II 1980 S. 925, 1531) mit AVAG vom 30.05.1988 (BGBl. I 1988, 662).[396]

Vertrag zwischen der BRD und Tunesien über die Anerkennung und Vollstreckung gerichtlicher Entscheidungen in Zivil- und Handelssachen sowie über die Handelsschiedsgerichtsbarkeit vom 19.07.1966 (BGBl. II 1969 S. 890, 1970 S. 125) mit dem deutschen Ausführungsgesetz vom 29.04.1969 (BGBl. I 1969 S. 333, geändert durch das SchiedsVfG).[397]

391 Thomas/Putzo § 328 Rdnr. 42; Schack, IZVfR Rdnr. 804; B/L/A/H/Albers AnerkVollstrAbk. S. 2601; Stein/Jonas/Münzberg Anhang zu § 722 Rdnr. 124.

392 Thomas/Putzo § 328 Rdnr. 43; Schack, IZVfR Rdnr. 804; B/L/A/H/Albers AnerkVollstrAbk. S. 2605; Stein/Jonas/Münzberg Anhang zu § 722 Rdnr. 186.

393 Thomas/Putzo § 328 Rdnr. 45; Schack, IZVfR Rdnr. 804; B/L/A/H/Albers AnerkVollstrAbk. S. 2605; Stein/Jonas/Münzberg Anhang zu § 722 Rdnr. 175.

394 Thomas/Putzo § 328 Rdnr. 46; Schack, IZVfR Rdnr. 804; B/L/A/H/Albers AnerkVollstrAbk. S. 2587; Stein/Jonas/ Münzberg Anhang zu § 722 Rdnr. 83.

395 Thomas/Putzo § 328 Rdnr. 47; Schack, IZVfR Rdnr. 804; B/L/A/H/Albers AnerkVollstrAbk. S. 2583; Stein/Jonas/Münzberg Anhang zu § 722 Rdnr. 53.

396 Thomas/Putzo § 328 Rdnr. 48; Schack, IZVfR Rdnr. 804; B/L/A/H/Albers AnerkVollstrAbk. S. 2604; Stein/Jonas/Münzberg Anhang zu § 722 Rdnr. 154.

397 Thomas/Putzo § 328 Rdnr. 49; Schack, IZVfR Rdnr. 804; B/L/A/H/Albers AnerkVollstrAbk. S. 2602; Stein/Jonas/Münzberg Anhang zu § 722 Rdnr. 140.

▷ *Glossar Seite 174*
Abkürzungen Seite 176

1.5 Schaubilder

Abbildung 1
Aufbau der einzelnen Vertragsmodelle

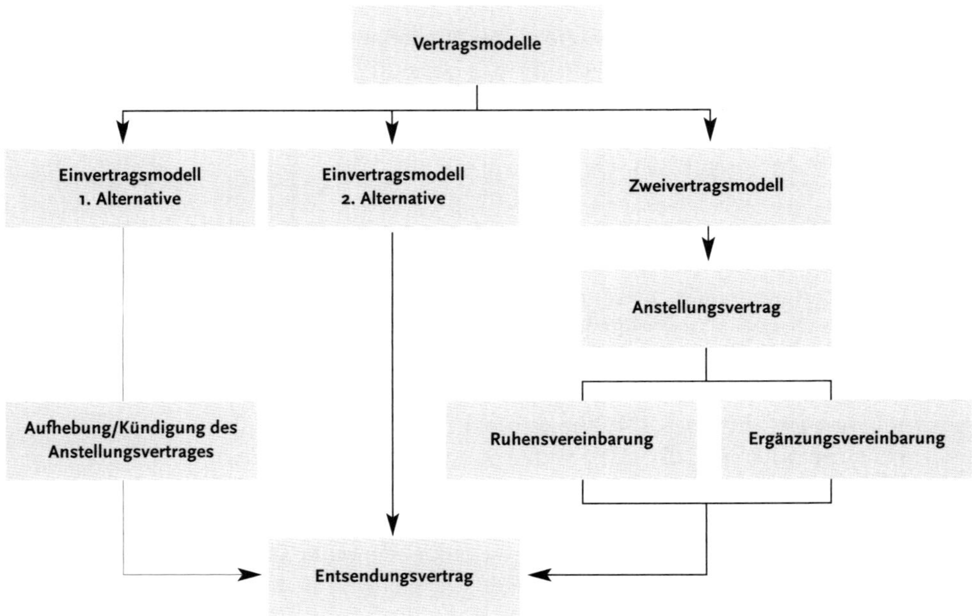

Abbildung 2
Aufbau der einzelnen Vertragsmodelle

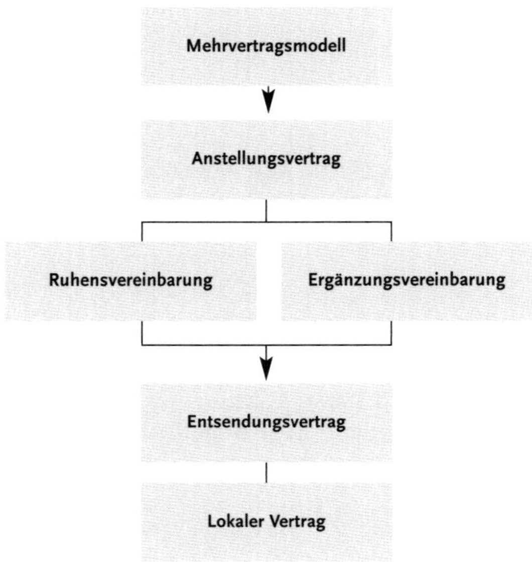

Abbildung 3
Ausprägungen des Direktionsrechts

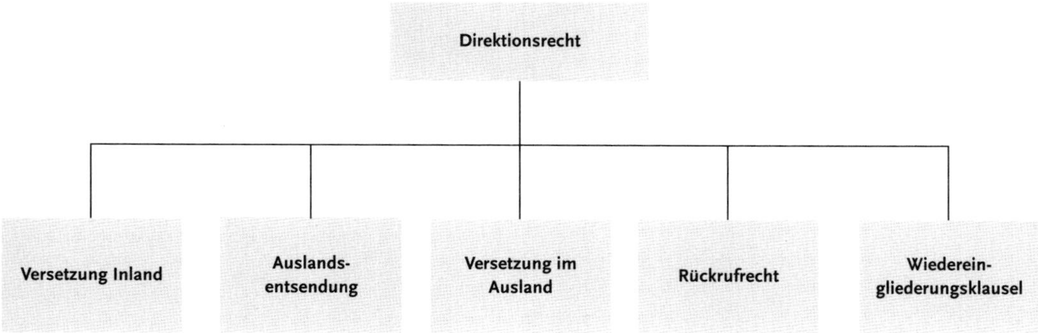

Abbildung 4
Vollständige Beendigung des Beschäftigungsverhältnisses

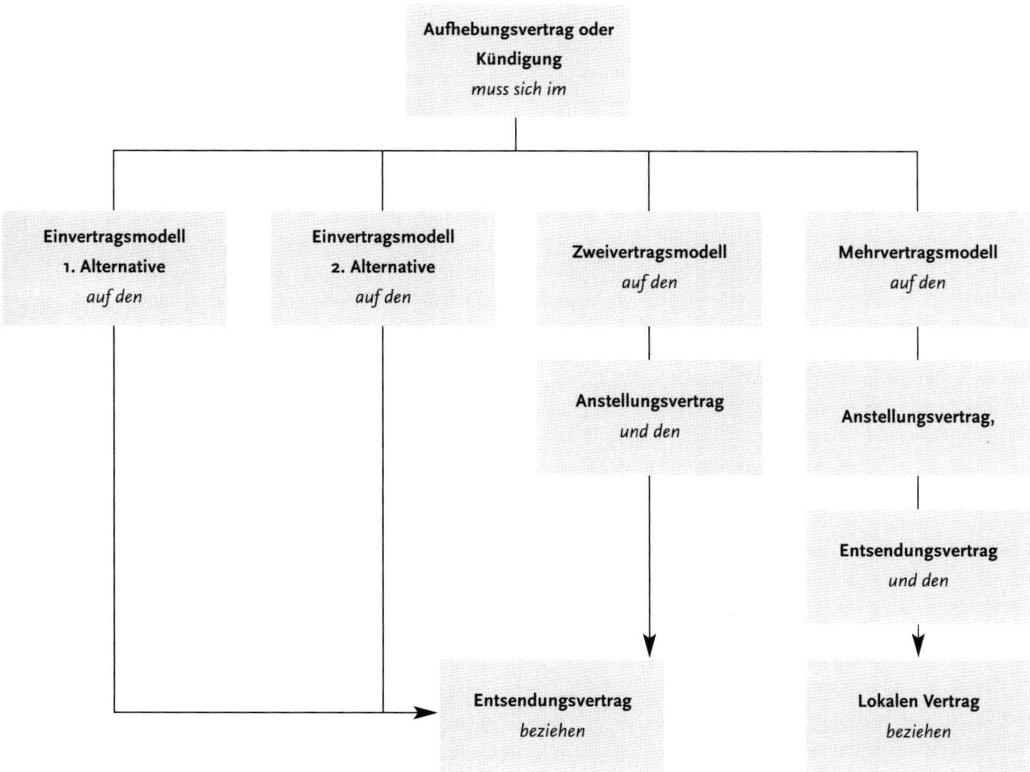

2. Steuerrecht

Abbildung 5

Prüfungsschema: Besteuerung bei Expatriates

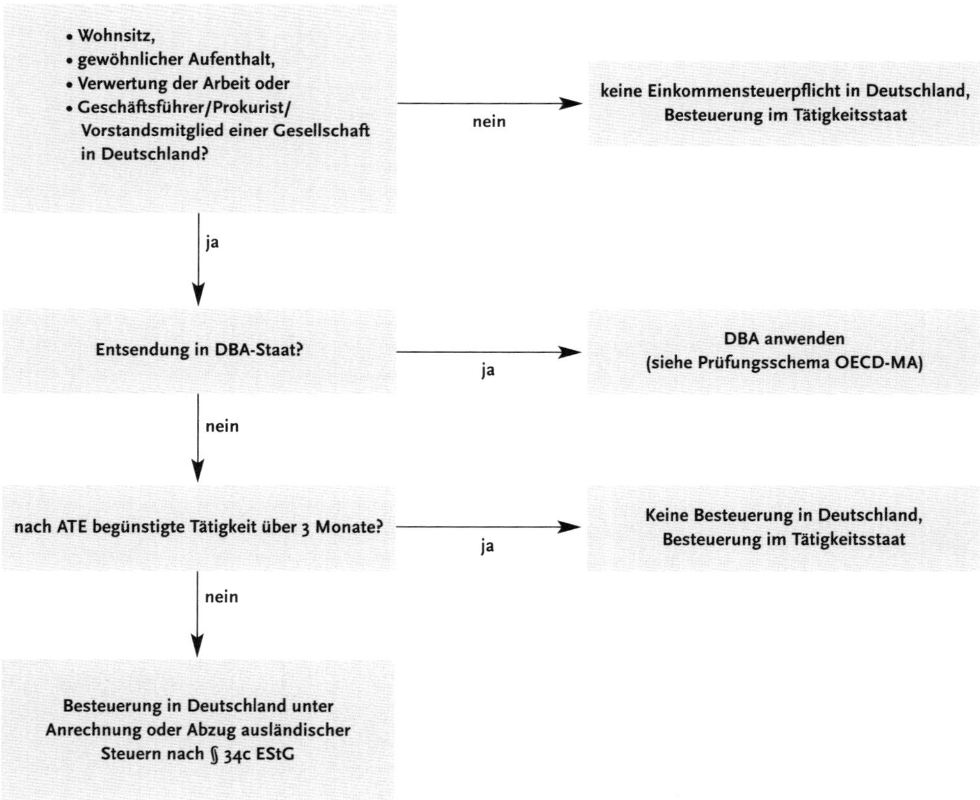

Abbildung 6

Prüfungsschema: Besteuerung von Expatriatevergütungen nach OECD-MA

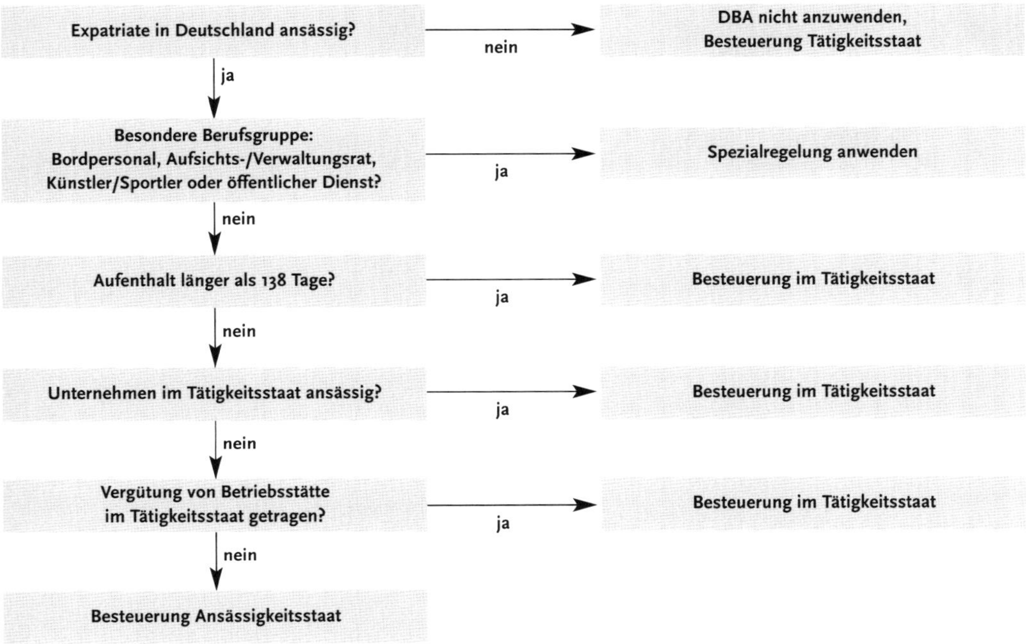

Abbildung 7

Prüfungsschema: Grenzgänger Frankreich und Österreich[398]

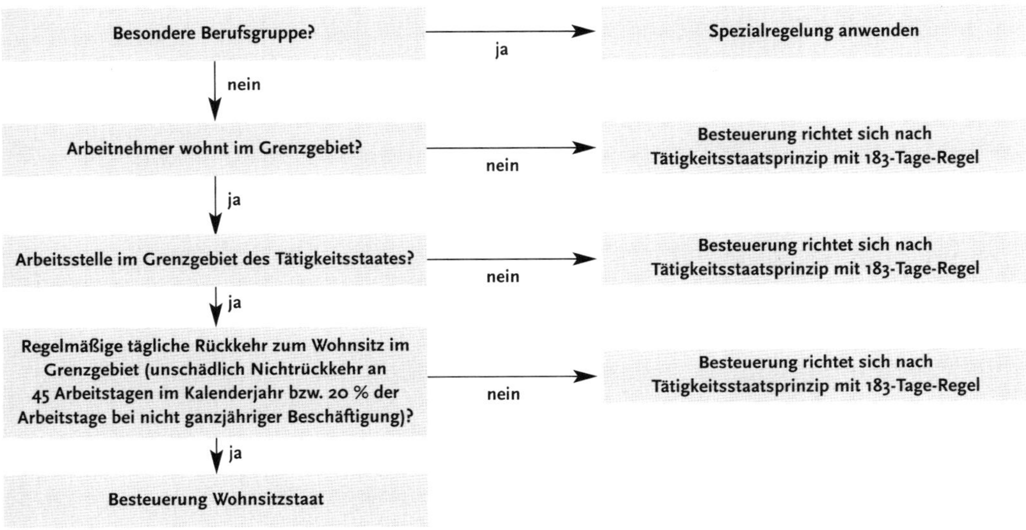

398 Zu Belgien siehe Fußnoten 201 und 202.

▷ *Glossar Seite 174*
Abkürzungen Seite 176

3. Sozialversicherungsrecht

Abbildung 8

Sozialversicherungsabkommen mit EWR-Staaten

Sachlicher und persönlicher Geltungsbereich sowie Zeitgrenzen

Land	KV	RV	AV	UV	begrenzter Personenkreis[399]	zeitliche Begrenzung
Belgien	+	+		+		24 Monate
Dänemark	+	+		+	+	6 Monate
Finnland	+	+	+	+		12 Monate
Frankreich	+	+		+	+	6 Monate
Griechenland	+	+	+	+		24 Monate
Großbritannien	+	+	+	+		12 Monate
Italien	+	+		+	+	6 Monate
Liechtenstein		+				keine
Niederlande	+	+	+	+		24 Monate
Österreich	+	+	+	+		24 Monate
Polen	+	+		+		24 Monate
Portugal	+	+		+		24 Monate
Schweden	+	+		+		24 Monate
Slowakei		+	+	+		24 Monate
Slowenien	+	+	+	+		24 Monate
Spanien	+	+		+		24 Monate
Tschechien	+	+	+	+		24 Monate
Ungarn	+	+	+	+		24 Monate

KV = Krankenversicherung AV = Arbeitslosenversicherung
RV = Rentenversicherung UV = Unfallversicherung

399 Die Abkommen mit begrenztem Personenkreis gelten nur für die Staatsangehörigen der Vertragsstaaten, der Türkei und Zyperns.

400 Die Abkommen mit begrenztem Personenkreis beziehen sich auf Angehörige der Vertragsstaaten sowie Staatenlose und Flüchtlinge.

▷ *Glossar Seite 174*
Abkürzungen Seite 176

Abbildung 9

Sozialversicherungsabkommen mit Nicht-EWR-Staaten

Sachlicher und persönlicher Geltungsbereich sowie Zeitgrenzen

Land	KV	PV	RV	AV	UV	begrenzter Personenkreis[400]	zeitliche Begrenzung
Bosnien-Herzegowina	+		+	+	+		24 Monate
Bulgarien			+	+	+		24 Monate
Chile			+	+			36 Monate
China			+	+			48 Monate
Israel	+		+		+		keine
Japan			+	+			60 Monate
Kanada			+	+			60 Monate
Korea			+	+			24 Monate
Kroatien	+	+	+	+	+		24 Monate
Marokko	+		+	+	+	+	36 Monate
Mazedonien	+		+	+	+		keine
Quebec			+	+			60 Monate
Schweiz	+		+	+	+		24 Monate
Serbien und Montenegro	+		+	+	+		keine
Türkei	+		+	+	+		keine
Tunesien	+		+		+	+	12 Monate
USA			+				60 Monate

KV = Krankenversicherung
PV = Pflegeversicherung
RV = Rentenversicherung
AV = Arbeitslosenversicherung
UV = Unfallversicherung

Abbildung 10

Ausstrahlung des deutschen Sozialversicherungsrechts nach § 4 SGB IV

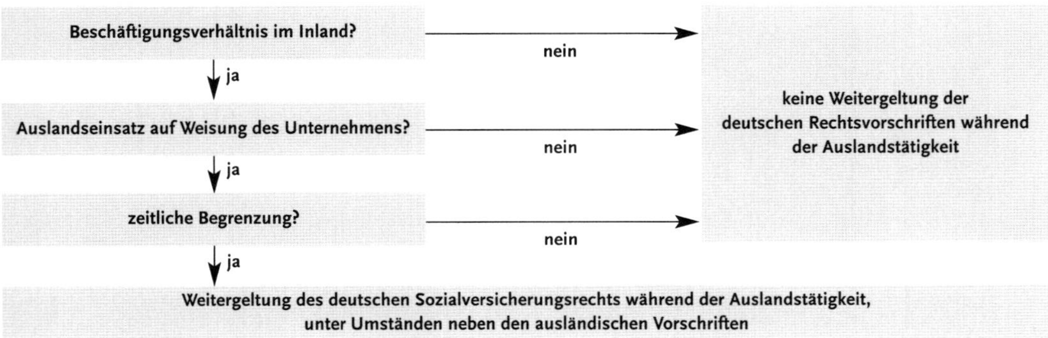

Abbildung 11

Zweige der deutschen Sozialversicherung und ihre Träger

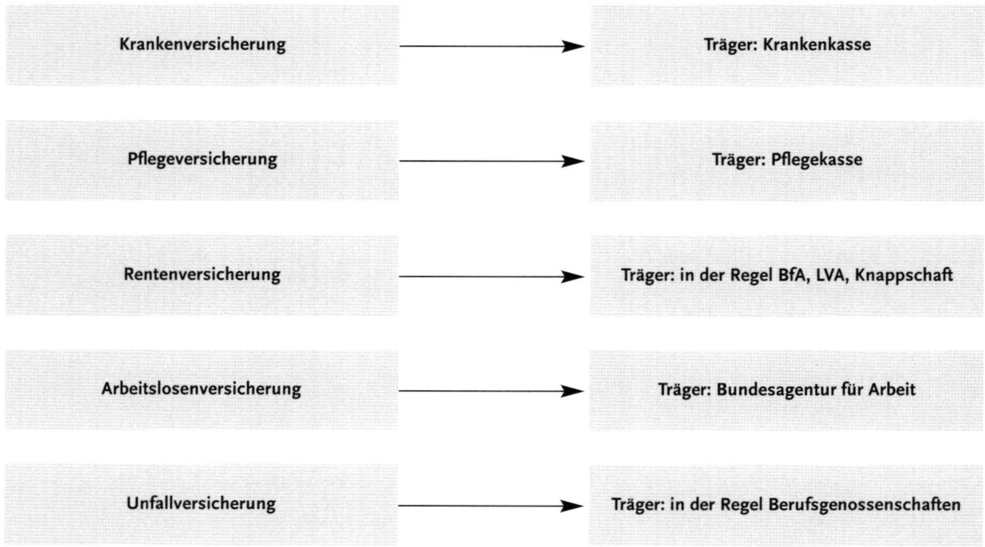

Abbildung 12

Voraussetzungen für die Anwendung der EWG-VO 1408/71

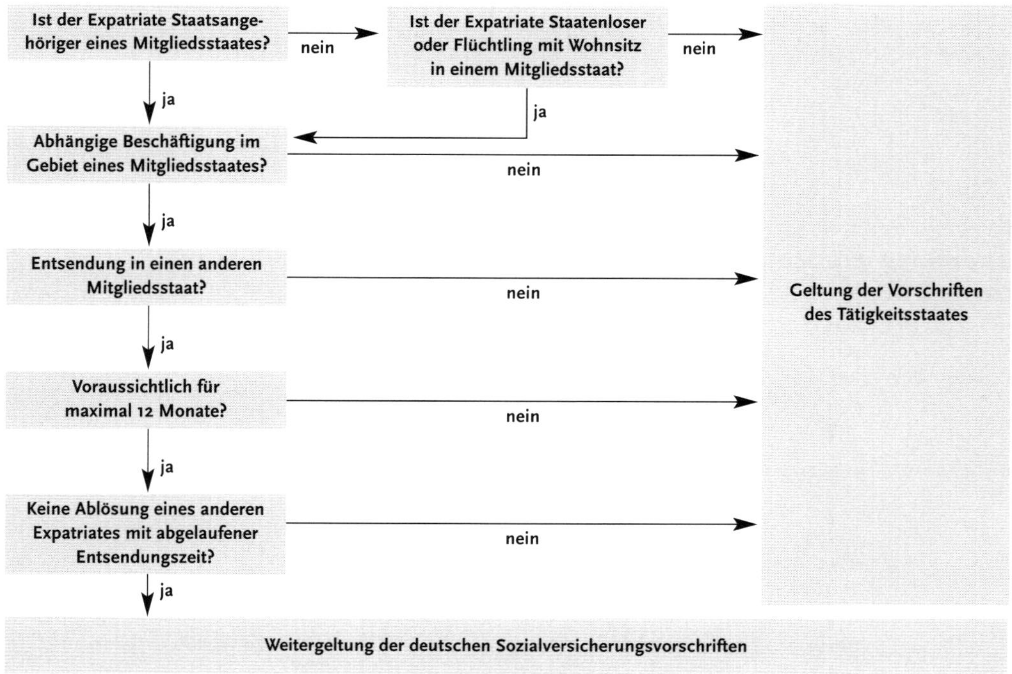

Abbildung 13
Entsendung in Nicht-EWR-Staaten

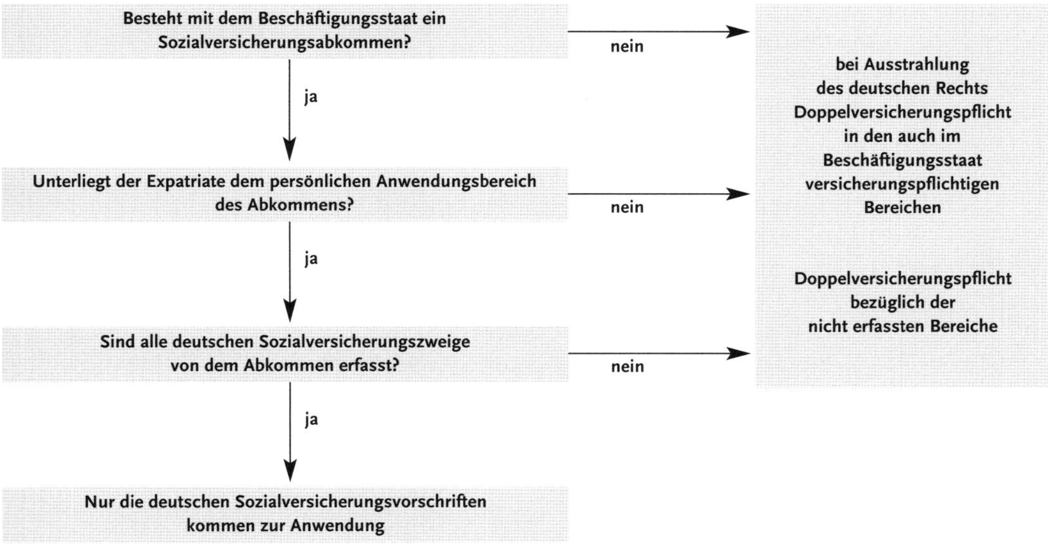

Abbildung 14
Antrag auf Erlass einer Ausnahmevereinbarung

An die
DVKA
Pennefeldsweg 11–15
53177 Bonn

Antrag auf Erlass einer Ausnahmevereinbarung

Wir beantragen den Erlass einer Ausnahmevereinbarung für folgenden **Arbeitnehmer:**

- Vor- und Zuname : ______________________
- Geburtsname: ______________________
- geboren am ______________________
- Geburtsort: ______________________
- Versicherungsnummer (soweit bereits vorhanden): ______________________
- Staatsangehörigkeit: ______________________

- bisherige deutsche Wohnanschrift: ____________________

____

- neue Wohnanschrift: ____________________

____

- Versicherungspflichtig in Deutschland im Hinblick auf ( ) Kranken- ( ) Pflege- ( ) Arbeitslosen- ( ) Renten- ( ) Unfallversicherung

Begründung für das Interesse des Arbeitnehmers an der Weitergeltung der deutschen Sozialversicherungsvorschriften:

____

____

____

Angaben zum **Arbeitgeber:**

- Bezeichnung und vollständige Anschrift des inländischen Arbeitgebers

  ____

  ____

  Ansprechpartner: ____________________

  Telefon: ____________________

- Bezeichnung und vollständige Anschrift der ausländischen Beschäftigungsstelle

  ____

  ____

  Ansprechpartner: ____________________

  Telefon: ____________________

Angaben zu der **Tätigkeit:**

- Aufgabenstellung im Beschäftigungsstaat: ____________________

  ____

  ____

- Art der arbeitsrechtlichen Bindung zwischen deutschem Arbeitgeber und Arbeitnehmer während der Auslandstätigkeit:

  ____

  ____

- Beginn der Beschäftigung im Ausland: ____________________

- voraussichtliches Ende: ____________________

Sonstiges:

- Bezeichnung und Anschrift der während des Antragszeitraums für die Melde- und Beitragspflichten zuständigen Stelle:

  ____

  ____

- Aktenzeichen und Datum von bereits in dieser Angelegenheit mit der DVKA geführtem Schriftwechsel:

  ____

- Die folgenden Bescheinigungen wurden bereits ausgestellt und sind in Kopie beigefügt: ( ) E101 ( ) E102 ( ) Sonstiges:

  ____

Der Arbeitgeber wird durch die Unterschrift des Arbeitnehmers bevollmächtigt, Mitteilungen in Bezug auf die Ausnahmevereinbarung für diesen entgegenzunehmen.

____

Datum: (Unterschrift Arbeitgeber) (Unterschrift Arbeitnehmer)

4. Nützliche Websites

Besteuerung

- Doppelbesteuerungsabkommen (Übersicht, Vordrucke, Texte): http://bff-online.de/dba/60_life2.html

- Pauschbeträge für Verpflegungsmehraufwendungen und Übernachtungskosten, Kaufkraftzuschläge: http://sis-verlag.de/Service/index.htm

- Ermittlung des zuständigen Finanzamts: http://bffweb1.bff-online.de/cgi-bin/gemfai.exe

Sozialversicherung

- Deutsche Verbindungsstelle Krankenversicherung – Ausland: http://www.dvka.de

- Bundesversicherungsanstalt für Angestellte: http://www.bfa.de

- Bundesagentur für Arbeit: http://www.arbeitsagentur.de

Aufenthalts- und Arbeitserlaubnisse, Passangelegenheiten, Beratung vor Ort

- Ausländische Vertretungen in Deutschland:
  http://www.auswaertiges-amt.de/www/de/laenderinfos/vertretungen/index_html

- Deutsche Auslandsvertretungen:
  http://www.auswaertiges-amt.de/laenderinfos/adressen/index_html

- Deutsche Auslandshandelskammern:
  http://www.ahk.de

Länderprofile

- Auswärtiges Amt:
  http://www.auswaertiges-amt.de/www/de/laenderinfos/index_html

- OnVista:
  http://laender.onvista.de

Private Dienstleister (Beratungsleistungen, Umzug, Relocation, private Auslandsversicherungen)

- ORC Germany GmbH:
  http://www.orcgmbh.com

- Going Global:
  http://www.goingglobal.de

- Unigroup Worldwide UTS Deutschlandzentrale:
  http://www.uts-germany.de

- RSB Deutschland GmbH:
  http://www.rsb-relocation.de

- International Mobility Management Service:
  http://www.im2s.com

- EXPATRIATECONSULT GmbH:
  http://www.expatriateconsult.de

- BDAE-Gruppe (Bund der Auslands-Erwerbstätigen):
  http://www.bdae.de

Website des Verfassers

- RECHTSANWÄLTE HEUSER & COLLEGEN:
  http://www.heuser-collegen.de

Glossar

Berechnungsdurchgriff
Innerhalb eines Gesamtkonzerns werden die Mitarbeiter aller Tochterunternehmen zusammengezählt, so dass für die für die Geltung des Kündigungsschutzgesetzes maßgebliche Mitarbeiterzahl erreicht wird.

Ermessen, billiges
§ 315 BGB eröffnet dem Berechtigten einen Entscheidungsspielraum. Was billigem Ermessen entspricht, ist dabei unter Berücksichtigung der Interessen beider Vertragsparteien und des in vergleichbaren Fällen Üblichen festzustellen.

Forderungsverletzung, positive
Bis zur Schuldrechtsreform vom 01.01.2002 der Schadensersatztatbestand für die schlechte oder nicht sorgfältige Erfüllung von Verträgen oder anderen Schuldverhältnissen.
Mit der Schuldrechtsreform wurde jedoch mit § 280 BGB ein einheitlicher Tatbestand der Pflichtverletzung geschaffen. Nunmehr kann nach den §§ 280 ff. BGB dafür Schadensersatz verlangt werden.

Güterstände, eheliche
Das BGB regelt in den §§ 1363–1563 das eheliche Güterrecht. Darin wird die Frage beantwortet, welchen Einfluss die Eheschließung auf das Vermögen der Ehegatten hat. Das BGB kennt drei Güterstände, den gesetzlichen Güterstand, die Gütertrennung und die Gütergemeinschaft.

Ipso iure (lat.)
Bedeutet „kraft Rechts"; der rechtliche Erfolg tritt ohne zusätzliche Handlung des Beteiligten kraft Gesetzes ein.

Materiellrecht
Materiellrecht sind die Rechtsnormen, die das Recht als solches ordnen (zum Beispiel das BGB). Dagegen bezeichnet man Rechtsnormen, die der Durchsetzung des materiellen Rechts dienen, als formelles Recht (zum Beispiel die ZPO).

Organmitglieder
Zum Beispiel Mitglieder von Aufsichtsräten oder Vorständen.

Organstellung
Personen in Organstellung sind zum Beispiel Geschäftsführer sowie Vorsitzende und Mitglieder von Aufsichtsräten und Vorständen.

Person, juristische
Die juristische Person ist eine Personenvereinigung oder ein Zweckvermögen mit vom Gesetz anerkannter rechtlicher Selbständigkeit, wie zum Beispiel die GmbH, die Aktiengesellschaft oder Bund, Länder und Gemeinden. Gegenbegriff ist die natürliche Person, d. h. ein Mensch. Juristische Personen sind also Gebilde, die juristisch behandelt werden, als wären sie Menschen.

Präjudizien
Präjudizien sind vorausgegangene gerichtliche Entscheidungen – insbesondere Urteile in derselben Rechtsfrage.

Rechtswahl
Unterstellung eines Vertrages unter das Recht eines bestimmten Staates, zum Beispiel die Vereinbarung der Geltung britischen Rechts für einen Entsendevertrag.

Schadensersatzanspruch, deliktischer
Haftung für unerlaubte Handlungen nach §§ 823 ff. BGB, zum Beispiel schuldhafte Eingriffe in Leib, Leben oder Eigentum.

Stammhausbindungsvertrag
Vertrag, der einen für ein ausländisches Unternehmen tätigen Expatriate zusätzlich an seinen ursprünglichen Arbeitgeber (Stammhaus) bindet.

Teilrechtswahl
Unterstellung eines Vertragsteils unter das Recht eines bestimmten Staates, während auf übrige Vertragsteile ein anderes Recht Anwendung findet. Bei der pauschalen Teilrechtswahl wird der „Rest" des Vertrages ohne genaue Bezeichnung dem Recht eines bestimmten Staates unterworfen, zum Beispiel Kündigungsregelung nach schweizerischem Recht, restlicher Arbeitsvertrag nach deutschem Recht.

Treu und Glauben
Dem Grundsatz von Treu und Glauben aus § 242 BGB sind alle Schuldverhältnisse (Verträge etc.) unterworfen. Dieser Grundsatz verbietet nicht nur, dass die Leistung in unzumutbarer Weise erbracht wird, sondern schützt auch den Glauben des anderen an den redlichen Geschäftsverkehr, indem er jede missbräuchliche Rechtsausübung untersagt.

Trust
Trust im Sinne des Art. 60 EuGVVO ist eine nicht rechtsfähige Vermögensmasse, zum Beispiel getrennt verwaltetes Stiftungsvermögen, das von anderen Personen verwaltet wird.

Verkehrsanschauung
Das allgemein im Geschäftsverkehr Übliche mit den dazu gehörigen Gepflogenheiten.

Verkehrssitte
Das Recht ist oftmals aus der Sitte, d.h. aus der herrschenden Anschauung der betroffenen gesellschaftlichen Kreise, entstanden. Die Verkehrssitte, das heißt die Anschauung und die tatsächliche Übung der Beteiligten, ist bei der Auslegung von Verträgen (§157 BGB) und bei der Bestimmung des Inhalts eines Vertrages nach Treu und Glauben (§ 242 BGB) zu berücksichtigen.

Abkürzungsverzeichnis

Abs.
Absatz

AEAO
Anwendungserlass zur Abgabenordnung 1977 (AEAO) vom 15.07.1998 (BStBl. I 1998 S. 630), zuletzt geändert durch BMF-Schreiben vom 12.01.2004 (BStBl. I 2004 S. 31).

AktG
Aktiengesetz vom 06.09.1965 (BGBl. I 1965 S. 1089), zuletzt geändert durch Gesetz vom 25.11.2003 (BGBl. I 2003 S. 2304)

Alt.
Alternative

AO
Abgabenordnung (AO 1977) in der Fassung der Bekanntmachung vom 01.10.2002 (BGBl. I 2002 S. 3866, ber. BGBl. I 2003 S. 61), zuletzt geändert durch Gesetz vom 27.12.2003 (BGBl. I 2003 S. 3022)

AP
Nachschlagewerk des Bundesarbeitsgerichts – Arbeitsrechtliche Praxis

ArbGG
Arbeitsgerichtsgesetz in der Fassung der Bekanntmachung vom 02.07.1979 (BGBl. I 1979 S. 853, ber. S. 1036), zuletzt geändert durch Gesetz vom 25.11.2003 (BGBl. I 2003 S. 2304)

Art.
Artikel

ATE
BMF-Schreiben betr. steuerliche Behandlung von Expatriateeinkünften bei Auslandstätigkeiten (Auslandstätigkeitserlass) vom 31.10.1983 (BStBl. I 1983 S. 470)

AÜG
Gesetz zur Regelung der gewerbsmäßigen Arbeitnehmerüberlassung (Arbeitnehmerüberlassungsgesetz – AÜG) in der Fassung der Bekanntmachung vom 03.02.1995 (BGBl. I 1995 S. 158), zuletzt geändert durch Gesetz vom 23.12.2002 (BGBl. I 2002 S. 4607)

AuR
Arbeit und Recht

AVAG
Gesetz zur Ausführung zwischenstaatlicher Verträge und zur Durchführung von Verordnungen der Europäischen Gemeinschaft auf dem Gebiet der Anerkennung und Vollstreckung in Zivil- und Handelssachen (Anerkennungs- und Vollstreckungsausführungsgesetz – AVAG) vom 19.02.2001 (BGBl. I 2001 S. 288), zuletzt geändert durch Gesetz vom 30.01.2002 (BGBl. I 2002 S. 564)

BAG
Bundesarbeitsgericht

BAnz.
Bundesanzeiger

BB
Der Betriebsberater

BdF
Bundesministerium der Finanzen

BDSG
Bundesdatenschutzgesetz (BDSG) in der Fassung der Bekanntmachung vom 14.01.2003 (BGBl. I 2003 S. 66)

ber.
berichtigt

betr.
betreffend

BetrVG
Betriebsverfassungsgesetz in der Fassung der Bekanntmachung vom 25.09.2001 (BGBl. I 2001 S. 2518), zuletzt geändert durch Gesetz vom 23.12.2003 (BGBl. I 2003 S. 2848)

BfA
Bundesversicherungsanstalt für Angestellte

BFH
Bundesfinanzhof

BGB
Bürgerliches Gesetzbuch in der Fassung der Bekanntmachung vom 02.01.2002 (BGBl. I 2002 S. 42, ber. S. 2909), zuletzt geändert durch Gesetz vom 27.12.2003 (BGBl. I 2003 S. 3022)

BGBl.
Bundesgesetzblatt

BMF
Bundesministerium für Finanzen

BSchG
Gesetz zum Schutz der Beschäftigten vor sexueller Belästigung am Arbeitsplatz (Beschäftigtenschutzgesetz) vom 24.06.1994 (BGBl. I 1994 S. 1406)

BSG
Bundessozialgericht

BStBl.
Bundessteuerblatt

DB
Der Betrieb

DBA
Doppelbesteuerungsabkommen

DBA-Dänemark
Abkommen zwischen der Bundesrepublik Deutschland und dem Königreich Dänemark zur Vermeidung der Doppelbesteuerung bei den Steuern vom Einkommen und vom Vermögen sowie bei den Nachlass-, Erbschaft- und Schenkungsteuern und zur Beistandsleistung in Steuersachen (Deutsch-dänisches Steuerabkommen) vom 22.11.1995 (BGBl. II 1996 S. 2566)

DBA-Frankreich
Abkommen zwischen der Bundesrepublik Deutschland und der Französischen Republik zur Vermeidung der Doppelbesteuerungen und über gegenseitige Amts- und Rechtshilfe auf dem Gebiete der Steuern vom Einkommen und vom Vermögen sowie der Gewerbesteuern und der Grundsteuern vom 21.7.1959 (BGBl. II 1961 S. 398), zuletzt geändert durch Zusatzabkommen vom 20.12.2001 (BGBl. II 2002 S. 2370)

DBA-Italien
Abkommen zwischen der Bundesrepublik Deutschland und der Italienischen Republik zur Vermeidung der Doppelbesteuerung auf dem Gebiet der Steuern vom Einkommen und vom Vermögen und zur Verhinderung der Steuerverkürzung vom 18.10.1989 (BGBl. II 1990 S. 743)

DBA-Kanada
Abkommen zwischen der Bundesrepublik Deutschland und Kanada zur Vermeidung der Doppelbesteuerung auf dem Gebiet der Steuern vom Einkommen und bestimmter anderer Steuern, zur Verhinderung der Steuerverkürzung und zur Amtshilfe in Steuersachen vom 19.04.2001 (BGBl. II 2002 S. 670)

DBA-Liberia
Abkommen zwischen der Bundesrepublik Deutschland und der Republik Liberia zur Vermeidung der Doppelbesteuerung auf dem Gebiete der Steuern vom Einkommen und vom Vermögen vom 25.11.1970 (BGBl. II 1973 S. 1286)

DBA-Mexiko
Abkommen zwischen der Bundesrepublik Deutschland und den Vereinigten Mexikanischen Staaten zur Vermeidung der Doppelbesteuerung auf dem Gebiet der Steuern vom Einkommen und vom Vermögen vom 23.02.1993 (BGBl. II 1993 S. 1967)

DBA-Neuseeland
Abkommen zwischen der Bundesrepublik Deutschland und Neuseeland zur Vermeidung der Doppelbesteuerung und zur Verhinderung der Steuerverkürzung bei den Steuern vom Einkommen und einigen anderen Steuern vom 20.10.1978 (BStBl. II 1980 S. 1223, BStBl. I 1980 S. 654)

DBA-Norwegen
Abkommen zwischen der Bundesrepublik Deutschland und dem Königreich Norwegen zur Vermeidung der Doppelbesteuerung und über gegenseitige Amtshilfe auf dem Gebiet der Steuern vom Einkommen und vom Vermögen vom 04.10.1991 (BGBl. II 1993 S. 972)

DBA-Österreich
Abkommen zwischen der Bundesrepublik Deutschland und der Republik Österreich zur Vermeidung der Doppelbesteuerung auf dem Gebiet der Steuern vom Einkommen und vom Vermögen vom 24.08.2000 (BGBl. II 2002 S. 734)

DBA-Schweden
Abkommen zwischen der Bundesrepublik Deutschland und dem Königreich Schweden zur Vermeidung der Doppelbesteuerung bei den Steuern vom Einkommen und vom Vermögen sowie bei den Erbschaft- und Schenkungsteuern und zur Leistung gegenseitigen Beistands bei den Steuern (Deutsch-schwedisches Steuerabkommen) vom 14.07.1992 (BGBl. II 1994 S. 687)

DBA-Schweiz
Abkommen zwischen der Bundesrepublik Deutschland und der Schweizerischen Eidgenossenschaft zur Vermeidung der Doppelbesteuerung auf dem Gebiete der Steuern vom Einkommen und vom Vermögen vom 11.08.1971 (BGBl. II 1972 S. 1022), zuletzt geändert durch Protokoll vom 21.12.1992 (BGBl. II 1993 S. 1888)

DBA-USA
Abkommen zwischen der Bundesrepublik Deutschland und den Vereinigten Staaten von Amerika zur Vermeidung der Doppelbesteuerung und zur Verhinderung der Steuerverkürzung auf dem Gebiet

der Steuern vom Einkommen und vom Vermögen und einiger anderer Steuern vom 29.08.1989 (BGBl. II 1991 S. 355)

DVKA
Deutsche Verbindungsstelle Krankenversicherung – Ausland

EG
Europäische Gemeinschaft

EGBGB
Einführungsgesetz zum Bürgerlichen Gesetzbuch in der Fassung der Bekanntmachung vom 21.09.1994 (BGBl. I 1994 S. 2494, ber. BGBl. I 1997 S. 1061), zuletzt geändert durch Gesetz vom 13.12.2003 (BGBl. I 2003 S. 2547)

EStDV
Einkommensteuer-Durchführungsverordnung 2000 (EStDV 2000) in der Fassung der Bekanntmachung vom 10.05.2000 (BGBl. I 2000 S. 717), zuletzt geändert durch Gesetz vom 12.03.2004 (BGBl. I 2004 S. 390)

EStG
Einkommensteuergesetz 2002 (EStG 2002) in der Fassung der Bekanntmachung vom 19.10.2002 (BGBl. I 2002 S. 4210), zuletzt geändert durch Gesetz vom 29.12.2003 (BGBl. I 2003 S. 3076)

ESt-Grundtabelle 2003
Einkommensteuer-Grundtabelle 2003

EStR
Einkommensteuer-Richtlinien 2001 (EStR 2001), Allgemeine Verwaltungsvorschrift zur Anwendung des Einkommensteuerrechts vom 23.11. 2001 (BStBl. I 2001 Sondernummer 2; BAnz. 2001 Nr. 233a) mit den Einkommensteuer-Hinweisen 2002

EU
Europäische Union

EuGH
Europäischer Gerichtshof

EuGVÜ
Brüsseler EWG-Übereinkommen über die gerichtliche Zuständigkeit und die Vollstreckung gerichtlicher Entscheidungen in Zivil- und Handelssachen vom 27.09.1968 (BGBl. II 1972 S. 774), zuletzt geändert durch das 4. Beitrittsabkommen vom 29.11.1996 (BGBl. II 1998 S. 1411)

EuGVVO
Verordnung (EG) Nr. 44/2001 des Rates über die gerichtliche Zuständigkeit und die Anerkennung und Vollstreckung von Entscheidungen in Zivil- und Handelssachen vom 22.12.2000 (Amtsblatt L 12/01 S. 1)

EWG
Europäische Wirtschaftsgemeinschaft

EWG-VO 1408/71
Verordnung (EWG) Nr. 1408/71 des Rates vom 14.06.1971 zur Anwendung der Systeme der sozialen Sicherheit auf Arbeitnehmer und Selbständige sowie deren Familienangehörige, die innerhalb der Gemeinschaft zu- und abwandern (Amtsblatt L 149 vom 05.07.1971), zuletzt geändert durch Verordnung (EG) Nr. 1399/99 vom 29.04.1999 (Amtsblatt L 164 vom 30.06.1999)

EWG-VO 574/72
Verordnung (EWG) Nr. 574/72 des Rates vom 21.03.1972 über die Durchführung der Verordnung (EWG) Nr. 1408/71 zur Anwendung der Systeme der sozialen Sicherheit auf Arbeitnehmer sowie Selbständige und deren Familien, die innerhalb der Gemeinschaft zu- und abwandern (Amtsblatt L 74 vom 27.03.1972), zuletzt geändert durch Verordnung (EG) Nr. 1399/99 vom 29.04.1999 (Amtsblatt L 164 vom 30.06.1999)

EWR
Europäischer Wirtschaftsraum

EzA
Entscheidungen zum Arbeitsrecht, hrsg. von Stahlhacke

f.
folgend

ff.
folgende

GG
Grundgesetz für die Bundesrepublik Deutschland vom 23.05.1949 (BGBl. I 1949 S. 1), zuletzt geändert durch Gesetz vom 26.07.2002 (BGBl. I 2002 S. 2863)

GmbHG
Gesetz betreffend die Gesellschaften mit beschränkter Haftung vom 20.04.1892 (RGBl. 1892 S. 477), zuletzt geändert durch Gesetz vom 19.07.2002 (BGBl. I 2002 S. 2681)

Hrsg.
Herausgeber

i. V. m.
in Verbindung mit

KSchG
Kündigungsschutzgesetz in der Fassung der Bekanntmachung vom 25.08.1969 (BGBl. I 1969 S. 1317), zuletzt geändert durch Gesetz vom 24.12.2003 (BGBl. I 2003 S. 3002)

LAG
Landesarbeitsgericht

LStR
Lohnsteuer-Richtlinien 2004 (LStR 2004), Allgemeine Verwaltungsvorschrift zum Steuerabzug vom Arbeitslohn vom 11.10.2001 (BAnz. 2001 Nr. 203 a; BStBl. I 2001 Sondernummer 1) in der Fassung der Lohnsteuer-Änderungsrichtlinien 2004 vom 08.10.2003 (BStBl. I 2003 S. 455) mit den Lohnsteuer-Hinweisen 2004

LugÜ
Luganer Übereinkommen über die gerichtliche Zuständigkeit und die Vollstreckung gerichtlicher Entscheidungen in Zivil- und Handelssachen vom 16.09.1988 (BGBl. II 1994 S. 2660, 3772)

LVA
Landesversicherungsanstalt

NJW
Neue Juristische Wochenschrift

NTS
Abkommen zwischen den Parteien des Nordatlantikvertrags über die Rechtsstellung ihrer Truppen (NATO-Truppenstatut) vom 19.6. 1951 (BGBl. II 1961 S. 1190)

NZA
Neue Zeitschrift für Arbeitsrecht

NZA-RR
Neue Zeitschrift für Arbeitsrecht/ Rechtsprechungs-Report

OECD-MA
OECD-Musterabkommen 2003 zur Vermeidung der Doppelbesteuerung auf dem Gebiet der Steuern vom Einkommen und vom Vermögen (OECD-MA 2003), Stand: Januar 2003

Rdnr.
Randnummer

RdW
Recht der Wirtschaft

RGBl.
Reichsgesetzblatt

S.
Seite

SAE
Sammlung arbeitsrechtlicher Entscheidungen

SchiedsVfG
Gesetz zur Neuregelung des Schiedsverfahrensrechts (Schiedsverfahrens-Neuregelungsgesetz – SchiedsVfG) vom 22.12.1997 (BGBl. I 1997 S. 3224)

SGB III
Sozialgesetzbuch (SGB) – Drittes Buch (III) – Arbeitsförderung – vom 24.03.1997 (BGBl. I 1997 S. 594), zuletzt geändert durch Gesetz vom 23.12.2002 (BGBl. I 2002 S. 4621)

SGB IV
Sozialgesetzbuch (SGB) – Viertes Buch (IV) – Gemeinsame Vorschriften für die Sozialversicherung – vom 23.12.1976 (BGBl. I 1976 S. 3845), zuletzt geändert durch Gesetz vom 27.12.2003 (BGBl. I 2003 S. 3013)

SGB V
Sozialgesetzbuch (SGB) – Fünftes Buch (V) – Gesetzliche Krankenversicherung – vom 20.12.1988 (BGBl. I 1988 S. 2477), zuletzt geändert durch Gesetz vom 27.12.2003 (BGBl. I 2003 S. 3022)

SGB VI
Sozialgesetzbuch (SGB) – Sechstes Buch (VI) – Gesetzliche Rentenversicherung – in der Fassung der Bekanntmachung vom 19.02.2002 (BGBl. I 2002 S. 754, 1404, 3384), zuletzt geändert durch Gesetz vom 29.12.2003 (BGBl. I 2003 S. 3076)

SGB VII
Sozialgesetzbuch (SGB) – Siebtes Buch (VII) – Gesetzliche Unfallversicherung – vom 07.08.1996 (BGBl. I 1996 S. 1254), zuletzt geändert durch Gesetz vom 27.12.2003 (BGBl. I 2003 S. 3022)

SGB XI
Sozialgesetzbuch (SGB) – Elftes Buch (XI) – Soziale Pflegeversicherung – vom 26.05.1994 (BGBl. I 1994 S. 1014), zuletzt geändert durch Gesetz vom 27.12.2003 (BGBl. I 2003 S. 3022)

StGB
Strafgesetzbuch in der Fassung der Bekanntmachung vom 13.11.1998 (BGBl. I 1998 S. 3322), zuletzt geändert durch Gesetz vom 27.12.2003 (BGBl. I 2003 S. 3007)

StPO
Strafprozessordnung in der Fassung der Bekanntmachung vom 07.04.1987 (BGBl. I S. 1074, ber. S. 1319), zuletzt geändert durch Gesetz vom 27.12.2003 (BGBl. I 2003 S. 3007)

ZPO
Zivilprozessordnung in der Fassung der Bekanntmachung vom 12.09.1950 (BGBl. I 1950 S. 533), zuletzt geändert durch Gesetz vom 23.07.2002 (BGBl. I 2002 S. 2850, ber. S. 4410)

Literaturverzeichnis

Baumbach, Adolf; Lauterbach, Wolfgang; Albers, Jan; Hartmann, Peter
Zivilprozessordnung mit Gerichtsverfassungsgesetz und anderen Nebengesetzen – Kurzkommentar
60. Auflage, München 2002
(zitiert B/L/A/H/Bearbeiter)

Beck'sches Personalhandbuch
siehe unter Spiegelhalter, Hans J. ...

B/L/A/H siehe unter Baumbach, Adolf ...

Boemke, Burkhard
„Ausstrahlungen" des Betriebsverfassungsgesetzes ins Ausland
NZA 1992, S. 112.

Däubler, Wolfgang
Arbeitsrecht und Auslandsbeziehungen
AuR 1990, S. 1.

Debatin, Helmut; Wassermeyer, Franz (Hrsg.)
Doppelbesteuerung, Kommentar zu allen deutschen Doppelbesteuerungsabkommen
München, Stand: März 2003

Dietrich, Thomas; Hanau, Peter; Schaub, Günter (Hrsg.)
Erfurter Kommentar zum Arbeitsrecht
2. Auflage, München 2001
(zitiert Erfurter Kommentar zum Arbeitsrecht/Bearbeiter)

Erfurter Kommentar zum Arbeitsrecht
siehe unter Dietrich, Thomas ...

Fabricius, Fritz; Kraft, Alfons; Wiese, Günther u. a.
Betriebsverfassungsgesetz, Gemeinschaftskommentar (GK-BetrVG)
7. Auflage, Neuwied 2002
(zitiert Bearbeiter in GK-BetrVG)

Falder, Roland
Geschäftsführer bei Auslandsgesellschaften
NZA 2000, S. 868.

Fitting, Karl; Kaiser, Heinrich; Heither, Friedrich; Engels, Gerd
Kommentar zum Betriebsverfassungsgesetz
20. Auflage, München 2000

Förster, Hartmut
Praxis der Besteuerung von Auslandsbeziehungen
Neuwied/Kriftel 1999

Gaul, Björn
Betriebsverfassungsrechtliche Aspekte einer Entsendung von Arbeitnehmern ins Ausland
BB 1990, S. 697

Gerauer, Alfred (Hrsg.)
Auslandseinsatz von Arbeitnehmern
Heidelberg 2000
GK-BetrVG siehe unter Fabricius, Fritz ...

Goydke, Uwe
Reisekosten Private Wirtschaft
49. Auflage, Bonn/Berlin 2001

Hess, Harald; Schlochauer, Ursula; Glaubitz, Werner
Kommentar zum Betriebsverfassungsgesetz (BetrVG)
6. Auflage, Neuwied 2002

Heuser, Achim; Heidenreich, Jürgen; Förster, Hartmut
Auslandsentsendung und Beschäftigung ausländischer Arbeitnehmer
2. Auflage, Neuwied/Kriftel 2003

Höreth, Ulrike; Vogel, Holger
Global Employment
Rechtsratgeber für internationales Personalmanagement
Stuttgart 2001

Hromadka, Wolfgang
Das Leistungsbestimmungsrecht des Unternehmens
DB 1995, S. 1612

Kasseler Handbuch zum Arbeitsrecht
siehe unter Leinemann, Wolfgang ...

Kegel, Gerhard; Schurig, Klaus
Internationales Privatrecht
8. Auflage, München 2000

Kerger, Dietrich B.
Auslandsbeschäftigung und Sozialversicherung
Remagen 2002

Küttner, Wolfdieter
Personalbuch 2003
10. Auflage, München 2003
(zitiert Küttner, Personalbuch/Bearbeiter)

Leinemann, Wolfgang (Hrsg.)
Kasseler Handbuch zum Arbeitsrecht
Band 1, Arbeitsverhältnis und Inhalt des Arbeitsverhältnisses
1. Auflage, Berlin 1997
(zitiert Kasseler Handbuch zum Arbeitsrecht/Bearbeiter)

Mauer, Reinhold
Personaleinsatz im Ausland
München 2003

Münchner Handbuch zum Arbeitsrecht
siehe unter Richardi, Reinhard ...

Musielak, Hans Joachim
Kommentar zur Zivilprozessordnung
2. Auflage, München 2000

Oppertshäuser, Joachim
Das internationale Privat- und Zivilprozessrecht im Spiegel arbeitsrechtlicher Rechtsprechung
NZA-RR 2000, 393

Palandt
Bürgerliches Gesetzbuch – Kurzkommentar
63. Auflage, München 2004
(zitiert Palandt/Bearbeiter)

Pohl, Hans-Jürgen
Grenzüberschreitender Einsatz von Personal und Führungskräften
NZA 1998, S. 735

Richardi, Reinhard; Thüsing, Gregor; Annuß, Georg
Betriebsverfassungsgesetz mit Wahlordnung, Kommentar
8. Auflage, München

Richardi, Reinhard; Wlotzke, Otfried (Hrsg.)
Münchner Handbuch zum Arbeitsrecht
Band 1, Individualarbeitsrecht I
2. Auflage, München 2000
(zitiert Münchner Handbuch zum Arbeitsrecht/Bearbeiter)

Richardi, Reinhard; Wlotzke, Otfried (Hrsg.)
Münchner Handbuch zum Arbeitsrecht
Band 2, Individualarbeitsrecht II
2. Auflage, München 2000
(zitiert Münchner Handbuch zum Arbeitsrecht/Bearbeiter)

Schack, Haimo
Internationales Zivilverfahrensrecht
2. Auflage, München 1996

Schaub, Günter
Arbeitsrechts-Handbuch
9. Auflage, München 2000

Schliemann, Harald
Fürsorgepflicht und Haftung des Arbeitgebers beim Einsatz von Arbeitnehmern im Ausland
BB 2001, S. 1302

Spiegelhalter, Hans J.; Knur, Richard; Schlather, Christiane (Red.)
Beck'sches Personalhandbuch
Stand: August 2002

Stein, Friedrich
Kommentar zur Zivilprozessordnung
Band 6 (§§ 704 – 863)
21. Auflage, Tübingen 1995
(zitiert Stein/Jonas/Bearbeiter)

Steinmeyer, Heinz-Dietrich
Zum Mitbestimmungsrecht des Betriebsrates bei der Regelung von Arbeitsbedingungen auf Montagebaustellen und Betrieben im Ausland
DB 1980, S. 1541

Thomas, Heinz; Putzo, Hans
Zivilprozessordnung
24. Auflage, München 2002

Stichwortverzeichnis